"十二五"职业教育国家规划教材

经全国职业教育教材审定委员会审定

21 世纪高职高专规划教材 ◆ **金融保险系列**

人身保险

（第三版）

Renshen Baoxian

主 编 杜 鹏 郑祎华

中国人民大学出版社

·北京·

前 言

本书第一版自 2009 年 3 月出版以来，得到了广大读者的认可和好评，并多次重印，考虑到近些年来我国《保险法》的修订和最高人民法院《关于适用〈中华人民共和国保险法〉若干问题的解释（三）》（以下简称“司法解释三”）的实施，以及人寿保险业务监管发展的状况，我们在保持原教材框架的基础上进行了较大改动，修订为第三版。为适应高职高专教育需求，我们删除了寿险产品费率厘定内容，并针对教学需要，增加并修改了实训题。教材具体内容的修订主要包括几方面：一是根据现行《保险法》及“司法解释三”的内容对相关保险合同理论知识和条款内容进行了重写、补充，并调整了案例；二是根据人寿保险行业的实务发展情况对相关内容进行更新和增删，产品示例也进行了相应调整，如第六章“人身意外伤害保险”，此外，在第八章“团体人身保险”中增加了企业年金和职业年金内容；三是对全书进行了勘误，并根据最新数据对教材中的数据、公式、参考资料进行了更新，以符合教学要求。修订后的教材更突出了理论性、应用性和时代性的特征，教材质量进一步提升。

本书修订后在体系上仍按照人身保险基础理论知识、人身保险产品和人寿保险公司运作三大方面介绍人身保险理论和市场。在章节内容安排上，充分运用章前引例及分析、知识库、相关链接、小资料和参考案例等形式提供背景知识和阅读资料，使教材更具新颖性、实用性和活泼性，方便教师教学和学生自学。本书既可以作为高职高专院校金融和保险专业的教学用书，也可以作为保险从业人员的学习参考书。

本书的修订工作分工如下：第一章、第二章、第三章、第四章和第八章由上海立信会计金融学院保险学院杜鹃博士、副教授完成；第五章、第六章、第七章、第九章、第十章和第十一章由辽宁金融职业学院郑祎华教授完成。

本书在修订过程中参考了《中国保险报》、圈中人保险网等期刊、杂志、网站的数据、案例和资料，也参考了其他相关教材的编写体例，在此，我们向本书所用成果的作者致以诚挚的谢意。由于作者的水平和精力所限，本书肯定还存在许多不完善甚至谬误之处，敬请广大读者不吝赐教，提出宝贵的意见和建议，以帮助我们更好地完善教材！

编者

目 录

第一章　人身风险与风险管理

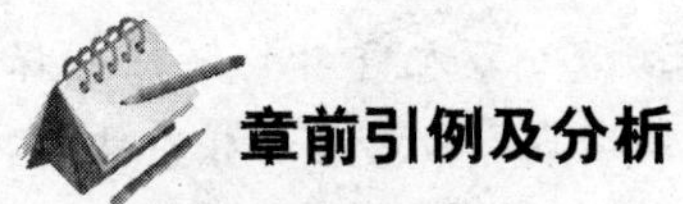

章前引例及分析

一个普通三口之家男主人的保险规划

家庭状况

秦先生，35岁，北京某IT公司部门经理，年收入约15万元，单位参加了社保，并给经常出差的员工统一购买了意外伤害保险（保额20万元），没有其他商业保险。秦先生父亲已去世（心脏病），母亲和姐姐在农村，参加了农村合作医疗保险，另有一个弟弟，也在北京工作，但收入较低。妻子刘女士，29岁，原来在某公司从事财务工作，因生育原因辞职已近两年，暂时失业在家，原有社保已中断缴费。刘女士是独生女，父母已退休，享有社保的基本养老和医疗保障。秦先生已买房，但尚有40万元房贷未还。秦先生有个1岁半的孩子，无任何保险。秦先生计划在孩子3岁后送幼儿园，每月会增加2 000元左右的开支，但那时刘女士会重新上班，估计月收入3 000～4 000元，那时家庭财务情况会比现在稍宽松。

对于秦先生的家庭，我们应该如果考虑他的家庭保险规划，给出何种购买产品建议？

专家分析

秦先生保险需求：

1. 个体的需求

仅参加社保和意外伤害保险，保障远远不够。考虑到母亲身体不太好，秦先生更有必要在自己身体还比较健康的情况下及时补充足够的重大疾病保险。在考虑保额时，除了要考虑高昂的医疗费，还要考虑患病后在家休养时的营养费、护理费等开支，以及患病后的收入补偿问题。另外，考虑到单位的意外伤害保险只有在被保险人残疾或身故的情况下才理赔，并且秦先生经常开车，因此建议补充意外伤害医疗保险。

2. 小家庭的需求

秦先生是家庭的经济支柱，孩子尚小，妻子又暂时失业，还有40万元房贷未还，因此秦先生的保障应兼顾家庭责任，包括偿还负债（40 万元）和承担孩子的抚养、教育费用（截至孩子大学毕业，花费约 50 万元）。

3. 大家庭的需求

虽然秦先生的母亲参加了农村合作医疗保险，但由于保障额度很低，仍然存在较大的缺口。他的姐姐、弟弟收入都不高，将来如果母亲患病，医药费将主要由秦先生负担，另外还要考虑母亲将来年老会失去劳动能力，秦先生应保证无论在什么情况下，都要给母亲准备足够的医疗金和养老金（至少 20 万元）。

注：秦先生的母亲 60 岁出头，假设还有 20 年的寿命：60～70 岁，有部分劳动能力；70～80 岁，无劳动能力。按照农村的基本生活标准，前 10 年，平均每月需补贴 150 元（不考虑过年过节单独的红包，也不考虑物价上涨因素），后 10 年，平均每月需补贴 300 元，20 年共需 5.4 万元。重疾医疗保障最少 20 万元，两项合计 25.4 万元，减去现有的农村重疾医疗保障约 6 万元，缺口约 20 万元。

综合以上介绍和分析，建议秦先生的保险规划如下：

30 万元以上的重大疾病保险，80 万～100 万元的寿险保额，5 万元意外伤害医疗保额，住院医疗保险酌情添加。其中大部分寿险可购买 20 年期的定期寿险，保费相对便宜，在 3 000 元左右。也可通过购买寿险保额可调的万能保险，使秦先生的保障额度能与家庭情况同步变动。

本章学习目标

通过本章的学习，你应该能够：

1. 掌握人身风险的主要种类。
2. 掌握人身风险的管理步骤。
3. 熟悉确定寿险保额的方法。
4. 了解个人/家庭生命周期理论下的寿险需求规律。

第一节　人身风险

一、人身风险分析

若要了解保险，首先需要了解什么是风险。现代风险管理理论一般认为，风险是某一时间发生的结果的不确定性。而在保险中，风险是指损失发生的不确定性，即损失发生与否、发生的时间及后果在主观认识上的难以确定和预料。风险的存在是保险存在的前提。

人身风险是指在日常生活以及经济活动中，个人或家庭成员的生命或身体遭受各种损害，或因此而造成医疗费用支出以及收入能力降低或灭失的风险，包括死亡、残疾、疾病、生育、退休、衰老等损失形态。由于人身风险的客观存在，每一个人都无时无刻不生活在风险之中。风险的存在，给个人、家庭和社会生活带来了巨大的成本，人身风险的客观存在直接导致了各种类型的有形物质和经济成本，以及无形的成本，如日常生活中我们面对的焦虑和恐惧感给生活带来的损害，我们将对其分别进行分析。

（一）死亡风险

死亡是我们面对的最主要的人身风险。家庭成员的死亡，由于亡故人在家庭中扮演的角色不同，对家庭生活所产生的影响是有很大区别的。从无形的情感损失角度来看，任何一名家庭成员的故去，对家庭其他成员而言都会造成巨大的心理损失；从有形的经济损失角度来看，家庭的收入来源者和纯粹的消费者或受抚养人的亡故，对家庭经济的影响是截然不同的。纯粹的消费者或受抚养人，如年幼的子女或老年无收入的长者的死亡，虽然有感情上和心理上的损失，但对家庭经济收入没有任何影响，不会造成家庭经济的损失；而家庭收入来源者，尤其是主要收入来源者的死亡，不仅会有感情上的损失，而且会直接导致家庭收入的终止或减少，对家庭生活造成重大的经济影响。因此，对于家庭而言，主要收入来源者的死亡风险是其面对的首先要解决的重要风险。

（二）健康风险

健康风险包括疾病和残疾风险，它们对个人和家庭产生的经济影响主要表现在收入损失和医疗费用风险两个方面。收入损失风险是指疾病或残疾使个人失去获取收入的能力，即丧失生命的经济价值的可能性；医疗费用风险是指个人遭遇疾病或身体伤害可能给家庭带来巨额医疗费用以及其他附加费用，如长期护理费用的可能性。

在人类所面临的各种人身风险中，疾病风险是一种直接危及个人生存利益、可能给家庭造成严重危害的特殊风险。首先，疾病会给个人的生活和工作带来困难、造成损失，甚至让人失去生命；其次，疾病对个人或家庭而言都是无法回避的，现代社会，由于生活方式的改变、心理压力增大、环境污染以及社会风险因素增多，疾病的种类繁多，很多疾病的发病率提高，发病时间出现低龄化，一些社会性的传染疾病（如 AIDS、SARS 等）随时危害我们的生活，可能会造成严重的经济损失。

残疾风险是指由于疾病、意外事故等导致人的机体损失、组织器官缺损或出现功能性障碍等的可能性。在现实生活中，由于多数残疾是短期的，通常不超过一个月，从而容易使人轻视残疾风险，高估死亡风险。事实上，人们在不同年龄段致残的可能性通常高于死亡的可能性。

疾病和残疾都会使家庭遭受收入损失和医疗费用增加的双重威胁。如果患病者或残疾者是家庭的主要收入来源者，则由此造成的家庭财务压力将远远高于死亡的情形。残疾后收入下降，在全残时甚至个人收入完全丧失，而康复和护理费用居高不下，对家庭财务影响极其严重，可以用“雪上加霜”来形容。

相关链接

2006 年第二次全国残疾人抽样调查报告数据

一、有残疾人的家庭户。全国有残疾人的家庭户共 7 050 万户，占全国家庭户总户数的 17.80%；其中有 2 个以上残疾人的家庭户为 876 万户，占残疾人家庭户的 12.43%。有残疾人的家庭户的总人口占全国总人口的 19.98%。有残疾人的家庭户户规模为 3.51 人。

二、残疾人口的性别构成。全国残疾人口中，男性为 4 277 万人，占 51.55%；女性为 4 019 万人，占 48.45%。性别比（以女性为 100，男性对女性的比例）为 106.42。

三、残疾人口的年龄构成。全国残疾人口中，0～14 岁的人口为 387 万人，占 4.66%；15～59 岁的人口为 3 493 万人，占 42.10%；60 岁及以上的人口为 4 416 万人，占 53.24%（65 岁及以上的人口为 3 755 万人，占 45.26%）。

四、残疾人口的城乡分布。全国残疾人口中，城镇残疾人口为 2 071 万人，占 24.96%；农村残疾人口为 6 225 万人，占 75.04%。

五、残疾人口的残疾等级构成。全国残疾人口中，残疾等级为一、二级的重度残疾人为 2 457 万人，占 29.62%；残疾等级为三、四级的中度和轻度残疾人为 5 839 万人，占 70.38%。

资料来源：http：//www.gov.cn/，2009-05-08.

小资料

我国城乡居民医疗保健支出数据（1990—2012 年）

年份	城镇居民			农村居民		
	人均年消费支出（元）	人均医疗保健支出（元）	医疗保健支出占消费性支出（%）	人均年生活消费支出（元）	人均医疗保健支出（元）	医疗保健支出占消费性支出（%）
1990	1.278.9	25.7	2.0	374.7	19.0	5.1
1995	3 537.6	110.1	3.1	859.4	42.5	4.9
2000	4 998.0	318.1	6.4	1 670.1	87.6	5.2
2005	7 942.9	600.9	7.6	2 555.4	168.1	6.6
2008	11 242.9	786.2	7.0	3 660.7	246.0	6.7
2009	12 264.6	856.4	7.0	3 993.5	287.5	7.2
2010	13 471.5	871.8	6.5	4 381.8	326.0	7.4
2011	15 160.9	969.0	6.4	5 221.1	436.8	8.4
2012	16 674.3	1 063.7	6.4	5 908.0	513.8	8.7

资料来源：http：//www.nhfpc.gov.cn，2014-04-26.

（三）养老风险

如果说人身保险业发展之初，要考虑的最主要的人身风险是死亡风险，尤其是青壮年劳动力过早死亡的风险，那么到了 21 世纪，人类社会所面临的最主要、最紧迫的人身风险则变为“活得太长”的养老风险。人类预期平均寿命的延长使人们在退休之后仍要考虑近20年的养老生活费用和医疗护理成本。由于老年人退休期间，所得的退休养老金往往不足以满足老年生活开支需要，而且现代社会中，传统的代际赡养和家族抚养的作用也随着家庭的小型化、生育率下降和人口流动性加大而削弱，因此，个人养老负担主要靠个人未雨绸缪，每个人在年轻时就需要为养老做储蓄准备。而老龄化社会的形成更使养老风险问题成为一个全球性的焦点话题。

 **知识库**

2011年4月28日，国家统计局公布了第六次人口普查主要数据，我国总人口数已达13.39亿（不包括港澳台，下同），男性占51.27%，女性占48.73%；我国人口老龄化进程逐步加快，60岁及以上人口占全国总人口的13.26%，其中65岁及以上人口占8.87%。如果按照国际通行的65岁以上老年人口占总人口的7%即为老年型人口结构类型的话，那么早在2000年，我国已开始迈入老年型社会。近十几年我国老龄化速度加快，65岁以上老年人口每年以3%的速度递增，而且80岁以上高龄人口也以平均年百万人的速度增长。据联合国预测，1990—2020年，世界老龄人口平均年增长速度为2.5%，同期我国老龄人口的递增速度为3.3%；世界老龄人口占总人口的比重从1995年的6.6%上升至2020年的9.3%，同期我国老龄人口占总人口的比重由6.1%上升至11.5%。中国老龄化进程无论是从增长速度还是从比重来看都超过了世界老龄化进程。到2020年，我国65岁以上老龄人口将达1.67亿，约占世界老龄人口6.98亿人的24%，全世界四个老年人中就有一个是中国老年人。因此，对于中国人而言，养老风险更加突出。

（四）生育风险

生育风险一方面是指生育本身带来的风险。生儿育女会给妇女带来一定的风险，如：妇女在怀孕、分娩、育婴期间部分或全部不能参加劳动，失去正常收入来源；生育需要增加医疗保健费用支出；生育期间不仅体力、心理和精神上承受负担，甚至存在生命或肌体伤残等风险。目前在我国，为了保障社会化大生产所需要的劳动力资源，保障劳动力简单再生产和扩大再生产，生育风险由社会来承担和补偿。同时，为促进男女平等就业，职业妇女生儿育女时，能从国家和社会获得一定的经济补偿，以保证其正常的生活和基本医疗保健需要，而且不会因此而失业，可以解除职业妇女的后顾之忧。但是，妇女生育仍旧面对一定的社会不能提供充足保障的医疗和健康风险。

生育风险另一方面体现为家庭生育子女后所面对的孩子的成长风险，主要是夭折、先天性疾病及重病的风险。如果生育有出生缺陷的婴儿，如婴儿低能、患遗传病或先天畸形等，家庭将需承担长期的特殊护理、疾病手术及治疗费用。而万一成长中，幼儿出现意外而孩子的父母年事已高，那么这个家庭的幸福感和未来保障将大受影响。如果这样的风险发生在父母已过适龄生育的中老年家庭，打击将是毁灭性的。根据我国1990年全国国民生命表（两性合计），每1 000个出生婴儿中大约有5.4%在25岁之前死亡，12.1%在55岁之前死亡。由于死亡概率的变化十分缓慢，所以部分家庭经历孩子夭折的风险几乎难以规避。由此可见，生育风险是每个家庭所面对的重要人身风险之一。

二、人身风险的特性

（一）人身风险是偶然的、不可预料的

人身风险是客观存在的，同时是偶然的、不可预料的。人身风险的偶然性表现在下述两个方面。

1. 风险发生与否不可预料

人身风险虽然是客观存在的，但其既可能发生，又不一定发生，如意外伤害的风险、重大疾病的风险、早亡的风险等。如果人身风险是必然要发生的，或者是已经存在的事实，也就无所谓风险了，同时保险人也不会以小额的保费收入来承担必然要支出的较大的经济给付责任。

2. 风险必然会发生，但发生的时间和损失程度不可预料

对于人的一生而言，人的死亡风险事故的发生具有必然性，只是事故发生的时间具有不确定性，而且人的一生当中大大小小的意外和疾病的发生通常也是具有必然性的，只是发生的时间和造成的损失程度不同，难以预料。

（二）人身风险事故的发生具有分散性

相对于物质财产面临的风险而言，人身风险事故的发生比较分散，一般不会发生大量人群同时发生事故的情况。其发生基本遵循人的生命规律等自然规律，因此，在同一时间段，人身风险事故分散于不同的家庭及地区。只有意外的巨灾出现时，才可能导致大量人群同时遭受损失，但随着人类防灾技术的提高，巨灾风险导致的人口死亡人数不断下降。

（三）人身风险具有稳定性和变动性

人身风险与财产损失风险相比，一方面具有整体稳定性，另一方面具有个体变动性。人身风险包括人的生、老、病、死、残，国家和社会鉴于对人的重视，总是由专门的机构研究和管理人身风险。每隔一定时期，国家还要进行人口普查，编制国民生命表，研究分析人口发展变动规律。保险人对其承保的被保险人也要进行专门的研究和统计，编制经验生命表，作为厘定人寿保险的纯费率的依据。所谓“生命表”，是根据一定时期的特定国家和地区或特定人口群体（如寿险公司的全体被保险人）的有关生命统计资料，经整理、计算编制的体现不同年龄、不同性别的人的死亡率、生存率的统一表格。生命表积累了大量被保险人的生命资料，从而使人身风险从整体上看具有稳定性，可较精确地估测未来被保险人的生死概况。但人身风险从另一个角度来看具有个体变动性。人身风险，特别是死亡风险和疾病风险，风险事故的发生与人的年龄的大小紧密相关。经验显示，人的死亡率随着年龄的增长而年年增大，同一人在不同年龄的死亡率绝不相同，特别是人到了一定年龄后，死亡率呈加速增长的状态，因而从个体上看人身风险具有变动性。

第二节　人身风险管理

风险管理是经济单位通过对风险的识别和衡量，采用必要且可行的经济手段和技术措

施对风险加以管理，以一定的成本实现最大的安全保障的一种管理活动。人身风险管理则是专指利用风险管理技术和方法来处理人身风险的管理活动。在人身风险管理中，管理主体可以是企业，也可以是个人或家庭，以及其他团体，乃至国家和社会。以下我们主要针对个人/家庭的人身风险管理进行介绍。

一、个人/家庭风险管理

(一) 个人/家庭风险管理目标

个人/家庭风险管理目标是最大限度地满足个人/家庭的需求，即以较小成本获得尽可能大的安全保障。个人/家庭的风险管理目标可以分为损前目标和损后目标。

损前目标主要有：在损失发生前，比较各种风险处理工具、各种安全计划以及各种防损技术，并进行全面、细致的财务分析，谋求最经济、最合理的处置方式，实现以最小的成本获得最大的安全保障的目标。风险管理计划可以保障个人/家庭的安全、避免个人/家庭的风险损失，帮助承担家庭责任，同时减轻个人/家庭生活中对风险的担忧，使得个人/家庭都能保持平和的精神状态。

损后目标主要有：损失一旦出现，风险管理者应及时采取有效措施予以抢救和补救，防止损失的扩大和蔓延，将已出现的损失后果降到最低限度。当实际损失发生后，风险管理措施应能够及时向个人/家庭提供经济补偿，以维持家庭的生活秩序，实现个人/家庭收入的稳定性，并在最大限度内保持家庭关系的连续性，防止家庭的破裂。

(二) 个人/家庭风险管理流程

在个人/家庭风险管理目标明确后，一般可以通过以下四个步骤依次管理个人/家庭风险。这四个步骤构成一个风险管理流程，并且动态循环、周而复始。

1. 个人/家庭风险识别

风险识别是风险管理的第一步，它是指对风险管理主体面临的和潜在的风险加以判断、归类和对风险性质进行鉴定的过程。存在于个人/家庭周围的风险多种多样、错综复杂。风险识别即对尚未发生的、潜在的和客观存在的各种风险进行系统的、连续的识别和归类，并分析产生风险事故的原因。如个人/家庭面临的风险包括财产风险、人身风险等纯粹风险，也包括市场风险、信用风险等投机风险，而人身风险又可细分为死亡风险、健康风险等。为识别个人/家庭风险，我们一般可以应用标准的针对个人/家庭设计的风险调查表。

2. 个人/家庭风险评估

识别个人/家庭面临哪些可能的损失或风险后，需要进一步对收集到的个人/家庭信息进行分析，以便能够估计特定损失事故发生的概率以及会对个人/家庭造成的可能的经济后果。

风险事故是指引起损失的直接或外在的原因。个人可能因意外事故、疾病等原因出现残疾或死亡。风险评估主要是针对不同风险的一般发生概率来估测。例如：死亡风险可以参考人口统计的生命表数据，同时联系个人职业及健康状况、经济收入状况来评估；健康风险可以参考一般的疾病发生概率和疾病治疗费用进行估测；意外风险则可以参考主要意外事故的发生概率来估计。

在各种风险事故中，有的可能造成轻微的后果，有的可能造成严重的后果，在对个人/家庭风险进行评估时，我们可以将风险分为损失概率高/低和损失程度高/低等不同的类型进行评价。

3. 制订风险管理计划

完成了对风险的识别和评估等工作后，风险管理的下一个步骤就是研究各种风险管理工具，然后决定使用哪些工具的组合才是最好的选择。一般可以使用的风险管理工具主要包括控制型和财务型两大类：

（1）控制型风险管理技术。其实质是在风险评估的基础上，针对所存在的风险因素采取控制技术以消除风险因素，或降低风险因素的危险性。主要表现为：在事故发生前降低事故发生的频率；在事故发生时将损失降低到最低限度。控制型风险管理技术主要包括下列方法：

1）风险回避。风险回避是指设法回避损失发生的可能性，是从根本上消除特定风险的措施。风险回避的方法一般用于以下两种情况：第一，某特定风险所致损失频率和损失幅度相当高；第二，处理风险的成本大于其产生的效益。该方法简单易行，但有时意味着丧失利益，而且回避方法的采用通常会受到限制。试图回避某种风险是不可能的，采用回避方法在经济上是不适当的，或回避了某一风险，有可能产生新的风险。比如，为了避免驾驶汽车可能面对的人身意外风险而不购买汽车，但交通意外的人身意外风险仍旧存在，同时会因为避免驾驶私家车而放弃很多便利。

2）损失预防。损失预防是指在损失发生前为了消除或减少可能引起损失的各种因素而采取的处理风险的具体措施，其目的在于通过消除或减少风险因素而降低损失发生的频率。人身风险的预防措施通常有：为了降低疾病发生的可能性，尽可能保持健康的生活方式，加强日常锻炼和保健；为了降低驾车风险，定期检查车况、定期维修保养，养成良好的开车习惯等。

3）损失抑制。损失抑制是指在损失发生时或发生后为缩小损失幅度而采取的各项措施，它是处理风险的有效技术。人身风险的损失抑制措施也是非常重要的，如在发现初期疾病症状或健康不良指标后，不抱讳疾忌医的态度，积极配合治疗，按时服用控制病情的药物，防止疾病的恶化等。

（2）财务型风险管理技术。由于种种因素的制约，人们对风险的预测不可能绝对准确，防范损失的各项措施都具有一定的局限性，所以需要在某些风险事故发生前做出财务安排，为解除事故发生后给人们造成的经济困难和精神忧虑、恢复家庭财务、维持正常生活等提供财务基础。其主要方法包括：

1）风险自留。风险自留是指对风险的自我承担，即风险管理主体自我承受风险损害后果的方法，它是一种非常重要的财务型风险管理技术。风险自留有主动自留和被动自留之分。通常在风险所致损失频率和幅度低、损失在短期内可以预测，以及最大损失不影响个人/家庭财务稳定时采用风险自留的方法。风险自留的成本低，方便、有效，可减少潜在损失、节省费用和取得自留基金运用收益。但有时会因自我承受能力的限制而无法实现利用该方法处理风险的功效，当风险发生时，导致财务调度上的困难而失去作用。如对于一些日常轻微的门诊疾病和微小意外导致的收入损失及医疗费用支出，个人/家庭完全可以通过预留应急基金而实现风险自留，对于保单设有的免赔额或自负比例也可以合理采取自留方式处理。

2）非保险财务型风险转移。转移风险是指个人/家庭为避免承担风险损失，而有意识地将损失或与损失有关的财务后果转嫁给另一些个人或企业去承担的一种风险管理方法。

而非保险财务型风险转移是指个人/家庭通过订立合同或协议的方式将损失后果转移给非保险机构或个人的管理方法，如个人工伤损害的经济补偿可以通过订立劳动合同的方式转移给雇主承担。

3）保险风险转移。从风险管理角度来说，保险是单位或个人通过订立保险合同，将其面临的财产风险、人身风险和责任风险等转嫁给保险人的一种风险管理技术。保险作为风险转移方式之一，有很多的优越之处，在社会上得到了广泛的运用。

个人/家庭可以利用保险将损失的经济后果转移给商业保险公司或政府机构承担。个人/家庭的保险保障一般包括社会保险计划、团体福利计划和个人保险三个层面。

第一个层面是社会保险计划，通常为个人因早逝、疾病、伤残、退休、失业等特殊事件而发生的经济损失提供基本的保障。社会保险的覆盖面比较广，在发达的工业化国家，社会保险几乎覆盖全体国民，保障水平也高。我国因受经济发展的制约，社会保险虽然基本做到全覆盖，但广大的非城镇居民所享受的社会保险水平相当低。我国的社会保险包括养老保险、医疗保险、失业保险、工伤保险和生育保险五大险种。

第二个层面是团体福利计划，企业或工作单位因劳动雇佣关系而以团体形式为员工提供不同的福利保障，通常包括团体寿险计划、团体意外保险计划、团体健康保险计划和退休年金计划等，为个人/家庭经济安全提供必要的补充。

第三个层面是个人保险，这是个人/家庭保险保障的最后一道防线。个人可以通过购买商业保险而弥补以上两个层面的保障缺口。个人可以自主选择保险公司、保险产品和保险金额。商业人身保险的介绍正是本书的主要内容。

如上所述，人身风险管理技术是多种多样的，保险只是人身风险管理技术中的一种，并不是唯一的技术。因此，在日常个人/家庭风险管理中，应适当地根据风险的类型和特性合理选择风险管理技术，避免忽视保险制度在家庭财务规划中的保障功能的现状，但也要避免过度保险，忽视其他风险管理技术的问题。事实上，一般情况下，选择风险管理技术的原则是：对于损失幅度小的风险，可以综合运用风险自留、损失预防、损失抑制技术；对于损失概率低而损失幅度大的风险，可以综合运用财务型非保险风险转移、保险和损失预防、损失抑制技术；对于损失概率高且损失幅度大的风险，则尽量实施风险回避技术。

4. 实施、监控和修订风险管理计划

制订了风险管理计划后，个人/家庭就应当及时实施制订的计划，如联系购买保险，执行锻炼和饮食计划，安装灭火器、防盗门和报警器等。风险管理计划的实施要求个人有足够的执行力和自我约束感，尤其是保持良好的饮食和锻炼计划等，以保证实现自己的目标。

我们即使已经制订了风险管理计划，但随着环境、职业、财务状况和社会制度的变化，也需要定期关注自身面对的风险状况和承受能力的重大改变、新的风险控制和风险转移技术等。当情况发生变动时，原来的风险管理计划就可能不再是最合适、最有效的，而需要根据新的形势进行必要的调整。因此，风险管理的四个步骤并不是一劳永逸的，而是一个周而复始、循环往复的过程。

二、人身保险规划

如上所述，保险是非常重要的风险管理技术，而保险计划是个人/家庭人身风险管理的核心内容。在长期的个人/家庭风险规划实践中，形成了人身风险管理规划的一般性方法和原则，用以分析不同个人/家庭生命阶段的保险需求和具体的规划方法。下面我们对这些个人/家庭保险规划中的常用工具进行介绍。

（一）生命周期理论下的人寿保险需求分析

在购买人寿保险之前需要考虑的因素有许多，这些因素包括现在和将来的收入来源，储蓄与其他收入保障措施，单位提供的团体人寿保险、团体年金保险（或其他种类的退休金计划）以及社会保障等。但是在设计、安排人寿保险规划时，首先应确定人们是否需要人寿保险，然后合理确定适当的寿险。

把家庭作为消费决策的基本单位来分析，以说明消费者行为的变化和消费结构的问题，是第二次世界大战结束以后，西方经济学界关于消费行为和消费结构研究的趋势。所以，在考虑一个人对人寿保险保障需求的大小或者说考虑其对人寿保险的消费时，首先应明确地对他或她进行角色定位——在家庭中的地位、责任、作用以及对家庭经济贡献的大小，然后基于面临的各种风险估算出可能产生的最大费用需求。

“家庭生命周期”是指一个以家长为代表的家庭生活的全过程，它从建立家庭开始，到家长死亡或家长年老后与成年子女合居，并入子女的家庭为止。这其中又分为若干阶段，不同阶段的消费行为是不一样的。

1. 单身期——单身阶段

时间：从参加工作至结婚，一般为2～5年。

特点：经济收入比较低且花销大，这个时期是建立未来家庭所需资金的积累期；年纪轻，主要集中在20～28岁；健康状况良好；无家庭负担，但需要对父母承担一定的责任；收入低，但稳定增长；保险意识一般较弱。

人身保险需求分析：保险需求不旺，通常要考虑意外风险保障和必要的医疗保障，以减少因意外或疾病导致的直接或间接经济损失。若父母需要赡养，则要购买短期的定期寿险，以最低的保费获得最高的保障，确保一旦发生不测时，用死亡保险金来支持父母的生活，报答父母的养育之恩。

2. 家庭形成期——新婚阶段或“满巢”阶段Ⅰ

时间：从结婚到新生儿诞生，一般为1～5年。

特点：这一时期是家庭的主要消费期。经济收入增加且生活稳定，家庭已经有一定的财力和基本生活用品。为提高生活质量，往往需要较大的家庭建设支出，如购买一些较高档的用品，贷款买房的家庭还需一笔较大的开支——按月偿还贷款。夫妇双方年纪较轻，健康状况良好，家庭负担不重，收入增长较为迅速，保险意识和需求有所增强。

人身保险需求分析：为保障一家之主在万一遭受意外或其他不测后房贷供款不会中断，可以选择缴费低的定期寿险（可以是保险金额递减的定期寿险）、意外伤害保险和健康保险等，但保险金额最好大于购房贷款中尚未偿还的金额以及足够家庭成员5～8年的生活开支。此时人们处于家庭和事业的新起点，有强烈的事业心和赚钱的愿望，渴望迅速积累资产，投资倾向一般较为激进，可购买储蓄成分较高的传统人寿保险和非传统的投资型保险，在规避风险的同时，又使资金增值。

3. 家庭成长期——“满巢”阶段Ⅱ

时间：从孩子出生到孩子参加工作，一般为18～22年。

特点：家庭成员不再增加，获得收入的家庭成员年龄都在增长。这一时期，家庭的最大开支是医疗保健费用、购买固定资产按月偿还贷款所需的费用、孩子的教育和智力开发费用。这段时期理财的重点应放在上述费用的安排上。同时，随着子女的自理能力增强，年轻的父母精力更加充沛，健康状况尚可，时间相对充裕，又积累了一定的社会经验，工作能力大大增强，收入稳定增长，保险意识增强。

人身保险需求分析：在这段时期，家庭面临小孩接受高等教育的经济压力，购买儿童保险可以为子女的教育提供经济保证，使子女在任何情况下（包括父母不幸早逝）都能享受到良好的教育。父母作为获得收入的主要家庭成员肩负重大家庭责任，更应注重自身的保险保障，如购买意外伤害保险、健康保险和定期寿险等，也可适当地考虑购买养老保险。

4. 家庭成熟期——“空巢”阶段

时间：子女参加工作到家长退休为止，一般为 15 年左右。

特点：在这一阶段，夫妇双方的工作能力、工作经验、经济状况都达到顶峰状态，子女已完全自立，债务负担已逐渐减轻，理财的重点是扩大投资。夫妇双方年纪较大，健康状况有所下降，家庭成员不再增加，家庭负担较轻，收入稳定在较高水平，保险意识和需求增强。

人身保险需求分析：人到中年，身体的机能明显下降，在保险需求上，对养老、医疗和护理的需求变得较为突出，同时要适度考虑未来的老年生活。进入人生后期，万一投资不慎，会葬送一生所积累的财富，所以不宜过多选择风险投资的方式。此外，还要存储一笔养老资金，并且不可轻易挪用这笔资金。人寿保险作为强制性储蓄，对于积累养老资金和进行资产保全来说，是最好的选择。

5. 退休期

时间：退休以后。

特点：这段时期应以安度晚年为目的，理财原则是身体、精神第一，财富第二。那些不富裕的家庭应合理安排晚年医疗、保健、娱乐、锻炼、旅游等开支，投资和花费有必要更为保守，应优先考虑可以带来固定收入的资产，保本在这段时期比什么都重要，最好不要进行新的投资，尤其不能再进行风险投资。

人身保险需求分析：夫妇双方年纪较大，健康状况较差，家庭负担较轻，收入较低，家庭财产逐渐减少，保险意识强。应在 65 岁之前，通过认真分析和合理规划，对已经拥有的人寿保险保单进行检视，并做适当调整。另外，可适当购买终身寿险，以其死亡保险金作为丧葬费用的来源，还可以达到合理避税（遗产税）的目的。

以上均是对普通家庭的人身保险需求分析，对于特殊结构家庭，如单亲家庭、双亲单收入家庭、单身家庭则需要具体分析其保险需求，以制订合适的人身保险计划。

（二）估算人寿保险需求

估算人寿保险需求是指确定适当的寿险保额。一个适当的寿险保额对每位已拥有或欲购买人寿保险的人来说都是非常重要的。由于各种各样的因素影响着人们对人寿保险的需求，因此估算人寿保险需求难以用简单的数学公式来计算，一般有下述三种方法。

1. 生命价值理论下的年收入资本化法

用生命价值理论下的年收入资本化法来确定一个人的人寿保险的保险金额，就相当于用该人的年收入来量化其生命价值。虽然人的生命是无价的，但由于保险所能保障的仅仅是人的经济价值，因此在确定保额时，人的生命价值就可以由人所创造的收入来度量。可以说，生命价值是在扣除人的自我生存成本（如食品、衣物、教育和居住等费用）之后，人的未来净收益的资本化的价值。

小资料

生命价值理论的演进

生命价值概念最早是由经济学家威廉·配第于17世纪提出的，至今已有4个多世纪，它属于人力资本理论的一个方面，早期主要被法庭用来决定当第三者造成受害人死亡时向死者家庭进行赔偿的数额。半个世纪后，经济学家理查德·坎迪伦对人力资本做出了新的定义；1853年，经济学家兼统计学家威廉·法尔提出了描述生命价值的一系列估算公式；19世纪80年代，在美国康涅狄格相互人寿保险公司董事长雅各布·L. 格林的努力下，生命价值概念被首次应用到人寿保险中；1924年，美国保险学教授休伯纳提出了人的生命价值理论，标志着这一学说的真正确立。

资料来源：卓志．人寿保险的经济分析引论．北京：中国金融出版社，2001：16-17.

确立生命价值理论的休伯纳教授认为：从定性角度来看，一个人可以被认为拥有两种财产：一种是已获得的财产；另一种是潜在的财产。前者所指的是一个人已经拥有的物质财产和金融资产；后者指的是人作为经济来源的货币价值。从定量角度来看，人类生命价值是一个人预期净收入的现值，即资本化价值。衡量该资本化价值的基本步骤是：

（1）确定个人的工作或服务年限。

（2）估计未来工作期间的年收入。

（3）从预期年收入中扣除税收、保险费及自我消费，得到净收入。

（4）选择适当的贴现率计算预期净收入现值，得到个人的经济价值。

评估生命价值所需的个人预期收入将随着职业、愿望、年龄、性别、教育等因素而变化。人的死亡或失能将导致潜在财产的全部损失，因此，人们应当为防范此类风险足额购买死亡、伤残和长期护理保险等。现代的寿险业务实践中，保险公司推出了一些更复杂的考虑收入增长、消费递增、通货膨胀因素在内的动态生命价值评估方法。生命价值理论下的年收入资本化法一般用于单身客户或者高收入客户，从主观上评价客户的生命价值。

参考案例

依据生命价值理论估算个人寿险保额

小王今年30岁，预计工作至60岁退休，当前年薪为5万元，个人消费支出为1.5万元，预计未来工作期间年收入和个人消费支出均按每年5%递增。假定年贴现率也为5%，计算小王的生命价值，并据此确定他所需的寿险保额。

计算方法：

(1) 预期工作年限为30年，预计年收入按5%增长率递增，则未来工作期间的预期年收入为：

$$5\times(1+5\%)+5\times(1+5\%)^2+\cdots+5\times(1+5\%)^{30}$$

(2) 由于未来工作期间个人消费支出也按每年5%的通货膨胀率递增，因此，未来小王对家庭提供的净收入为：

$$3.5\times(1+5\%)+3.5\times(1+5\%)^2+\cdots+3.5\times(1+5\%)^{30}$$

(3) 假定贴现率为5%，则每年的预期净收入的现值均为3.5万元，那么，30岁的小王的生命价值为3.5×30=105（万元）。

按生命价值理论确定小王应购买的寿险保额为105万元。如果小王不幸死亡，他的家庭可以获得105万元的保险金，而这笔保险金在年利率为5%的条件下，每年可以为家庭提供现值为3.5万元的收入，可以连续支取30年，相当于小王在其退休之前的潜在收入依次被支付。因此，小王的家庭不会因为小王的死亡而遭受严重的损失。

2. 收入置换法

收入置换法的原理类似于生命价值理论下的年收入资本化法，它是简单地将保险金额用个人年收入的一定倍数表示。收入置换法相当简单，容易操作，它是根据寿险公司的销售经验所总结出来的方法。各家公司采用的收入置换法均有所不同，在此，我们介绍以下几种常见的方法：

(1) 寿险保额换算表法。在美国，一些寿险公司根据收入置换法编制了各种年龄的客户需要的寿险保额换算表，供投保人确定保险金额时参考。具体参见以下资料。

小资料

所需寿险保额换算表

年龄	推荐倍数	最大倍数
20～30岁	20	25
31～40岁	15	20
41～50岁	10	15
51～60岁	7	10
61～65岁	5	7
66岁及以上	3	5

投保人的保险需求______=个人目前的年收入______×从上表中选择的对应倍数

资料来源：赵猛．人寿保险个人理财新工具．北京：中国金融出版社，2006：275.

(2) 双十定律法。双十定律是简易地确定寿险保额的参考原则。所谓"双十定律"，指的是"保险金额确定为家庭年收入的十倍"及"总保费支出为家庭年收入的10%最适宜"。

(3) 7—7法。该方法认为，一个标准家庭（有双亲和孩子）大约需要某个主要家庭成员（家主）7年薪水的70%（乘以70%，就是扣除家主维持自身生存的费用支出）才能够缓解由于他或她身故所带来的经济压力，因此可以用此经验方法来估计家庭所需的寿险保额。即：

寿险保额＝被保险人当前年收入×7×70%

除上述介绍的几种常见的收入置换法外，实践中还流行着一些其他的方法，比如被保险人所需的保险额为其当年年收入的4倍，再加上孩子数量与当前年收入的乘积等。总之，确定寿险保额不存在某种唯一的方法，个人可以根据自身的具体情况和风险偏好加以选择。收入置换法由于简单易理解，因而作为经验方法被大量使用。

3. 家庭需求法

生命价值理论下的年收入资本化法和收入置换法的优点是比较简单，计算简便，但利用其确定保额的缺点是，这些方法忽视了个人家庭背景情况的不同。按上述两种方法，只要是年收入相同、年龄相同的客户，其所需要的寿险保额就是相同的。但在实际中，不同的家庭结构、子女生养数量、父母赡养情况以及个人负债情况是有很多不同的，相同收入的客户面临的经济压力和负担可能完全不同。因而从被保险人的家庭情况出发，分析家庭需要后确定的被保险人的寿险保额可能更加客观和全面，而不是片面强调被保险人的生命价值。

家庭需求法是根据家庭的主要收入来源者死亡后，家庭为恢复或维持原有的生活水平而产生的各种财务需求来确定保额。采用家庭需求法时，一般考虑在被保险人身故时家庭产生的现金需求和收入需求，如丧葬费用、应急基金、孩子抚养费用和教育费用、配偶的生活费用以及父母的赡养费用等，通过分析家庭财务总需求，然后扣除可以用其他收入或资产满足的财务需求，如已拥有的社会保险、职工福利、家庭投资性资产等，从而得到必要的家庭财务净需求，再按照这个净需求来确定保险金额，购买人身保险，满足家庭因为被保险人死亡或伤残所引起的财务需要。对于已婚有家庭负担的客户，以及保费承担能力有限的客户，利用家庭需求法可以具体、客观地分析家庭的保障需求。具体方法见下例和分析工作表。

参考案例

使用家庭需求法估算个人寿险保额

仍以小王为例，小王拥有一个幸福的家庭，太太今年28岁，工作年收入为3万元，两人育有一女，女儿目前2岁。两人结婚时在双方父母帮助下购买了住房，目前房贷余额仍有15万元。太太和女儿每年其他生活费用需要3.5万元（不含房贷还款）。小王和太太尚有5万元存款。小王考虑万一自己发生不幸的话，希望太太可以有能力归还贷款，并在女儿22岁前保证两人生活费用开支，同时给女儿准备6万元大学教育费用，假设收入成长率、通货膨胀率和贴现率均为5%，那么采用家庭需求法，小王应购买的寿险保额计算过程如下：

（1）计算小王家庭在假设小王身故情况下的财务需求：

房贷还款需求15万元＋女儿2岁～22岁家庭20年生活费用需求（3.5万元费用－太太年收入3万元）×20＋女儿大学教育费用需求6万元＝31万元。

（2）家庭现有资产：存款5万元。

（3）计算小王所需的个人寿险保额：31－6＝25（万元）。

因此，采用家庭需求法计算，小王需要购买25万元保额的寿险产品以满足家庭保障需求。

小资料

人寿保险需求分析工作表

经济需求

1. 临终费用（因为身故发生的费用，包括丧葬费用、法律服务费用以及遗产税等）______

2. 未结清的债务（身故时需要偿还的）______

3. 调整费用（指在过渡期里的花费，包括照顾孩子费用、保姆费用和健在配偶的培训费用）______

4. 家庭生存者的花费（直到孩子们能自力更生为止）
4a. 估计家庭目前每年的花费______
4b. 计算分析对象个人的花费（通过将一家人目前每年的花费乘以下列相应的系数来得到）
0.30（家庭剩下一位生存者）
0.26（家庭剩下两位生存者）
0.22（家庭剩下三位生存者）
0.20（家庭剩下四位生存者）
0.18（家庭剩下五位生存者）
______（4a）×______（上面对应系数）＝______
4c. 生存配偶的年收入______
4d. 分析对象身故后家庭生活费用的缺口（4a－4b－4c）＝______
4e. 确定未来的总花费（用4d乘以最小孩子到自力更生时的年数）
______（4d）×______（年）＝______
4f. 如果还要赡养父母，那么必须再加上这部分费用（用每年须提供的赡养费用乘以打算赡养老人的年数）______×______（年）＝______
4g. 家庭未来所需总费用（4e＋4f）______

5. 教育费用
5a. 目前上大学每年所需费用
5b. 乘以大学教育年数和小孩数
______（5a）×______（年）×______（小孩数）＝______

6. 期望生存配偶的年金补贴（自孩子都自力更生以后至生存配偶退休以前）
6a. 期望的年金补贴数______
6b. 生存配偶在这期间能够挣得的收入______
6c. 须提供的部分（上面两项的差额）______
6d. 再用6c乘以从最小孩子独立到配偶退休可以享受社会保障和其他退休收入时的年数______
（6c）×______（年）＝______

7. 期望生存配偶退休后的收入
7a. 每年期望的收入（除去社会保障及其他退休金）______
7b. 乘以期望退休后收入年数______（7a）×______（年）=______

8. 需要考虑的总费用：1+2+3+4g+5b+6d+7b=______

9. 目前家庭财产状况
9a. 已有人寿保险的保险金额______
9b. 现金和储蓄存款______
9c. 房地产等固定资产的净值（扣除交易费用及有关税收后的市场价值）______
9d. 有价证券______
9e. 退休金计算的价值______
9f. 其他收入来源______
9g. 总的可获得的现金价值：9a+9b+9c+9d+9e+9f=______

需要购买的人寿保险的保险金额（用“需要考虑的总费用”减去“总的可获得的现金价值”）
______（8）-______（9g）=______

资料来源：赵猛．人寿保险：个人理财新工具．北京：中国金融出版社，2006：279.

本章小结

人身风险主要包括死亡风险、健康风险、养老风险和生育风险等，为保障个人及家庭生活的安定，我们需要利用风险管理手段来处理人身风险。一般来说，我们按照风险识别、风险评估、风险处理对策选择及风险管理计划的实施和调控四个流程进行个人/家庭的风险管理。为了保证保险能充分发挥家庭保障目的，我们可以以生命价值理论为依据，按照收入置换法或家庭需求法来分析个人所必需的寿险保额。

重点概念

死亡风险　　健康风险　　风险管理　　风险管理技术
生命价值理论　　收入置换法　　家庭需求法

复习思考题

1. 思考题

（1）请阐述个人/家庭风险管理流程。

（2）请分析主要的个人/家庭风险管理工具及其运用。

（3）请分析确定适当寿险保额的主要方法及其运用。

2. 计算题

李先生现年 30 岁，年收入为 10 万元，个人年支出为 3 万元，预计工作到 60 岁退休。

假设李先生的收入增长率、生活支出的通货膨胀率和贴现率均为4%，请问：依据生命价值理论，李先生的寿险保额应为多少元？

3. 实训题

1971年出生的姜女士，丈夫于几年前不幸去世，如今只身一人带着15岁的女儿生活。姜女士是一名销售经理助理，月薪5 000元，年终奖一般为2万元，预计退休年龄为55岁。母女每月生活费用约为2 000元，年度性大宗物品开支等费用约为1.6万元，消费中姜女士个人开销比例约为30%。2009年，姜女士购买了一套商品房自住（市价60万元），动用了大部分储蓄，银行贷款尚余20万元未还。目前，姜女士家中有2万元活期存款、10万元定期存款和3万元未到期国债。姜女士单位为其缴纳“四金”，自己购买了一份10万元的分红型终身寿险，年缴保费3 000元，无其他保险。女儿没有购买任何保险。姜女士希望女儿能接受高等教育，并希望目前能有8万元作为女儿的大学教育基金，家庭能有一笔满足6个月生活费用开支的应急基金。（假设投资回报率、收入增长率和通货膨胀率均为4%。）

要求：（1）根据上述家庭资料，分析该家庭面临的主要人身风险，并为姜女士的家庭给出保险配置建议。

（2）利用家庭需求法为姜女士分析所需寿险保额。

第二章　人身保险概述

章前引例及分析

2008年5月12日四川汶川大地震保险理赔

2008年5月12日汶川地震发生后，国内的保险行业迅速投入了灾后理赔工作中。目前在我国人身险中，地震基本上属于保险公司理赔范围。在地震理赔中，保险公司基本上都提供应赔尽赔、启动快速理赔绿色通道等服务，其中包括无保单受理、放宽身份要求、取消定点医院等限制，新华人寿还对此次地震灾害受伤客户的医疗保险金规定不受补偿原则限制，即在政府对地震受伤客户免除所有医疗费用的情况下，公司仍按照伤情判断给予一定金额的慰问金；治疗结束时，完全按照保险合同给付标准理算给付。保监会还要求保险行业在理赔中应坚持特事特办原则，若在保险合同条款方面产生争议，应做出有利于被保险人和受益人的解释。

在中国保险行业的积极努力工作下，保险赔付每天都在快速增加，截至2008年6月10日，保险行业共接到地震相关保险报案24.9万件，初步核实被保险人死亡1.63万人，伤残2 440人，人身保险已赔付1.65亿元。其中：人寿保险接报案2 036件，被保险人死亡1 723人，伤残85人，已支付赔款3 638万元；健康保险接报案617件，被保险人死亡58人，伤残117人，已支付赔款100.8万元；意外伤害保险接报案2.58万件，被保险人死亡1.39万人，伤残1 841人，已支付赔款1.28亿元。

虽然中国保险行业投入了大量的精力和金钱进行理赔，但保险赔付款与地震造成的损失相比，仍是杯水车薪。据中国保监会统计，2008年年初的雪灾保险赔付近50亿元，占1 500亿元损失中的3%，而据国外专业机构估算，汶川地震全部经济损失是5 000亿元，最终中国保险业的赔款占比会是多少呢？

专家分析

灾后，中国保监会人士表示尽管保险业积极理赔，放宽理赔条件，但保险赔付额占比仍不大，估计不会超过5%。对此，有专家分析说，原因之一是“投保率比较低”。2007年四川全省保费仅为211.91亿元，财产险和人身险的保险深度分别为0.89%和2.3%，均低于全国平均水平；地震重灾区的人身险覆盖率也仅为10%，远低于全国15%的平均水平。

本章学习目标

通过本章的学习，你应该能够：

1. 掌握人身保险的内涵。
2. 掌握人身保险的特征。
3. 掌握人身保险的种类。
4. 熟悉人身保险的作用。

第一节　人身保险的概念、特征及分类

一、人身保险的概念

人身保险是指以人的生命与身体作为保险标的的一种保险。人身保险的投保人按照保单约定向保险人缴纳保费，当被保险人在合同期限内发生死亡、伤残、疾病等保险事故或达到人身保险合同约定的年龄、期限时，由保险人依照合同约定承担给付保险金的责任。从上述定义中，我们可以看出人身保险有以下一些基本特征：

（1）人身保险的保险标的是人的生命与身体。人的生命是一个抽象的概念，当人的生命作为保险保障的对象时，以人的生存和死亡两种状态存在；当人的身体作为保障对象时，以人的健康、生理机能、劳动能力等状态存在。人身意外伤害保险、健康保险保障的就是当被保险人因身体上的伤害而完全或部分丧失劳动能力时所产生的经济需要。

（2）人身保险的保险责任是人们在日常生活中，以及生命的成长过程中可能遭受到的种种不幸事故或由于疾病原因造成的人的死亡、伤残、丧失劳动能力或衰老等风险。

（3）人身保险的给付条件是保险期内保险事故发生，或是造成人的伤残、死亡、丧失劳动能力等，或是保险期满时被保险人生存。

对于人身保险的概念，还可以从多个角度理解：从经济的角度来看，人身保险是分摊人身风险损失的一种财务安排；从法律的角度来看，人身保险是一种合同行为，体现了民事法律关系主体之间的权利和义务关系；从社会的角度来看，人身保险是社会保障制度的重要组成部分，是社会的稳定器和经济的助动器；从风险管理的角度来看，人身保险是人身风险管理的一种方法，它可以起到分散风险、分摊损失的作用。

二、人身保险的特征

（一）人身保险合同的特征

人身保险和财产保险是我国保险业务的两大类，由于人身保险是对人的生命和身体提供保障，而人的生命、身体不同于一般的可用货币来衡量的财产，因此人身保险与财产保险相比，在合同上具有下述一些特征。

1. 保险金额确定方法的特殊性

人身保险是以人的生命及身体作为保险标的的一种保险，保障的是人的生命及身体遭受到的损害，其保障对象是不能用货币量化衡量的，因而人身保险业务不能像财产保险那样依据标的物的货币价值来确定保险金额。人身保险的保险金额是依据被保险人对保险的需求程度和投保人的缴费能力与保险人协商确定的。为防范道德风险，保险人对投保人所提出的投保金额要求按生命价值理论进行合理的限制，通过核保程序最终确定适当的保险金额。另外，在一些保险中还存在没有确定的最高给付金额，而只规定由保险人在一定时期内定期给付保险金的数额的情况。例如终身养老年金保险，被保险人通常在约定的领取期开始领取养老年金一直到被保险人死亡，其领取总额是不确定的。

2. 人身保险的保险金支付属于约定给付

与财产保险的补偿赔付方式不同，人身保险通常采用约定给付方式。人身保险合同为给付性合同。作为定额保险的人身保险，当发生保险事故时，保险人按照合同约定的保险金额给付方法承担保险金给付责任，而不存在依据实际损失金额进行赔偿的情况。因此，人身保险的保险金给付不参照损害补偿原则进行，不实行比例原则及代位追偿原则。

需要注意的是，人身保险中的医疗保险因其是对被保险人发生的确定货币量的医疗费用进行补偿，一般既可以约定采用损害补偿原则，也可以约定为定额给付型。当医疗保险采取补偿方式时，适用损害补偿原则，保险人对被保险人赔付的医疗保险金限额不超过被保险人实际支出的医疗费用。如果是第三者责任导致的医疗费用支出，适用代位追偿原则。如果医疗保险出现重复保险，适用重复保险的，采用比例分摊原则。

3. 人身保险业务经营中多采用长期业务

人身保险，特别是人寿保险一般都是长期业务，保险期限一般都在二三十年，长的保险品种期限则可从人的出生至死亡。而财产保险的保险期限多为一年或一年以下。人身保险业务的长期性，导致合同的条款中有不同于财产保险合同的特殊规定。如人身保险中，除短期意外险、短期健康险等短期性业务外，长期性业务人身保险合同的保费通常可以选择趸缴或期缴方式。同时由于合同的长期性，合同的保全服务和业务管理更加复杂和严格，保单有宽限期、中止、复效等一系列特殊的合同规定。

（二）人身保险业务经营管理上的特征

1. 人身保险业务通常采取均衡费率制度

死亡率是人寿保险费率厘定的基本要素之一。依据人的生命经验，人的死亡风险随着年龄逐年增加。在寿险业务中，如果按每一年度来办理保险，按照当年的死亡率收取自然保费，就会出现年轻人的保费负担轻，老年人的保费负担重的情况。而从人的收入规律来看，随着年龄的增大，收入能力呈下降趋势。所以当人年老时，保费负担相对于个人经济收入来说过重，造成人在老年最需要保险保障时却丧失获得保障的能力。同时在寿险业务中，也容易出现逆选择，身体健康的人考虑到保费上升、负担加重而选择退出保险，体弱多病的人考虑到风险程度高而坚持投保，从而使正常情况下计算出的保险费率难以维持。

自然保费的这种特点必将阻碍寿险业务的开展。为解决这些矛盾，寿险业对身故保障改变了按自然费率即按被保险人当年死亡率厘定保险费率逐年收取的方法，而大量地采用长期业务和均衡保费。寿险业将保单设计为几十年的长期业务，在保单设计的缴费期内，将整个保险期内各年所需的自然保费进行平均，投保人每年缴付数额相等的均衡保费。均衡保费不反映被保险人当年死亡率，在保单早期高于自然费率，在保单后期低于自然费率，从而使被保险人每年缴费负担均衡，年龄增大时保费并不增长。保险人将投保人前期多缴的超出自然费率部分的超额保费积累起来，用以弥补保险后期不足自然费率的保费。这种技术手段使投保人的保费负担合理化，年轻时未雨绸缪，多缴保费，从而保证其晚年能享受到充分的保险保障。

小资料

自然保费与均衡保费

35 岁男子参加保险金额为 1 000 元、年利率为 3%的寿险，自然保费和均衡保费情况如下表所示。

年龄（岁）	死亡率（‰）	自然保费（元）	均衡保费（元）
35	2.51	2.44	16.29
40	3.53	3.43	16.29
45	5.35	5.19	16.29
50	8.32	8.08	16.29
55	13.00	12.62	16.29
60	20.34	19.75	16.29
70	49.79	48.33	16.29
80	109.98	106.77	16.29
90	228.14	221.49	16.29

资料来源：魏华林，等．保险学．北京：高等教育出版社，1999：198.

2. 寿险具有储蓄性和投资性

寿险在具备非寿险的保障性的同时，还具有储蓄性。寿险的储蓄性，一方面是由险种本身的特性决定的，如生存险本身就是在生存至期满时得到一笔保险金，这笔保险金实质上是被保险人群体储蓄性保费的积存；另一方面也是由其长期性业务性质决定的，投保人分期缴付保费，保费由保险人按复利计算，体现出储蓄性。同时，在寿险合同中，由于保费采用的是均衡保费制度，保费前期高于实际业务给付所需的自然保费，因而超额部分及其产生的利息实际上是投保人的储蓄。由于寿险的储蓄性，因而其通常具备一定的货币积存值，即现金价值，使得寿险保单成为有价证券的一种。

寿险虽然具有储蓄性，但并不等同于银行储蓄。首先，银行储蓄是一种自助行为，依靠自身力量来解决自己的困难；寿险则是互助与自助的结合，储蓄性以保障性为基础，被保险人得到的保险金不是自己所缴保费的本利和，而是包含了他人的分摊。其次，银行储蓄较为灵活自如，可以随时改变储蓄计划；寿险则受到一定的限制，一旦投保寿险，被保险人不能随意变更合同内容，因而人们往往称寿险是一种半强制性的储蓄。

寿险在具有储蓄性的同时，衍生了保单的投资性功能。现在我国所销售的分红保险、投资连结保险以及万能寿险等，使投保人不仅能享受到保险保障，得到储蓄保费的自然增值部分，而且可以分享保险人在运用保险基金投资和保险业务经营过程中所产生的收益。

3. 人身保险业务的经营管理方式不同

财产保险多是一年期业务，保单经营效益年内可以确定。人身保险由于其寿险业务多是长期业务，经营效益不能在一年内确定，因而其保费厘定方法、责任准备金提留方法、偿付能力计算及资金运用方面都不同于财产保险，法律及政府保险监管机关对人身保险业务的监管体系和标准也不同于财产保险。

4. 人身保险业务经营稳定性的影响因素不同

保险经营数理基础是大数法则与概率论。人身保险的经营建立在生命表基础上，保险事故发生概率相对稳定，而财产保险业务由于标的数量、质量不均衡，标的损失率的稳定性较差，不时会发生较大的风险损失。人身保险业务中寿险业务费率核算受利率因素的影响，而利率在长期业务持续期中常受客观金融环境的影响不断波动，因此寿险经营的稳定性受利率影响程度较大。

三、人身保险的分类

人们对人身保障需求的多样性及可变性，决定了人身保险险种的多样性及新险种的层出不穷。因而，实务中人身保险险种在不同的场合，从各个角度，可以有不同的划分方法，如按实施方式不同分为强制保险和自愿保险，按业务期限不同分为长期保险和短期保险。下面对人身保险特有的一些分类方法进行介绍。

（一）按保险性质分类

按人身保险性质分类，人身保险可分为社会保险、商业保险和政策性保险。

社会保险是指国家通过立法强制实行的，由劳动者、企业以及国家三方共同筹资，建立保险基金，对劳动者因年老、工伤、疾病、生育、残废、失业、死亡等丧失劳动能力或暂时失去工作时，给予劳动者本人或供养直系亲属物质帮助的一种社会保障制度。它具有保障劳动者基本生活、维护社会安定和促进经济发展的作用。

商业保险是指按商业经营原则所进行的保险，是保险业者以盈利为目的经营的保险。商业保险不同于社会保险的强制实施，按自愿原则实施。保险双方当事人在公平自愿基础上，通过订立商业保险合同明确双方权利和义务。

政策性保险是指政府为实现其政治、经济、社会等方面的治理目的，运用普通保险技术和原理并给予扶持政策而由保险公司开办经营的特殊性质的保险。政策性保险一般具有非营利性、政府提供补贴与免税以及立法保护等特征。政策性保险在产险领域突出表现为政策性农业保险和出口信用保险，而在人身保险领域，则主要表现在独生子女及老年人的意外伤害保险和补充医疗保险以及长期护理保险领域。

社会保险和商业保险作为人身风险管理的主要形式，二者存在相互作用和相互影响的关系，既有共性，也存在本质的区别。

1. 二者的相同点

（1）保险标的相同。社会保险和商业保险都是以人的身体或生命作为保险标的。承保的风险都包含被保险人的死亡、伤残、疾病和年老。二者有大致相同的险种。例如，社会保险有养老保险、医疗保险、工伤保险、失业保险和生育保险，商业保险也有寿险、年金保险、健康保险和意外保险等产品。

(2) 经营技术相同。社会保险和商业保险都以大数法则、概率论为经营的数理基础，都要求有大量的风险单位汇集，即参保人数要足够多，以发挥风险分散、分摊损失与经济补偿的作用，因此都依赖精算技术。

2. 二者的区别

(1) 经营主体不同。社会保险由政府或其指定的机构作为经营主体，带有行政性和垄断性的特色，不以盈利为目的，经营单位一般也不纳税。而商业保险只能由商业保险公司经营，并向国家承担纳税义务。

(2) 法律依据不同。社会保险是依法实施的政府行为，是宪法确定的公民的一项基本权利，国家必须通过颁布《社会保险法》等法律来确保这一权利的实现，即社会保险属于社会立法范畴。而商业保险则是依民事合同实施的契约行为，商业保险关系的建立以保险合同的形式体现，双方的权利和义务内容也都以保险合同为依据，并按《合同法》《保险法》等民商法进行调整规范。

(3) 实施方式不同。社会保险具有强制实施的特点，凡是强制范围内的社会成员，必须一律参加保险。而商业保险则贯彻自愿原则，保险人与投保人双方都有自由选择的权利。

(4) 保费负担不同。社会保险的保费通常是参保人、企业和政府三方面合理共同负担。而商业保险的保费则完全由投保方负担。

(5) 运行原则不同。社会保险的缴费和给付更注重“社会公平”原则，参保人根据工资的一定比例缴纳保险费，高收入人群则承担较高的缴费负担，但保险金的给付则按规定标准享受，并且因为考虑特定群体如低收入群体、残疾群体或已退休人群利益，所以给付水平并不与缴费负担完全一致。而商业保险完全遵循“个体公平”原则，投保人根据被保险人的风险等级缴纳保费，高风险客户需要承担高保费，甚至被拒保，而相同风险等级的客户缴费越高，则保额越高，保费负担与给付水平一致。

(6) 保障水平不同。社会保险只能满足社会成员生、老、病、死方面较低层次的基本保障需求，而商业保险则可满足人们在各个层次的保障需要，保障水平相对较高，并且更为灵活。社会保险和商业保险相互结合，则可以满足不同层次的经济保障需求，形成完善的社会保障体系。

（二）按保障范围分类

按保障范围分类，人身保险可以划分为人寿保险、年金保险、人身意外伤害保险和健康保险。

人寿保险是以人的寿命为保险标的的保险，保险合同的给付条件是被保险人的死亡或生死两全，包含定期寿险、终身寿险和两全保险等。年金保险是指以被保险人生存为给付保险金条件，并按约定的时间间隔分期给付生存保险金的人身保险。人寿保险和年金保险是人身保险主要的和基本的类别，由于其自身的特性，通常在做保险业务统计及进行业务监管时，人们一般将其单列为寿险业务，而人身意外伤害保险及健康保险则与财产保险并列为非寿险业务。

人身意外伤害保险是以被保险人因遭受意外伤害事故造成的死亡或残疾为保险事故的人身保险，其主要特征不同于寿险，是保费低、保障性大的险种，通常不具备储蓄性。

健康保险是以被保险人因意外事故、疾病、生育所致的医疗费用支出和工作能力丧失、收入减少及护理费用支出为保险事故的人身保险。健康保险包括医疗保险、疾病保险、失能收入保险及长期护理保险四个品种。

（三）按投保方式分类

按投保方式分类，人身保险可以划分为个人人身保险、团体人身保险及联合人身保险。

个人人身保险是以个人为投保者，一张保险单承保一个被保险人的人身风险的人身保险。它满足个人对保险保障的需求。

团体人身保险是以团体为投保人，一张总保险单承保一个团体的全部或大部分成员的人身风险的人身保险。团体保险包括团体人寿保险、团体年金保险、团体意外伤害保险和团体健康保险。

联合人身保险通常是把有一定利害关系的两个或两个以上的人视为一个被保险人整体，如父母、夫妻、子女或合作人等，用一张保单对多人提供人身风险保障的人身保险。

（四）按保障的风险程度分类

按保障的风险程度分类，人身保险可以划分为标准体保险和次健体保险。

标准体保险是指被保险人的风险程度与保险人确定的正常标准费率相适应。标准体又称健体，是指身体健康状况、职业、道德等各方面没有明显的缺陷，可以用正常标准费率来承保的被保险人。

次健体保险就是不能用正常费率来承保，而只能用特殊条件如加费、增龄或限制保障范围等方式加以承保的人身保险。次健体也称为弱体或非标准体，往往当被保险人的风险程度如健康状况、职业等要素超过标准体的风险条件时，办理次健体保险。

（五）按人身保险的作用分类

按人身保险的作用分类，人身保险可以划分为保障型人身保险、储蓄型人身保险和投资型人身保险。

保障型人身保险是指主要体现保险保障功能，基本不含储蓄性，不以储蓄投资为目的的人身保险业务，如定期寿险、意外险和健康险等。

储蓄型人身保险是指主要体现保险长期半强制性储蓄功能的人身保险业务，如年金保险、子女教育金保险等。

投资型人身保险是指在基本保障功能基础上凸显保险投资功能，可以享受保险人经营业务的利润或投资利润的人身保险业务，如分红保险、万能寿险和投资连结保险。

第二节　人身保险的发展历史

一、人身保险的发展简史

（一）古代人身保险的萌芽

在人类社会的早期，由于生产力水平低下，劳动产品不足以维持劳动者自身的生存，更没有剩余的产品作为风险损失后的补偿。因此，人们以血缘关系组成氏族公社作为劳动和生活的共同体，以实现互助互济的目的。随着生产的发展，剩余产品的出现，私有制和家庭随之产生。但家庭内部的后备积累完全不能满足个人和家庭应对变故的需求，因此，为了使保障更可靠，以互助形式建立的社会化的应付人身风险的后备组织逐步出现。

据史料记载，早在公元前 4500 年，在古埃及修建金字塔的石匠中曾有一种互助基金组织，该组织向每一成员收取会费以支付个别成员死亡后的丧葬费。公元前 2000 年，在西亚两河（底格里斯河和幼发拉底河）流域的古巴比伦王国，国王曾下令让僧侣、法官及村长等对他们所辖境内的居民收取赋金，用以救济遭受火灾及其他天灾的人们。在古罗马，出现过一种叫士兵会的互助团体，对军队中入会的士兵收取会费并将其作为士兵阵亡后对其遗属的抚恤费用。古希腊的一些政治、宗教组织，如希腊社团和罗马学院等，也对社团成员提供殡葬费用和经济补贴。到了中世纪的欧洲，同业公会相当盛行，对其成员提供相互援助。许多同业公会的章程中都提到了其成员可以得到保障的风险事故，如死亡、疾病、被海盗俘获、沉船、房屋被烧毁等。

从“风险分担”“互助共济”等最初的保险思想出发建立起来的各种应对人身风险的古代互助团体的确起到了损失分摊的作用，也体现了“人人为我，我为人人”的现代保险宗旨。这些组织形式构成了人身保险的萌芽，但它们只是由一些有着共同利益、面临同样风险的人们自愿结合而成，会费的缴纳没有科学计算的基础，因此，这一时期是人身保险的萌芽时期。

（二）现代人身保险业的形成

1. 人身保险的初步产生

海上保险在产生和发展过程中，一度包括人身保险。15 世纪后期，欧洲的奴隶贩子把运往美洲的非洲奴隶当做货物进行投保，后来船上的船员也可投保，如遇到意外伤害，由保险人给予经济补偿，这些是人身保险的早期形式。

中世纪后，英国乡村出现了大量的友情社。友情社和同业公会组织的不同在于它是真正的相互受益组织。该组织由其成员选举出来的经理人及一个委员会来运作，通过由所有成员通过和修订的一系列章程来管理，该组织并不像同业公会一样与贸易、手工业或宗教相联系。所有的友情社都有某种形式的死亡或丧葬基金，许多社团还为不同的风险事故提供保障。友情社的产生早于第一张生命表、大数定律和保险数学的出现，社团的运作是基于评估基础。成员按照其需要向社团提供许诺的基金，每个人缴纳的基金并不是根据其年龄或可保性来确定的，这样一来，很大的负担落到了年轻、健康的成员身上。其结果是，这些年轻、健康的成员不得不退出友情社。于是，平均死亡率随着社团成员的平均年龄增长而增长，由此使得高龄成员——最不可能负担得起缴纳基金的人必须承受很大的负担。由此可见，缺乏计算基础，友情社遭遇大规模的失败是不可避免的。但这种形式促使了英国私人人寿保险业的形成，它为那些收入很低的人提供有限的保险保障，为各种形式的保险组织和保险服务的存在提供了充足的理由。

从 16 世纪开始，人们进一步试图通过保险的手段来防范死亡、疾病、伤残、年老等人身风险。英国伦敦市参议员理查德·马丁最早提出将保险范围扩大至人命保险，他被世人公认为开创了人寿保险的先驱。而迄今发现最早的人寿保险单是 1583 年 6 月 18 日由伦敦皇家交易所保险行会的 16 名商人共同签发的，以名叫威廉·吉朋的人为被保险人、保险期限为 12 个月、保险金额为 382.33 英镑的短期性人寿保险。1584 年 5 月 8 日，威廉·吉朋去世，其家属领取了保险金。

2. 现代人身保险制度的形成

年金制度以及精算技术对近代人身保险制度的形成和发展起到了积极的作用。1551 年，德国纽伦堡市市长 B. 布尔查诺创立了一种适合于任何阶层的儿童强制保险。其办法是儿童一出生，其父母就必须每年储蓄一塔来耳（古普鲁士银币）到国库，当子女成年婚嫁时，政府给予三倍于本金的给付额。这种做法与现代人身保险中的儿童保险非常相似，一方面表现在它的给付额与死亡率相联系，另一方面它的给付额不仅包括本金还有利息。1653 年，意大利银行家伦佐·佟蒂提出了一项联合养老办法，这个办法后来被称为"佟蒂法"，并于 1689 年正式实行。佟蒂法规定每人缴纳 300 法郎，筹集起总额为 140 万法郎的资金，保险期满后，规定每年支付利息，并按年龄把认购人分成 14 个组，对不同的组给付不同的利息，对高龄群体给付的利息较多。在每个组内，佟蒂法的特点就是把利息付给该组，由群体的生存者平均分配，如该群体成员全部死亡，则停止给付，而本金不予返还。"佟蒂法"于 1726 年全部认购人死亡后宣告结束。其后，在一些欧洲国家也实行过类似的制度，但该法由于存在诱发自相残杀等一些弊端，后被教会废止，但其对生命统计的研究仍然受到人们的重视。

在早期的人身保险实践中，费用的承担和年金的给付都没有经过科学的计算。随着社会的发展，许多数学家开始研究通过不同年龄人的死亡和生存概率科学、精确地计算保险费，促进了人身保险精算技术的发展。

知识库

人身保险业精算技术的起源与历程

17 世纪中叶，伦敦流行疫病，各教区每周公布死亡人数的记录。英国数学家约翰·格兰特对各教区公布的死亡人数记录进行了研究，于 1661 年发表了关于生命表思想的论文。

1671 年，荷兰数学家约翰·德·威特运用概率论的原理，完成了"生命年金理论"，并依据人的生存和死亡概率计算出年金的现值。

著名的天文学家埃德蒙·哈雷，在 1693 年以西里西亚的勃来斯洛市的市民死亡统计为基础，编制了第一张完整的生命表，精确表示了每个年龄段人口的死亡率，提供了寿险计算的依据。

18 世纪初，英国数学家托马斯·辛普森主张按不同年龄分别计算人寿保险费，并以伦敦市民的死亡统计为基础编制了生命表。

1746 年，德国的巴尔修以联合养老保险年金和寺院的记录为基础，出版了关于生命概率论的著作。

1756 年，英国数学家詹姆斯·道德森根据哈雷的生命表和辛普森的理论，计算了各年龄组的人投保定期寿险的随死亡率提高而递增的自然保险费，在此基础上，他又提出了"均衡保费"的理论，从而促进了人身保险的发展。但是，他提出的设计方案并未被当时的保险组织所采纳。

资料来源：魏巧琴．新编人身保险学．上海：同济大学出版社，2005：16-17.

1762年，詹姆斯·道德森在英国成立的伦敦人寿和遗属公平保险社首次依据生命表，使用均衡保费法计算了终身寿险的保险费率，并在保单中规定了宽限期和保单复效等条款，成为现代人身保险制度形成的标志，这也是现代人寿保险的开端。

小资料

2011年世界保险份额前七位国家保费收入情况

	保费收入排名	寿险		非寿险		保险密度（美元/人）	保险深度（%）
		保费收入（10亿美元）	年增速（%）	保费收入（10亿美元）	年增速（%）		
美国	1	538	2.9	667	−1.3	3 846	8.1
日本	2	525	6.5	131	2.8	5 169	11
英国	3	210	−3.3	109	1.4	4 535	11.8
法国	4	175	−15.6	98	1.8	4 041	9.5
德国	5	114	−7.1	131	1.2	2 967	6.8
中国	6	135	−14.8	87	10.4	163	3.0
意大利	7	105	−20.2	55	−1.8	2 530	7.0
全球		2 627	−2.7	1 970	1.9	661	6.6

注：根据瑞士再保险公司Sigma杂志（2012年第3期）公布数据制作。

二、我国人身保险的发展历程

（一）中国古代人身保险思想及萌芽

"天有不测风云，人有旦夕祸福"，这句俗语说明自然灾害和意外事故的发生，在任何社会形态下都会不期而遇。中华民族在原始氏族社会即出现了图腾崇拜，以龙为氏族的保护者，而且早在夏朝就有积谷防饥、居安思危的思想和措施。2 500多年前，我国古代著名的思想家孔子在《礼记·礼运》中有这样一段话："大道之行也，天下为公。选贤与能，讲信修睦，故人不独亲其亲，不独子其子，使老有所终，壮有所用，幼有所长，矜（同鳏）、寡、孤、独、废、疾者，皆有所养。"这一记载足以表明我国古代早有谋求经济生活之安定的强烈愿望，实为最古老的社会保险思想。与此思想相对应的是，中国古代的封建王朝普遍建立起了仓储制度，若遭遇重大自然灾害，则对灾民进行赈济。对在大灾之后发生的疫病，政府建立起一些制度为灾民治病和埋葬死者。但贫民的生老病死难以全部依赖政府，于是在民间设有"宗亲福利会""长寿会"等社会互保组织。当会友或族人死亡时，有的由会员自筹资金，有的用宗族祠堂的部分公产支付寿金，给予死者殡葬和遗属抚恤等物质上的帮助。这就是西方人身保险进入中国之前，在民间推行的人身互保形式。

（二）新中国成立前我国人身保险业发展历程

中国最早的保险业是随着帝国主义对中国的通商贸易和经济侵略势力而产生的。在这个过程中，西方先进的保险思想传入中国，为创建中国的保险业做了理论准备。魏源、洪仁玕、郑观应、陈炽等人，先后在其著作中阐述了有关保险的思想，其中最有名的是魏源和洪仁玕。魏源在其所著《海国图志》中，全面、系统地介绍了西方的保险理论、实务及发展情况，是介绍西方近代保险的第一人。洪仁玕在《资政新篇》中也有关于人身保险的论述，他提出开办银行、保险事业以利国利民。郑观应在《盛世危言》中论述了保险的原理，认为保险“不过是以一人一身之祸派及众人”，对保险的分散风险、组织经济补偿的基本原理进行了简明扼要的论述。而陈炽在《续富国策》中也有关于保险的论述，他不仅阐述了保险的原理，同时指出了中国的工商业界对保险事业的重要意义缺乏全面的认识和了解，最后提出“纠资集股办保险，振兴中华”的倡议。陈炽关于保险的论述是中国近代保险史上比较完整、系统的保险思想。

外商的早期人寿保险公司何时创立于中国，尚缺确凿资料查考。它们大约在 1842 年开始输入中国，但只有几家人寿保险公司分设在我国主要通商口岸，规模和业务范围都很小，业务对象仅为旅华外侨。至于设立机构，以 1884 年美商纽约人寿保险公司和公平人寿保险公司，1891 年英商永明人寿保险公司、美商永安保人寿保险公司和宏利人寿保险公司，1898 年英商永福人寿保险公司、大东方人寿保险公司和永年人寿保险公司为最早。此后，还有 1905 年英商华洋人寿保险公司和中外合资的华洋永庆人寿保险公司等。

由于清朝政府在内外交困的情况下不得不采取提倡和鼓励民族工商业的新政策，也由于寿险公司获利较多，所以中国人也开始尝试经营保险业务。晚清时期的华商人寿保险公司有 1894 年福安水火人寿，1908 年华安人寿、上海延年人寿和上海永宁人寿等。其中福安水火人寿经营时间较长，福安上海分公司在 1928 年停业。这一时期，民族保险公司也获得长足发展，1905—1912 年共成立了 22 家保险公司（水火险 18 家，寿险 4 家）。1907 年，华兴、华安、华成 3 家公司发起成立“华商火险公会”。保险公会的成立说明华商公司加强了自身的组织和团结，迈出了新的一步。但当时的宗旨主要是为了联络同业感情，发挥的公会作用并不大。

自第一家保险公司创办后，经过数十年艰难跋涉，到 20 世纪 30 年代前后，各类性质的保险企业应运而生。从资金性质来看，既有官僚资本的，也有民族资本合股筹建的，还有中外合办的保险企业。这就形成了三足鼎立的格局，其业务则涉及工商、财产、人寿、运输等险种。

中国官僚资本开办的保险公司，由国民党政府直接控制下的中央银行、中国银行、交通银行、中国农民银行、中央信贷局、邮政储金汇业局和中央合作金库等投资。如 1931 年 11 月 1 日由中国银行投资 500 万元（法币）创办的中国保险公司，1938 年 8 月分别在香港和新加坡设立分公司，经营各种财产保险和人寿保险。中国保险公司旗下的子公司——中国人寿保险公司专营人寿保险业务。

当时民族工商业利用民族资本开办的保险公司发展得很快，由于其形式灵活，业务也十分活跃。其中1912年由吕岳泉在上海创办的华安合群人寿保险公司，是我国第一家寿险公司，也是当时我国规模最大、始终与洋人保险公司抗衡的寿险公司。它在国内外广设分支机构，招聘寿险专家，开拓寿险业务。在筹款赎回胶济铁路运动中，其创立了“赎路储金保险”，认缴赎路储金，有力地维护了中国人的权益。

民国时期，各类保险公司都已具有相当规模，其开办的险种已涵盖中国现代保险的各主要险种。尤其是由国民党政府直接控制下的官僚资本开办的保险公司自成体系，分支机构遍及大江南北，具有垄断性。为了规范当时的保险市场，1929年12月30日，国民党政府公布了我国保险史上第一部专门法律——《中华民国保险法》，出台了各种财产保险、人身保险、复保险、再保险等契约签订、存续、中止、恢复、失效等方面的有关规定，并规范了保险双方的权利与义务关系。1937年1月11日，国民党政府修正并公布了《保险业法》及《保险业法施行法》，规定同一保险企业不得兼营损失保险与人身保险，在《保险业法》施行前兼营者，应于《保险业法》施行后两年内依法改组。但由于外商保险公司的反对和其他原因，该法案一直没有付诸实施。国民党政府迁都重庆以后，又重新制定了一些单行法规和办法。国民党政府在1941年以前公布施行的有《国民寿险章程》《公务员团体寿险简章》《战时兵险法》及《健康保险草案》等，1942年又公布了修正后的《简易人寿保险法》。但比较系统的保险法令、规章，还是从1943年起，由国民党政府陆续颁布的《战时保险业管理办法》及其施行细则，火险、水险、人寿保险基本条款和《保险业代理人经纪人公证人登记领证办法》等几种。

1945年8月15日，日本帝国主义宣告无条件投降，中国人民的抗日战争取得了最后的胜利。随之而来，官僚资本保险机构与卷土重来的外商保险公司相互勾结，控制了保险市场。在此期间，集中在上海的大量游资，再度竞相投资于保险业，保险机构数量骤然猛增，达到历史高峰，表面上呈现出一片繁荣景象，形成了民族保险业发展的第三次高潮。到1947年3月底，全国保险业的总分支机构为507家，其中总公司129家，分支机构378家；外商依法履行手续后注册的保险公司有50家。按照1944年颁布的《保险业代理人经纪人公证人登记领证办法》，截至1946年底，登记的代理人有42人、经纪人有358人、公证人有22人。据国民党政府财政部对全国金融机构的调查，截至1948年6月底，全国保险业的总分支机构已有602家。1948年，上海的中外保险公司，包括外商保险代理机构，最多时有275家。在此期间，国民党中央信托局产物保险处驻美分处于1948年5月6日在纽约华尔街开业，开办资本为250万美元。它是中国在美国第一家获准特许设立的保险机构。

新中国成立前夕的中国保险市场，由于国民党政府的腐败无能和恶性通货膨胀，保险业同其他行业一样，陷入了大混乱的状态，主要表现在滥发保费折扣佣金，任意放宽收费期限，任意扩大自负保险责任，随意签发外币保单。到1949年，华商保险公司的总分支机构已由1948年6月底的602家锐减为369家，其中一部分机构实际上已停止营业。解放战争自1947年起转入战略进攻后，一些大中城市相继解放。当时我党的政策规定，凡企业股份中官僚资本占50%以上或虽未超过50%，但其行政实权掌握在官僚资本控制之下的保险公司应予接管，对其他保险公司进行监理。上海接管官僚资本保险机构的工作自1949年5月30日开始，1949年9月1日联合清理处成立，接管清理工作于同年10月23日基本结束。在官僚资本保险机构中，除中国产物保险公司和专营船舶保险及船员意外保险的中国航联意外责任保险公司被批准复业外，其他被接管的保险公司对未到期火灾保险单一律办理退保手续，终止保险责任。对人寿保险金的清理，因涉及新中国成立前货币的多次贬值，与银行存款清偿一样，保险公司草拟了《人寿保险金清偿办法》，上报审批。为恢复和发展经济，新中国成立后上海贯彻保护工商业的政策，扶持私营保险公司复业和加强对保险业的管理。其间一共有 104 家私营保险公司复业，包括华商 62 家、外商 42 家。

（三）新中国成立后至改革开放前我国人身保险业发展历程

1949 年 5 月 27 日，上海解放。根据上海市军管会发布的训令，包括太平保险公司在内的 62 家华商保险公司和 42 家外商保险公司获准恢复营业。解放之初，大部分保险公司资力薄弱，承保能力有限。为缓解华商保险公司的分保问题，在军管会的领导下和中国保险公司的支持下，1949 年 7 月 20 日，47 家华商私营保险公司联合组成民联分保交换处，太平保险公司协理丁雪农被公推为主任委员，民联的办事机构也设在太平保险公司内。民联分保交换处是上海解放后工商业中最早成立的一个联营机构，它的创办改变了华商保险公司依赖外商的心理，大大增强了华商保险业的信心，同时为私营保险公司的进一步联营奠定了基础。在人民政府对私营保险公司“限制、利用、改造”的政策引导下，1951 年下半年，上海 25 家私营华商产物保险公司开始酝酿合并问题。同时，天津的 3 家私营保险公司也派代表赴上海联系，表示愿意合并。经过紧张筹备，这 28 家私营保险公司分别组成太平和新丰两家保险公司，由中国人民保险公司投入一半以上的资金，相继开业。公私合营的太平保险公司由 15 家公司组成，其中：上海 12 家，即太平、安平、中国天一、太安丰、华商联合、福安、宝隆、建国、大丰、大信、裕民、扬子；天津 3 家，即大昌、中安、中国平安。公司资本总额定为人民币（旧人民币，下同）100 亿元，其中参加合并的公司以其净资产作为投资，总额定为 45 亿元，其余 55 亿元悉由中国人民保险公司投资。合并协议于 1951 年 10 月 22 日正式签订，11 月 1 日，公私合营太平保险公司正式开业。公私合营新丰保险公司由上海的 13 家私营保险公司组成，资本总额为 60 亿元人民币，公司于 1952 年 1 月 1 日宣告开业。

1951 年 9 月，中国保险公司旗下的中国人寿保险公司由人民政府接管，它被改造为中国人民保险公司领导下的一个专业公司，拥有资本 2 000 多万元。

1949 年下半年，人民解放战争在全国取得了决定性的胜利。8 月，由陈云同志主持，在上海召开了由华东、华北、华中、东北、西北 5 个地区的财政、金融、贸易部门领导干部参加的财经会议。创建中国人民保险公司的建议就是在这次会议上提出来的。1949 年 9 月 25 日至 10 月 6 日，由中国人民银行组织的第一次全国保险工作会议在北京举行。同年 10 月 20 日，中国人民保险公司在北京成立，宣告了新中国统一的国家保险机构的诞生，中国保险史从此翻开了崭新的一页。由于受特定历史条件的制约，新中国的保险事业是在苏联国家保险理论与实践的示范影响下产生并发展起来的。1950 年 1 月 4 日，《中国人民保险公司组织条例》正式公布。5 月，全国保险公司保费收入的比例为国营公司占 70%，华商公司占 8%，外商公司占 22%，标志着国营公司领导地位的确定。1951 年 2 月 3 日，中央人民政府国务院做出《关于实行国家机关、国营企业、合作社财产强制保险及旅客强制保险的决定》，指定中国人民保险公司为办理强制保险的机构。由于当时日益紧张的国际局势，新中国成立初期我国政府对外商保险公司实行了限制政策，它们不但失去了很多保费收入，而且直接业务来源也越来越少。1949 年在中国的外商保险公司的保费收入占全国保费收入的 62%，1950 年降到 9.8%，1952 年则为 0.01%。因此，到 1952 年，外商保险公司都陆续申请停业，自动退出中国保险市场。1952 年 6 月，中国人民保险公司从中国人民银行划归财政部领导。1953 年 3 月，全国保险会议在北京举行，会议批判盲目冒进、强迫命令的错误，决定整顿城市保险业务，停办农村保险业务，调整保险机构。1954 年 12 月 15 日，中国人民保险公司制定了《解放前保险业未清偿的人寿保险契约给付办法》，由财政部批准公布施行。除 17 家外商保险公司在我国既无财产又无代表对其寿险契约进行清偿外，其余各公司的寿险清偿工作基本上于 1957 年底如期结束，只有小部分给付延至 1959 年。

1956 年 8 月，太平、新丰两家保险公司通过合并实现了全行业公私合营，标志着中国保险业的社会主义改造完成。

1958 年 12 月，由于认为人民公社化后，保险的作用已经消失，财政部决定停办国内保险业务。除上海、哈尔滨、广州、天津的保险业务办理到 1966 年外，其余国内保险业务全部停办。1959 年，中国人民保险公司从财政部划归中国人民银行领导，公司建制被取消。1964 年，全国共有保险机构 27 家，干部 114 人。1965 年，中国人民保险公司又独立建制，当时的保险总公司包括工人在内共 86 人。

“文化大革命”开始后不久，在“突出政治，政治带动一切”的气氛中，国外保险业务与国际再保险业务几乎全部停办。1969 年，中国人民保险公司机构被精简，其国外业务由 13 人的保险业务小组“守摊和收摊”。保险业务小组自 1969 年 4 月成立，到 1971 年 9 月为止，历时 2 年多。

（四）改革开放后我国人身保险业发展历程

1978 年 12 月党的十一届三中全会后，我国进入社会主义建设的新历史时期。在这一重大的历史转折关头，1979 年 4 月，国务院批准《中国人民银行分行行长会议纪要》，做出了“逐步恢复国内保险业务”的重大决策。同年 11 月，全国保险工作会议在北京召开，我国停办 20 多年的国内保险业务开始复苏，进入一个崭新的发展时期。全国保险工作会议结束后，恢复国内保险业务、组建各地分支机构的工作全面展开。到 1980 年底，除西藏以外的 28 个省、自治区、直辖市都恢复了保险公司分支机构。为了完善保险公司的组织，特别是满足对外活动的需要，国务院于 1982 年 12 月批准了《中国人民保险公司章程》，批准成立中国人民保险公司董事会、监事会。恢复国内保险业务以来，我国人身保险事业有了很大的发展。自 1982 年恢复办理人身保险业务以来，中国人民保险公司首先恢复办理了团体人身保险、团体人身意外伤害保险、简易人身保险、公路旅客意外伤害保险，并陆续开办了学生平安保险、子女教育保险、婚嫁保险、独生子女父母养老金保险等，以及与教育事业、计划生育政策相配合的保险险种。这一时期的人身保险保费收入增长速度是惊人的，1982 年到 1987 年，年平均增长率达到 330%。

1982 年，香港民安保险公司经中国人民银行批准，在深圳设立了分公司，打破了自新中国成立以来所形成的由中国人民保险公司独家经营的传统格局。1985 年 3 月，国务院颁布《保险企业管理暂行条例》。根据该条例的有关规定，1986 年 7 月，经中国人民银行批准成立了新疆生产建设兵团农牧业生产保险公司。1986 年 10 月，恢复组建的我国第一家股份制综合性银行——交通银行在开业后不久，即将其总管理处从北京迁至上海，并在 1987 年由上海分行率先组建了保险业务部，开展保险业务。1991 年 4 月，交通银行保险业务部按分业管理的要求分离出来，组建了中国太平洋保险公司，也将总部设在上海。中国太平洋保险公司是改革开放以来第一家总部设在上海的保险公司，也是我国第一家全国性、综合性的股份制保险公司。1988 年 3 月，经中国人民银行批准，深圳蛇口工业区招商局等单位合资创办了我国第一家股份制保险公司——平安保险公司，总公司设在深圳。1992 年，该公司更名为中国平安保险公司，经营区域扩大至全国，成为我国第三家全国性、综合性的保险公司。

1992 年，邓小平同志视察南方的谈话发表，我国的改革开放出现了崭新的局面，保险业也开始对外开放。美国国际集团的子公司美国友邦保险公司和美亚保险公司于同年 9 月经中国人民银行批准在上海开设分公司。它标志着我国保险市场迈出了国际化的第一步。

1995 年 6 月，《中华人民共和国保险法》（以下简称《保险法》）颁布，为规范我国保险市场提供了有力的法律依据，也为发展我国保险业创造了良好的法律环境。1996 年 2 月，中国人民银行颁布《保险代理人暂行规定》，同年 7 月颁布《保险管理暂行规定》；1997 年 11 月颁布《保险代理人管理规定（试行）》；1998 年 3 月颁布《保险经纪人管理规定》。1998 年 11 月，中国保险监督管理委员会在北京宣告成立。

按照《保险法》的分业经营原则，1996 年 7 月，中国人民保险公司改制为中国人民保险（集团）公司，下设三家专业保险公司：中保财产保险有限公司、中保人寿保险有限公司、中保再保险有限公司。1998 年 11 月，集团公司被撤销，分别改制为中国人民保险公司、中国人寿保险公司和中国再保险公司。

改革开放后，我国人寿保险业获得了迅速发展，从保费规模看，1987—1997 年，中国的人身保险保费收入年平均增长率为 35.8%，但保费规模仍低于财产保险。1997 年，受降息的影响，人身保险保费收入开始超过财产保险，此后一直保持着保费规模上的优势。从险种结构上看，人身保险业务的品种发展也十分迅速，在 20 世纪 90 年代前，意外险和简易人身保险是市场上业务量最大的险种。而在 20 世纪 90 年代后，随着 1992 年友邦保险公司率先在上海引入寿险营销制，个人养老保险、终身寿险等险种业务量居前。1999 年下半年，人身保险市场上还推出了投资连结保险、分红保险和万能寿险等新型寿险品种，它们一举成为当今寿险市场的主流产品。从市场主体看，目前，我国有经营人寿保险业务的（含外资、合资的）保险公司共 75 家，其中包含 5 家专业健康保险公司和 6 家专业养老保险公司。从市场的对外开放角度看，加入世界贸易组织以来，中国认真履行入世承诺，逐步取消了对外资保险公司的限制。我国外资保险公司数量从入世前的 28 家增加到约 54 家。中国保险业已对外资保险公司放开了全部地域和除有关法定保险以外的全部业务。入世后，保险业及时清理了与世界贸易组织规则和入世承诺不符的保险法律法规，完善了保险业法律体系。我国政府重诺守信，得到了世界贸易组织成员的普遍认可，树立了良好的国际形象。

相关链接

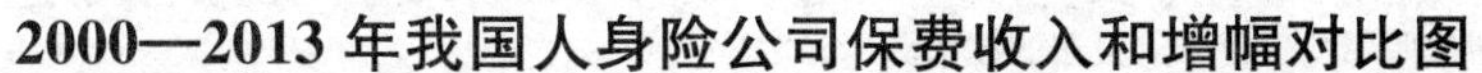

2000—2013 年我国人身险公司保费收入和增幅对比图

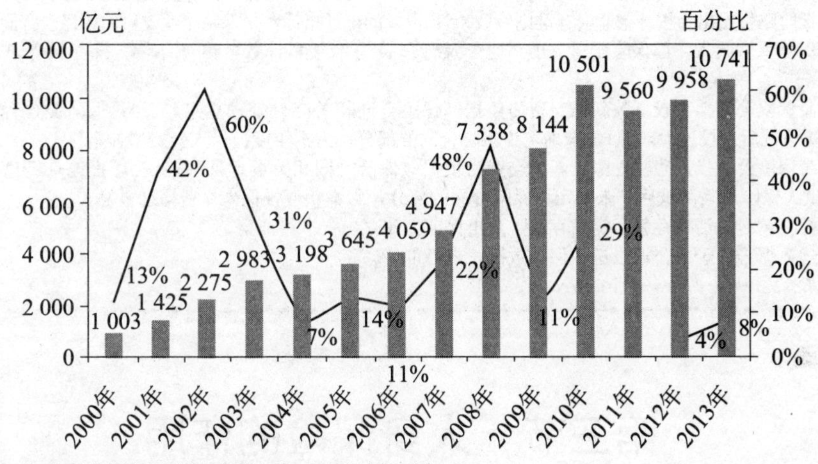

注：2011 年的保费增幅因会计准则变化而未能计算列出。

资料来源：《中国保险年鉴》(2004).

相关链接

2016 年保险业经营情况

单位：万元

项目	金额
原保险保费收入	309 591 008. 90
1. 财产险	87 244 981. 36
2. 人身险	222 346 027. 54
（1）寿险	174 422 166. 77
（2）健康险	40 424 967. 91
（3）人身意外伤害险	7 498 892. 86
人身保险公司保户投资款新增交费	118 601 615. 29
人身保险公司投连险独立账户新增交费	9 389 744. 45
原保险赔付支出	105 128 899. 84
1. 财产险	47 261 838. 89
2. 人身险	57 867 060. 95
（1）寿险	46 029 461. 77
（2）健康险	10 007 522. 22
（3）人身意外伤害险	1 830 076. 96
业务及管理费	38 955 248. 72
银行存款	248 442 107. 31

投资	1 090 664 619.03
资产总额	1 511 691 649.52

注：1. 本表数据是保险业执行《关于印发〈保险合同相关会计处理规定〉的通知》（财会〔2009〕15 号）后，各保险公司按照相关口径要求报送的数据。

2. 原保险保费收入为按《企业会计准则》（2006）设置的统计指标，指保险企业确认的原保险合同保费收入。

3. 原保险赔付支出为按《企业会计准则》（2006）设置的统计指标，指保险企业支付的原保险合同赔付款项。

4. 原保险保费收入、原保险赔付支出和业务及管理费为本年累计数，银行存款、投资和资产总额为月末数据。

5. 人身保险公司保户投资款新增交费为依据《保险合同相关会计处理规定》，经过保险混合合同分拆、重大保险风险测试后（投连险除外），未确定为保险合同的部分，为本年度投保人交费增加金额。

6. 人身保险公司投连险独立账户新增交费为依据《保险合同相关会计处理规定》，投连险经过保险混合合同分拆、重大保险风险测试后，未确定为保险合同的部分，为本年度投保人交费增加金额。

7. 银行存款包括活期存款、定期存款、存出保证金和存出资本保证金。

8. 上述数据来源于各公司报送的保险数据，未经审计。

资料来源：http：//www.circ.gov.cn，2017-02-22.

第三节　人身保险的作用

一、为个人和家庭提供经济保障和投资理财渠道

个人及家庭都面临着人身意外风险的客观事实，疾病或意外伤害的发生将会导致家庭沉重的经济负担，而婴儿的降生、子女的成长也会引起家庭必要的抚养费及教育费的开支，因而无论是出生、衰老、疾病、死亡还是残疾，都是在个人和家庭安排收入和开支计划时必须考虑的问题。人身保险既可对意外伤害、疾病提供强大的经济保障，又可通过寿险计划的安排为子女教育、婚嫁，成年人的养老做好预先的储蓄准备，所以在现代社会中，购买人身保险是为个人和家庭提供经济保障，获得家庭“保护伞”和“安全网”的根本渠道。随着人身保险业务的发展，人身保险业务在储蓄性险种中逐渐发展出分红寿险及投资连结寿险产品，购买该类险种的个人和家庭不仅可获得传统人身保险产品的保障和享受固定的利息收入，而且可按保单规定获得寿险公司经营或投资中的红利，从而使购买人身保险对个人和家庭来说不仅成为获得经济保障的渠道，而且成为投资理财的重要渠道。

二、有利于企业稳定经营

劳动力和人才是推动企业发展的重要因素，吸引劳动力与人才的一个重要方法是企业的员工保障制度与福利制度。对于目前新兴的大量民营、私营企业来说，办理团体人身保险，可以为所有员工提供生、老、病、死、残等人身保障，充分利用保险制度解除员工的后顾之忧，稳定员工队伍，提高员工福利，充分调动其劳动积极性，更可促进企业的迅速发展，稳定企业的支出。企业办理企业年金和补充医疗保险，同样能够为员工在享受基本养老和医疗保险之外提供更多的人身保障，从而增加员工的凝聚力，激发其创造力。

三、发展商业性人身保险可以大力支持我国社会保险制度改革

随着我国经济体制改革的不断深入，所有制改革，劳动就业制度改革，社会医疗制度改革，社会福利制度如住房制度、养老金制度改革都在不断深入与推广。社会公众生活压力逐步加大，个人与家庭经济生活不稳定因素大大增加，各项人身风险对家庭生活的破坏作用日趋显著。因而经济体制改革措施的实施，需要人身保险的配套服务，从而补充社会保险制度的不足，解决一部分社会问题，保障劳动者基本生活的安定。

四、人身保险基金实现融资职能、促进经济发展

人身保险在经营中通过收取保费的形式积聚巨额的保险基金。由于人身保险风险发生具有不确定性，因而在保费收入与保险金给付之间必然存在一定的时间差和规模差。保险业可利用其间的时间差，通过国家规定的各种渠道将闲置的保险基金汇入金融市场，直接或间接投资于生产领域，从而弥补社会总资金的不足，促进经济的发展。

相关链接

“十二五”期间我国保险业发展成就部分数据

“十二五”期间，我国保险业综合实力和国际影响力全面站上新台阶。全国保费收入从2010年的1.3万亿元增长到2015年的2.4万亿元，年均增长13.4%。保险业总资产从2010年的5万亿元增长到2015年的12万亿元，成功实现翻番。行业利润从2010年的837亿元增长到2015年的2 824亿元，增加了2.4倍。我国保险市场全球排名由第6位升至第3位，对国际保险市场增长的贡献度达26%，居全球首位。

“十二五”期间，我国保险业价值创造和服务升级接力打造新格局。大病保险覆盖人口9.2亿，报销比例普遍提高了10到15个百分点，345万名大病患者直接受益，有效缓解了“因病致贫、因病返贫”现象。在全国327个县市参与经办新农合和城镇居民基本医保，服务人数达8 547万，受托管理资金80.3亿元，保险成为保障和改善民生的有力支撑。

“十二五”期间，我国保险科学依法有效监管上升到新高度。推动修订《保险法》，推进监管制度“废改立”。初步构建了中国特色的保险公司治理监管制度体系。重拳治理保险市场沉疴顽疾，集中整治销售误导和理赔难。加快保险资产交易平台、巨灾保险业务平台等基础设施建设，全国车险、农险、健康险、保单登记等信息共享平台建设取得突破，保险业数据整合和技术创新的基础更加坚实。构建全面、立体、高效的风险防范体系，健全风险防范制度机制，牢牢守住不发生系统性区域性金融风险底线。完善保险保障基金制度，基金规模达704亿元，风险处置能力不断提升。

资料来源：http：//www.circ.gov.cn，2016-01-25.

本章小结

人身保险业务与财产保险业务相比，存在着保险金额确定方法的特殊性、业务经营的长期性以及均衡保费制度等一系列特性，因此，我国财产保险和人身保险业务采取分业经营原则。我国人身保险业务最主要的分类方法是按保障范围区分为人寿保险、年金保险、人身意外伤害保险和健康保险。我国人身保险业务的发展经历了漫长的演变过程，如今已成为保险业的重要支柱。人身保险业务对社会的管理、企业以及个人和家庭的保障都发挥了重要作用。

重点概念

定额给付	自然保费	均衡保费	保障型人身保险
投资型人身保险	标准体保险	弱体保险	

复习思考题

1. 思考题

（1）请阐述人身保险的主要分类方法。

（2）请比较社会保险与商业保险的主要区别。

（3）请阐述人身保险业在现代社会发挥的主要作用。

2. 实训题

（1）调查我国人身保险业中专业养老保险和专业健康保险公司的业务发展情况。

（2）搜集资料分析世界寿险业发展的主要动态。

第三章　人身保险合同

章前引例及分析

受益人可以转让受益权吗？

吴某的父亲为吴某的母亲投保了人寿保险，保险金额为 12 万元，保险合同中指定的受益人是吴某。2008 年 3 月，吴某与妻子蔡某决定协议离婚，两岁的女儿归妻子抚养。在家庭财产处理问题上，二人经多次协商，吴某同意将保单中的受益权转让给蔡某。吴某离婚后不久，其父母得知此事，便来到保险公司，提出受益人的转让应经投保人、被保险人的同意，要求保险公司确认受益权转让行为无效，恢复吴某为受益人。在保险公司不同意恢复的情况下，吴某的父母向法院提起诉讼，请求法院确认受益权转让给蔡某的行为无效。那么，此案例中吴某的受益权转让行为到底有没有效力？

专家分析

一审法院的判决支持了吴某父母的请求。受益权是期待权，即期待将会实现的权利。当保险事故这一触发因素出现后，受益权开始转化为现实的权利，即保险金请求权。在保险事故发生之前，这种权利很可能被变更或撤销。因此，关于受益权是否可以转让的问题，从法理上讲，保险事故未发生时，受益权既然只是一种期待权，将其转让就应当经过投保人、被保险人的同意或者在保险合同中约定受益权可以自由转让。如果没有投保人、被保险人的同意或事先授权，就允许原受益人将受益权转让给第三者，这无疑将会增加道德风险发生的概率。因此，上述案例中吴某的转让行为是无效的。但是，如果是在保险事故发生后，受益人将与本次保险事故相对应的全部或者部分保险金请求权转让给第三人，当事人主张该转让行为有效的，人民法院则应予以支持，除非是根据合同性质、当事人约定或者法律规定不得转让。因为在保险事故发生后，受益权已经转化为现实的保险金请求权，受益人可以将其享有的保险金请求权转让。

本章学习目标

通过本章的学习，你应该能够：

1. 掌握人身保险合同的主要特征。
2. 掌握人身保险合同的要素。
3. 掌握人身保险合同的内容。
4. 了解人身保险合同的订立、变更和终止。

第一节　人身保险合同概述

一、人身保险合同的概念

合同是经济生活中经常使用的概念，也称契约，是指平等主体的自然人、法人或其他组织之间设立、变更、终止民事权利义务关系的协议。协议一经订立，双方当事人必须受其约束，任何一方不得擅自变更或解除。《保险法》第 10 条第 1 款规定："保险合同是投保人与保险人约定保险权利义务关系的协议。"第 12 条第 3 款规定："人身保险是以人的寿命和身体为保险标的的保险。"

人身保险合同的基本内容是投保人按照人身保险合同的约定向保险人缴纳保险费，当被保险人死亡、伤残、患疾病，达到合同约定的年龄、期限时，由保险人承担给付保险金的义务。

二、人身保险合同的特征

（一）人身保险合同是射幸合同

射幸合同是指在合同订立时当事人的给付义务尚未确定的合同，保险合同是一种典型的射幸合同。在人身保险合同订立时，投保人缴付保险费后，保险人是否履行赔偿或给付保险金的义务，取决于约定的保险事故是否发生。

人身保险合同的射幸性并不意味着保险人可能履行合同也可能不履行合同。在保险期限内如发生保险事故，保险人给予了损失补偿或保险金给付，即履行了保险合同规定的义务；即使保险事故没有在保险期限内发生，保险人在保险期限内承诺承担风险，也是在履行合同。并且保险合同的射幸性是就某个单个合同而言的，是由保险事故发生的偶然性决定的。而就某类保险合同的总体来说，保险事故的发生是确定的，因为就所有保险合同的总体来看，保险人收到的保险费总额与赔款、给付金额总额原则上是相等的。

（二）人身保险合同是双务有偿合同

双务合同是双方当事人互负对待给付义务的合同，或者说，是一方当事人所享有的权利即另一方当事人所负担的义务的合同。

有偿合同是指当事人一方享有合同规定的权益，须向对方当事人偿付相应代价的合同，一般来说，双务合同都是有偿合同。

在人身保险合同中，投保人负有缴纳保费的义务，被保险人享有当保险事故发生时请求赔偿或给付保险金的权利；保险人负有当保险事故发生时对被保险人进行给付的义务，同时享有收取保险费的权利。在这里，投保人所负的义务和保险人所承担的义务之间存在着对价关系，符合双务有偿合同的特征。

但人身保险合同中的对价关系与一般双务合同中的对价关系又有所不同。在一般双务合同中，双方的义务都是确定的，比如在买卖合同中，买方付款以后，卖方应当按照合同规定给付标的物，双方的对价关系很明确。而在人身保险合同中，就个别保险合同而言，对价关系不很明确。也就是说，投保人虽然缴纳了保险费，但只有在保险事故发生后，保险人才履行保险金赔偿或给付的义务，如不发生保险事故，保险人就无须任何支出。但从人身保险合同整体而言，投保人群体所缴纳的保险费和保险人对被保险人群体所支付的保险金是对等的。

（三）人身保险合同是非要式合同

要式合同是指合同的订立必须履行特定的程序或者采取特定的形式。反之，法律或当事人不要求必须具备一定的形式要件也可订立的合同，即为非要式合同。应该指出，非要式合同并非排斥合同采取书面、公证、登记等形式，只是不强求特定的形式为合同成立的条件。

我国《保险法》第 13 条规定："投保人提出保险要求，经保险人同意承保，保险合同成立。保险人应当及时向投保人签发保险单或者其他保险凭证。保险单或者其他保险凭证应当载明当事人双方约定的合同内容。当事人也可以约定采用其他书面形式载明合同内容。"从该法律规定来看，保险合同成立的要件是双方达成协议，因而保险合同在保险单或其他保险凭证签发以前就已经成立，出具保险单或其他保险凭证，只是保险人的合同义务，并且可约定为以其他书面协议形式出具。如果保险人没有及时向投保人出具保险单或者其他保险凭证，由此产生的法律后果应由其自行承担。因此，人身保险合同是非要式合同。

按照国外保险惯例，通常不规定保险单的签发是合同成立的要件，保险合同的成立始于双方当事人意思表示一致，即使在形式上保险单尚未做成交付，保险合同也已经成立。但我们需要注意的是，合同成立并不同于合同生效。人寿保险合同一般为附条件生效合同。

（四）人身保险合同是最大诚信合同

每个合同的订立、履行都应当遵守诚实、守信的原则，保险合同较一般合同对当事人的诚实、守信有更严格的要求。人身保险合同是约定保险人对未来可能发生的保险事故进行损失补偿或保险金给付的合同，人身保险合同的订立，在很大程度上依赖于投保人的诚实、守信。一方面，它要求投保人在订立合同时，对保险人的询问及将有关被保险人的情况如实告知保险人；另一方面，它要求保险人在订立保险合同时，向投保人说明保险合同的内容，特别是免责条款内容，在约定的保险事故发生时，履行赔偿或给付保险金的义务。

（五）人身保险合同是定额给付性合同

由于作为人身保险合同标的的人的生命或身体等无法用经济价值加以衡量，因此保额的确定没有具体、确凿的评判标准，而当保险事故发生时，被保险人所遭受的人身伤害客观上也是不能获得真正的补偿而恢复原状的。与此同时，在生存保险等保险合同中，只要保险期限届满时被保险人仍然生存，保险人即应向其支付合同约定的保险金，在这种情况下，既无意外事故的发生，也无损失的存在，保险金的支付仅仅是为了满足保险的特殊需要。因此，我们把人身保险合同定义为定额给付性合同，保额由双方协商约定，并且只要保险合同约定的特定事件出现或者期满，保险人就必须支付保险金。人身保险合同，除了健康保险合同可以是给付性合同，也可以是补偿性合同之外，其他均属于给付性合同。这是因为健康保险合同是对确定的可以用货币来衡量的医疗费用、收入损失提供保障。

（六）人身保险合同是附和合同

附和合同又称格式合同、标准合同，是与协商合同相对的。附和合同是由一方预先拟定合同的条款，另一方只有附和该条款方能成立合同的缔约方式。大部分保险合同属于附和合同，保险人根据保险标的的性质和风险状况，对不同险种分别拟定了若干保险条款，供投保人选择。对此，投保人只有依照保险条款，表示同意投保或不投保，而不能提出自己所需要的保单，或修改其中的内容。即使投保人有某种特殊要求，也只能采用保险人事先准备的附加条款作为对原有条款的补充，或另附特别约定批单。

虽然大部分人身保险合同是附和合同，但也并不排除人身保险合同可以协商合同方式订立，如：对某些特殊人体器官提供保障，如国外影星或球星为眼睛或腿等身体器官购买保险；或对特定人身风险提供保险，如向从事探险运动等高风险运动的人员提供保险；大型企业协商订立团体保险等。

知识库

人身保险合同对投保方的特殊保障

附和合同的优点在于节省时间，有利于事先分配风险，降低交易成本；弊端在于提供商品或服务的一方在拟定格式条款时，经常利用其优越的经济地位，制定有利于己、不利于消费者的条款，例如免责条款等，因而法律通常对附和合同的非起草者提供保护。例如我国《保险法》第 17 条规定：“订立保险合同，采用保险人提供的格式条款的，保险人向投保人提供的投保单应当附格式条款，保险人应当向投保人说明合同的内容。对保险合同中免除保险人责任的条款，保险人在订立合同时应当在投保单、保险单或者其他保险凭证上作出足以引起投保人注意的提示，并对该条款的内容以书面或者口头形式向投保人作出明确说明；未作提示或者明确说明的，该条款不产生效力。”该条法规即体现了对投保方的特殊保障，是我国《保险法》对保险人在订立和履行保险合同中应遵循的最大诚信原则的具体体现。同时，我国《保险法》第 19 条规定：“采用保险人提供的格式条款订立的保险合同中的下列条款无效：（一）免除保险人依法应承担的义务或者加重投保人、被保险人责任的；（二）排除投保人、被保险人或者受益人依法享有的权利的。”该条即俗称的“霸王条款无效”在保险法规中的体现。《保险法》第 30 条进一步规定：“采用保险人提供的格式条款订立的保险合同，保险人与投保人、被保险人或者受益人对合同条款有争议的，应当按照通常理解予以解释。对合同条款有两种以上解释的，人民法院或者仲裁机构应当作出有利于被保险人和受益人的解释。”该条法规对于由于格式条款制定不清而引起的纠纷规定了对非起草人的有利解释原则，同样体现了人身保险合同对投保方的特殊保障。同时，保险业也会利用同业协会等组织对附和合同进行审查，或提供标准示范合同，以保障消费者利益。

参考案例

格式条款因未明确告知投保人而被判无效

2010 年 9 月，原告钟某以其九岁儿子钟小某为被保险人向某保险公司投保了学生平安保险，保险期间为一年，其中住院费用补偿医疗保险金额为 5 万元。2011 年 4 月 11 日，被保险人钟小某患病到广州市妇女儿童医疗中心（非保险公司指定医院）住院进行手术治疗，被诊断为先天性心脏病、上呼吸道感染，住院 22 天，共花去医疗费 42 044.71 元。其中，10 511.17 元医疗费由新型农村合作医疗补助报销。而后，钟某向保险公司索赔，保险公司以被保险人钟小某患有先天性心脏病属于保险条款规定的责任免除情形为由拒赔。钟某遂诉至法院，要求保险公司赔付被保险人钟小某住院医疗费等保险金 4.2 万元。经一审、二审法院审理最终认为，保险公司没有证据表明其对投保人钟某就保险条款中免除保险人责任的条款进行了明确说明，该条款对原告钟某不产生法律效力。保险公司的拒赔理由不成立。被告应对被保险人钟小某所花费的医疗费扣减新农合报销医疗费之后的剩余部分，按照保险合同约定的免赔额和补偿比例等理赔标准予以赔付。遂判决被告向原告赔偿保险金 23 730.18 元。

本案中，涉及纠纷的为学生平安保险业务，实践中，学生平安保险收费期高度集中、范围广、被保险人人数众多、工作量大、收费标准低、代理费用少。在操作上，由保险人向投保人即学生家长一一说明保险条款内容，一对一缔结合同，在该险种的销售过程中较难实现。基于其特殊性，保险公司必须充分借助学校及教师这一平台，将《投保提示书》或者《告家长书》等保险资料交由学生带回请家长签字确认等方式，向学生平安保险投保人即学生家长履行明确说明义务，以避免面临免责条款无效的困境。

资料来源：邱伟．学平险明确说明义务该如何履行．中国保险报，2013-01-21.

（七）人身保险合同大多是为第三者利益而订立的合同

在人身保险中，投保人和被保险人是两个可以分离的主体。如果投保人以自己的生命作为保险标的订立生存保险合同，属于为订约人自己的利益而订立的合同。如果投保人以自己的生命为保险标的订立死亡保险合同或者投保人以他人的生命、身体为保险标的订立人身保险合同，属于为第三者利益订立的合同，获取保障、领取保险金的为被保险人或受益人。因此，人身保险合同大多是为第三者利益而订立的合同。

第二节 人身保险合同的要素

保险关系属于民事法律关系的范畴，任何一项民事法律关系都包括主体、客体和内容三个要素，人身保险合同的民事法律关系也由这三大要素组成。

一、人身保险合同的主体

人身保险合同的主体是参加保险这一民事法律关系，并享有权利和承担义务的人，包括当事人、关系人和中介人。

（一）人身保险合同的当事人

1. 保险人

人身保险合同的保险人是指经营人身保险业务的保险公司。作为一方当事人，它与投保人签订人身保险合同，收取保费，在人身保险事故发生时负责履行损害赔偿或人身伤亡给付保险金的义务。

按我国《保险法》的规定，保险公司的组织形式遵循我国《公司法》的规定，主要包括两类：股份有限公司和有限责任公司。在国外，还存在相互保险公司、相互保险社等特殊的保险经营形式，但只有英国劳合社的承保人以个人身份经营保险业务。我国法律规定，保险人经营保险业务，必须事先取得政府有关部门的批准，保险公司的业务范围由保险监督管理机构依法核定，保险公司只能在被核定的业务范围内从事保险经营活动。同一保险人不得同时兼营财产保险业务和人身保险业务，但是经营财产保险业务的保险公司经国务院保险监督管理机构核定，可以经营短期健康保险业务和人身意外伤害保险业务。

由于人身保险业务涉及大量社会群体利益的特殊性，各国对经营人身保险业务的保险人有特殊的规定。我国《保险法》第 89 条规定："经营有人寿保险业务的保险公司，除因分立、合并或者被依法撤销外，不得解散。"第 92 条规定："经营有人寿保险业务的保险公司被依法撤销或者被依法宣告破产的，其持有的人寿保险合同及责任准备金，必须转让给其他经营有人寿保险业务的保险公司；不能同其他保险公司达成转让协议的，由国务院保险监督管理机构指定经营有人寿保险业务的保险公司接受转让。转让或者由国务院保险监督管理机构指定接受转让前款规定的人寿保险合同及责任准备金的，应当维护被保险人、受益人的合法权益。"

2. 投保人

投保人也称要保人，是指与保险人签订保险合同，并按照保险合同的规定负有支付保费义务的人。投保人可以是自然人，也可以是法人或非法人组织，但都必须对被保险人具有保险利益。投保人的法定资格是要有完全民事权利能力和完全民事行为能力。未取得法人资格或授权的组织（即无完全民事权利能力和完全民事行为能力），不能成为保险合同的投保人，无完全民事行为能力的自然人也不能成为保险合同的投保人。否则，即使合同订立也是无效的。投保人承担合同最基本的缴纳保费的义务，同时须承担告知义务、出险通知和损失证明等其他重要合同义务，享有变更、终止保险合同和领取退保金的权利。

（二）人身保险合同的关系人

人身保险合同的关系人是指与人身保险合同有经济利益关系，但不直接参与保险合同订立的人。人身保险合同的关系人包括被保险人和受益人。

1. 被保险人

我国《保险法》第 12 条规定：“被保险人是指其财产或者人身受保险合同保障，享有保险金请求权的人。投保人可以为被保险人。”在人身保险合同中，被保险人只能是自然人，是以其生命或身体作为保险标的，当保险事故发生时，享有保险金请求权的人。因此，按我国保险法律的规定，生存保险金、养老金、残疾保险金、疾病保险金、医疗保险金等都应由被保险人领取。

被保险人与投保人的关系通常有两种情况：当投保人以自己的身体、生命及财产作为保险标的，为自己的利益投保时，投保人即被保险人；如果投保人是为他人的利益，以他人的身体、生命及财产作为保险标的，和保险人签订保险合同，则投保人和被保险人是两个不同的行为主体。法律对被保险人的资格并无特别限制，但由于人身保险合同中，被保险人是保险人承保的风险标的，为了控制经营风险，保险合同一般对被保险人的年龄、健康和职业等约定有特别的条款。

为了保护未成年人的合法权益，各国保险法对以未成年人为被保险人订立死亡保险合同都加以限制。我国《保险法》第 33 条规定：“投保人不得为无民事行为能力人投保以死亡为给付保险金条件的人身保险，保险人也不得承保。父母为其未成年子女投保的人身保险，不受前款规定限制。但是，因被保险人死亡给付的保险金总和不得超过国务院保险监督管理机构规定的限额。”

2. 受益人

受益人是指人身保险合同中由被保险人或者投保人指定的享有保险金请求权的人。在保险合同中，受益人只享受保险金请求权，而不承担缴付保费的义务。实际上，除了事故发生后的及时通知义务和索赔时提供单证的义务，受益人几乎不承担义务。投保人可以为受益人。按照我国《保险法》的规定，被保险人在保险事故发生时作为享受合同保障的人当然享有保险金请求权，因而受益人一般是指在被保险人死亡时享有保险金请求权的死亡保险金受益人。

通常情况下，受益人如果不是投保人，则多为与其有利害关系的自然人。合同指定的受益人为一人的，保险金请求权由该人行使，并获得全部保险金；若受益人为多人，保险金请求权则由多个人共同行使，其受益顺序和受益份额由被保险人或投保人在合同中事先确定。未确定顺序或份额的，受益人按照相等份额享有受益权。

人身保险合同中的受益人必须由被保险人或投保人指定。由投保人指定受益人的，须经过被保险人同意才有效。被保险人为无民事行为能力或者限制民事行为能力人的，可以由其监护人指定受益人。保险合同生效后，被保险人或者投保人可以中途变更受益人，或撤销受益人的受益权，但应书面通知保险人，变更通知在发出时生效。保险人收到变更受益人的书面通知后，应当在保单或保险凭证上批注或附贴批单，否则保险人对原指定受益人给付保险金后不再承担任何责任。投保人变更受益人时须经被保险人同意。

我国法律对受益人资格并无限制，因此，受益人可以是自然人，也可以是法人或其他组织、团体；可以是有民事行为能力人，也可以是无民事行为能力人或限制民事行为能力人。在国外，未出生的胎儿也可以被指定为受益人，若出生时为死体，受益资格自然消失。当受益人犯罪被剥夺政治权利时，其享有保险合同的受益权并不因此而丧失。我国《保险法》对保单中受益人指定仅有一条法律限定，即投保人为与其有劳动关系的劳动者投保人身保险的，不得指定被保险人及其近亲属以外的人为受益人。

受益人的受益权以被保险人死亡时尚生存为条件，若受益人先于被保险人死亡，则受益权应回归被保险人，而不能由受益人的继承人继承受益权。但若被保险人先死亡，受益人其后死亡，则受益权由受益人的继承人继承。为了解决因受益人和被保险人同时遇难而没有证据表明谁先死亡的情况下造成的保险金给付难题，国际上有通行的"共同灾难条款"，我国《保险法》第42条也做了相应规定。该条款规定，当受益人和被保险人共同遇难无法判断死亡顺序时，推定为受益人先死亡，保险金作为被保险人的遗产支付给其继承人。

受益人的保险金请求权直接来自于人身保险合同的规定，受益人在被保险人死亡后领取的保险金是根据合同的约定而取得的，不得作为死者遗产，不得纳入遗产分配范围，也不能用来清偿死者生前的债务，受益人以外的他人无权分享保险金。按我国《保险法》第42条规定："被保险人死亡后，有下列情形之一的，保险金作为被保险人的遗产，由保险人依照《中华人民共和国继承法》的规定履行给付保险金的义务：（一）没有指定受益人，或者受益人指定不明无法确定的；（二）受益人先于被保险人死亡，没有其他受益人的；（三）受益人依法丧失受益权或者放弃受益权，没有其他受益人的。"同时根据法律规定，受益人故意造成被保险人死亡、伤残、疾病的，或者故意杀害被保险人未遂的，该受益人丧失受益权。

参考案例

养老金生时未领取，身故后该给谁？

张某于1999年8月20日在某保险公司投保了累积年金保险，根据保险责任，从2001年8月20日起张某可以一次性领取养老金；在领取日前，如果张某身故，保险公司将向保单受益人——张某的女儿小红支付身故保险金。由于张某经济状况良好，因此在2001—2004年没有办理领取手续。

然而不幸在2004年1月降临，张某因意外不幸身故。2004年5月20日，该保单的受益人小红向保险公司提出领取被保险人的养老金的申请，并提供了被保险人张某身故的证明。那么被保险人的养老金是应该给受益人还是作为其遗产由其法定继承人来处理呢？

根据保险条款中的规定，领取身故保险金及固定年金的人均为受益人，而养老金的受益人为被保险人本人，保险人不受理其他指定。由此可见，养老金应该是由被保险人张某享有，领取日期2001年8月20日到时，被保险人并未死亡，即成为现实享有的权利，只是一直未办理领取手续。根据《中华人民共和国继承法》的相关规定，此部分养老金应作为被保险人的遗产，由其法定继承人共同享有。

（三）人身保险合同的中介人

保险合同的中介人也称为辅助人，是指在保险合同的订约、履约过程中起辅助作用的人。人身保险合同的中介人主要包括保险代理人和保险经纪人。

1. 保险代理人

保险代理人是保险人的代理人，根据与保险人签订的代理合同，在授权的范围内代表保险人办理保险业务，帮助保险人招揽客户，如签订保险合同、解决保险合同争议、代理理赔检验工作等，保险人则以手续费或佣金的形式给予保险代理人一定的劳务报酬。我国《保险法》规定，保险代理人包括个人代理人、保险兼业代理机构和专业代理机构三类。

2. 保险经纪人

保险经纪人是指基于投保人的利益，为其提供投保、缴费、索赔等中介服务，并依法收取佣金的机构。保险经纪人与保险代理人不同，前者是基于投保人的利益，向保险人或其代理人洽订保险合同，但保险经纪人并不代订保险合同，保险合同仍需投保人自己签订，除非得到投保人的特别委托。保险经纪人的洽订必须基于投保人的利益，必须在最优惠的条件下订立保险合同。一般在订立保险合同之后，保险经纪人的佣金由保险人支付。

二、人身保险合同的客体

保险合同的客体是指保险合同当事人双方权利和义务所共同指向的对象。人身保险合同的客体是投保人对被保险人所具有的合法的利益关系，即保险利益，也称可保利益。人身保险的保险利益问题我们将在以后章节中进行具体介绍。

三、人身保险合同的内容

人身保险合同的内容，即保险条款，是指反映合同双方权利和义务的文字条文。它规定了保险双方当事人的权利、义务及其他有关事项，是当事人双方履行合同义务、承担法律责任的依据。人身保险合同条款分为基本条款、附加条款和保证条款等。

（一）基本条款

人身保险合同的基本条款包括下述项目。

1. 保险人的名称和住所

保险人是指获准经营人身保险业务的人寿保险公司和允许经营短期健康保险及意外伤害保险的财产保险公司。保险人的名称须与保险监督管理机构批准和工商行政机关登记的名称一致。其住所为保险公司或分支机构的主营业场所。

2. 投保人、被保险人、受益人的名称与住所

当投保人、受益人为法人时，其名称须与工商行政机关登记的名称一致，其住所为其主要办事机构或主营业场所。当投保人、被保险人、受益人为自然人时，须使用其真实姓名，其住所为户籍所在地或经常居住地。

被保险人的身体和生命是人身保险合同的保障对象，因此，人身保险合同中须详细列明被保险人的年龄、性别、身体健康状况、职业、家族病史、与投保人的关系等事项。根据具体的寿险产品的不同，投保人的详细资料也要提供，其目的是适当地进行核保选择。

3. 保险金额

保险金额是保险人计算保费的依据和负责赔偿或给付保险金的最高限额，是投保人对被保险人实际投保的金额。人身保险的保险金额是根据被保险人的实际需要和投保人缴付保险费的能力来确定的，可以参照生命价值法、家庭需求法或收入置换法等方法来确定。

4. 保险责任和责任免除

保险责任是指人身保险合同约定当某些事故发生后，保险人应承担保险金赔偿或给付责任。其法律意义在于确定保险人承担风险责任的范围。责任免除也称除外责任，是指保险人依照法律规定或合同约定，不承担保险责任的范围。在每一份人身保险合同中，都有保险责任和免责条款，并且随险种的不同而不同。保险人通常在人身保险合同中以列举方式表示免责条款。

小资料

我国《保险法》规定的人身保险合同的免责条款

第四十三条　投保人故意造成被保险人死亡、伤残或者疾病的，保险人不承担给付保险金的责任。投保人已交足二年以上保险费的，保险人应当按照合同约定向其他权利人退还保险单的现金价值。

受益人故意造成被保险人死亡、伤残、疾病的，或者故意杀害被保险人未遂的，该受益人丧失受益权。

第四十四条　以被保险人死亡为给付保险金条件的合同，自合同成立或者合同效力恢复之日起二年内，被保险人自杀的，保险人不承担给付保险金的责任，但被保险人自杀时为无民事行为能力人的除外。

保险人依照前款规定不承担给付保险金责任的，应当按照合同约定退还保险单的现金价值。

第四十五条　因被保险人故意犯罪或者抗拒依法采取的刑事强制措施导致其伤残或者死亡的，保险人不承担给付保险金的责任。投保人已交足二年以上保险费的，保险人应当按照合同约定退还保险单的现金价值。

5. 保险期间

保险期间是指保险合同的有效期，是保险人和投保人依合同规定享受权利和承担义务的期间。人身保险合同的保险期间有长有短，各有不同，从几个小时到几十年各不相同。保险责任开始时间，即保险人开始承担对被保险人提供保险保障的时间。一般保险责任开始时间从签发保险单日的次日零时起算，以合同期满日的 24 时为保险责任终止时间。但是有一些险种规定了等待期，在等待期内若发生约定事故，保险人不负赔偿或给付责任。例如，健康保险一般规定有 90 天或 180 天的等待期，保险责任在等待期结束以后才开始。

6. 保费及其支付方式

保费是指投保人为取得保险保障，按合同约定向保险人支付的费用。缴纳保费是投保人应履行的基本义务，其多少取决于保险金额的大小、保险期限的长短和保险费率的高低等。在人身保险合同中，投保人缴纳首期保费通常被约定为人身保险合同生效的要件。人身保险费的支付方式有一次性缴清（趸缴）、分期缴清、限期缴清等，由当事人双方在人身保险合同中约定，在合同有效期内可以选择变更。

7. 保险金赔偿或给付方法

人身保险合同首先需要约定是定额给付还是适用补偿原则。对于给付性的人身保险金，投保人可以约定是一次性现金给付，还是以年金方式给付或其他方式给付等。约定的保险金给付方式可以在保险条款规定的选择范围内进行变更。

8. 违约责任和争议处理

违约责任是指人身保险合同的当事人因过失不履行或故意不履行合同规定的义务所应承担的法律后果。在我国的人身保险合同中，违约责任主要表现在：投保人未履行如实告知义务、出险通知义务、缴费义务；保险人未履行说明义务、及时签发保险单证义务、按合同规定给付保险金义务以及为投保方保密义务。

争议处理是指人身保险合同发生争议后的解决方法，通常有协商、仲裁和诉讼三种。

除上述内容外，人身保险合同还有一些其他的特色条款，如合同的中止、复效条款、退保处理、合同变更、红利领取等约定。这些约定条款也是人身保险合同履行过程中避免和处理纠纷所必不可少的依据。

（二）附加条款

附加条款是指保险人和投保人为满足其特殊需要，在保险合同基本条款的基础上，增加补充内容的条款。附加条款一般采用在保险单上加批注或批单的形式，从而成为人身保险合同的一部分。附加条款是对基本条款的修改或变更，增加或限制了双方当事人的权利和义务，其效力优于基本条款。

（三）保证条款

保证条款是指投保人或被保险人就特定事项担保的条款，即保证某种行为或事实的真实性的条款。保证条款一般由法律规定或同业协会制定，是投保人或被保险人必须遵守的条款，如有违反，保险人有权解除合同或拒绝给付保险金。

第三节　人身保险合同的订立、变更与终止

一、人身保险合同的订立与效力

（一）人身保险合同的订立及成立

合同订立的过程，就是双方当事人就合同内容通过协商达成协议的过程，任何合同的订立，都必须经过要约和承诺两个阶段。保险合同的订立，是保险人和投保人意思表示一致的法律行为。根据我国《保险法》的规定，投保人提出保险要求，经保险人同意承保，保险合同成立。因此，保险合同的成立须经过投保人提出保险要求和保险人同意承保两个阶段，这就是保险合同的要约和承诺两个程序。

1. 要约

要约是一方当事人以缔结合同为目的，向对方当事人提出合同条件，希望对方当事人接受的意思表示。发出要约的人称为要约人，接收要约的人称为受约人。一个有效的要约应具备以下要件：

（1）要约必须向相对人提出。

（2）要约应明确合同的主要内容。

（3）要约应明确表示缔约愿望。

（4）要约在有效期内对要约人具有约束力。

要约具有一定的法律意义，要约生效后，要约人不得撤回或变更其要约。因为在要约有效期内，受约人可能因接到要约而拒绝他人的要约，或已为履行合同做了某些准备，如果要约人随意撤回或变更其要约，受约人可能为此而蒙受损失。要约生效后，受约人即获得承诺的权利，但受约人没有必须承诺的义务。要约发生后，遇到下列情况，要约人不再受要约的约束：要约被受约人拒绝；承诺期限已过；要约在其发生效力之前由要约人撤回。

人身保险合同的要约称为投保，在订立保险合同的过程中，一般由投保人向保险人提出投保的要求。虽然在保险业务中，保险公司及其代理人是主动开展业务，希望潜在客户订立保险合同，但这并不构成法律上的要约，保险合同在投保人填写投保单时并不成立。因此，保险人及其代理人的展业只能被认为是要约邀请，而投保人填写投保单、提出投保申请构成要约，只要保险人同意承保，人身保险合同就成立。同时，人身保险合同的要约内容比一般合同要约更为具体和明确。

投保人在投保时应注意：第一，应考虑自己需要何种保障，可能面临的风险有哪些，进而通过咨询等方式，明确所要投保的险种；第二，选择经营稳健、有良好信誉的保险人，询问其是否可提供所需的险种，并尽量索取有关条款或资料进行认真研究；第三，提出投保要求，并按照保险人的要求如实告知保险标的的主要危险情况及所需的风险保障，同时可要求保险人提供有关保险条款，并要求保险人对条款的主要内容进行详细而明确的说明。

保险合同要约一般为投保单或者其他书面形式。在保险实务中，多由保险公司印制标准格式的投保单，提供给投保人，由投保人填写。投保人有特殊要求的，也可与保险公司协商，约定特约条款，但有些国家也承认口头形式的投保。

2. 承诺

承诺是指受约人做出的同意要约的全部内容以订立合同的意思表示。承诺要约的人可称为承诺人，承诺人一定是受约人，但受约人不一定是承诺人。承诺一般要具备以下条件：

（1）承诺必须由受约人本人或有订立合同代理权的人向要约人做出。

（2）承诺的内容应当与要约的内容完全一致。

（3）承诺必须在要约规定的期限内做出。

（4）承诺必须以要约要求的形式予以答复。

承诺的法律效力表现为要约人收到受约人的承诺时合同即告成立。承诺和要约一样，准许在送到对方之前或同时撤回，但迟到的撤回承诺的通知不发生撤回承诺的效力。

人身保险合同一般由保险人予以承诺，在投保人提出投保要约后，保险人在审查被保险人是否符合投保要求及主要风险情况的基础上，认为符合承保要求的，一般予以接受，做出承保承诺，保险合同成立。但人身保险合同在签订过程中，双方当事人往往有一个协商的过程。如果投保人对保险人提出要约，保险人对投保人的要约提出修改或需附带一些条件，这时保险人的行为就被认为是提出新的要约，原要约人和受约人的法律地位互换，投保人为新的受约人，保险人为新的要约人。投保人无条件接受新要约后，投保人即承诺人，人身保险合同随之成立。从以上叙述可以看出，人身保险合同的订立过程也可能是一个反复要约直至承诺的过程。人身保险合同成立后，保险人应及时签发保险单或其他保险凭证。

（二）人身保险合同的效力

1. 人身保险合同的生效

人身保险合同的成立与生效是两个不同的法律概念。人身保险合同是在保险人做出承诺时成立，而人身保险合同的生效是指人身保险合同对双方当事人发生约束力，即合同条款产生法律效力。一般来说，合同成立时即生效，但合同也可附条件或附期限生效。我国《保险法》第13条明确规定："依法成立的保险合同，自成立时生效。投保人和保险人可以对合同的效力约定附条件或附期限。"在我国寿险实务中，人身保险合同多约定为附条件生效的合同，通常各家寿险公司在人身保险合同条款中都约定以保险人签发保险单、投保人缴纳了首期保费为人身保险合同生效的要件。所以，人身保险合同一般是在合同成立后才生效。

2. 人身保险合同的有效

人身保险合同的有效是指人身保险合同是由当事人双方依法订立，对双方具有约束力，并受法律保护。在我国，只要人身保险合同具备我国法律所规定的人身保险合同的有效要件，如当事人有相应的权利能力与行为能力，双方意思表示真实，合同内容不违反法律或者社会公共利益，投保人对被保险人有保险利益，具有死亡给付条件的合同订立得到了被保险人的同意等，就可以认定其有效。

显然，人身保险合同有效与人身保险合同生效是两个不同的法律概念。人身保险合同有效是保险合同生效的前提条件，在人身保险合同有效的前提下，只要所附条件成立，人身保险合同就生效；在人身保险合同无效的情况下，即使所附条件成立，人身保险合同也不生效。

3. 人身保险合同的无效

无效保险合同是指不发生法律效力，法律不予保护的保险合同。

按照无效的程度，保险合同的无效可分为全部无效和部分无效两种。全部无效是指违反国家禁止性规定而被确认无效后，不得继续履行的保险合同，如违反国家利益和社会公共利益的保险合同、保险标的不合法的保险合同等。部分无效是指保险合同某些条款的内容无效，但合同的其他部分仍然有效，如善意地超出法定限额的保险金，其超额部分无效，但非超额部分仍然有效。

按照无效的性质，保险合同的无效可分为绝对无效和相对无效两种情况。绝对无效是指保险合同自订立时起就不发生法律效力，如行为人采取欺诈或胁迫等手段订立的合同，违反保险利益原则的合同等。相对无效是指因重大误解和显失公平等引起的无效，即可变更、可撤销的合同。此类合同能够产生法律效力，但当事人可随时申请仲裁机关或法院确认其无效。

通常，保险合同的无效是由下述几种情况的出现造成的：保险合同的当事人不具有行为能力；保险合同的内容不合法；保险合同的当事人意思表示不真实；保险合同违反国家利益和社会公共利益；未成年人父母以外的投保人为无民事行为能力人订立的以死亡为保险金给付条件的保险合同；未经被保险人以法律认可的方式同意并认可保险金额。

合同是否有效的确认权归法院和仲裁机构。

对于绝对无效保险合同，存在如何正确处理的问题。绝对无效保险合同的处理方式一般有以下三种：

（1）返还财产。保险合同被确认无效后，因其自始无效，当事人双方应将合同恢复到履行之前的状态，即保险人应将收取的保费退还投保人；发生保险金赔偿或给付的，被保险人应将该项金额返还给保险人。

（2）赔偿损失。若无效保险合同给当事人造成损失，由过错的一方赔偿；如果是双方的过错，则相互赔偿。

（3）追缴财产。对于违反国家利益和社会公共利益的保险合同，应当追缴财产，收归国库。追缴的财产包括当事人双方已经取得和约定取得的财产，追缴时应注意保护非故意方的利益。

（三）人身保险合同订立的形式

保险合同成立后，保险人须及时签发保险单以证明合同关系的存在，记载双方权利、义务内容。一般情况下，书面保险合同的签发通常被约定为合同生效的依据。但在实践中，人身保险合同并不仅仅体现为保险单，一般而言，人身保险合同的书面形式主要有投保单、体检报告书、保险单、保费收缴凭证或营业发票、保险凭证、暂保单和批单等多种。

1. 投保单

投保单也称要保书，是投保人向保险人提出人身保险要约的书面形式。投保单经保险人签章承保后，保险合同即告成立，投保单成为保险合同的一部分。投保单原件由保险人保存，作为保险合同的证明，保险人应向投保人出具保险单，保险单中一般附有投保单的影印件。

人身保险投保单因合同条款的复杂性而内容丰富，不同的寿险产品的投保单格式也不同。但人身保险合同的投保单一般由以下几个部分组成：

（1）投保方资料。如投保人、被保险人、受益人的姓名或名称、住所、通信方式、身份证号、年龄、健康状况、职业、收入及相互关系等。

（2）投保事项。投保的主险和附加险、保险金额、保险期限、缴费期限、缴费方式，现金红利的领取方式和保险金的领取方式等。

（3）告知事项。人身保险合同的告知事项较为复杂，包括投保人、被保险人的健康告知、财务告知和其他告知等，如是否拥有其他公司的保单，以往的拒保记录或索赔记录等。

（4）投保人、被保险人的声明、授权、签字和签署日期。一般投保单中，投保人或被保险人的声明为："本人向贵公司申请投保上述保险，对投保须知、本保险合同条款、费率、责任免除事项、退保规定、保险费垫缴规定均已了解并同意遵守。本人对投保单上所填的各项内容及被保险人各项告知均属事实，如有隐瞒或日后发现与事实不符，贵公司可依法解除本保险契约，不负任何给付责任。”授权事项主要涉及授权保险人可以向被保险人所诊治的医院或医师，或有关机构查询有关记录和诊断证明。投保人签字则意味着投保人确认申请订立合同，确认如实告知和确认已被说明保险条款。被保险人签字则意味着该合同尤其是死亡保险合同已获得被保险人同意，同时履行了如实告知义务。

2. 体检报告书

体检报告书是由保险公司指定的医疗机构对被保险人的身体进行检查后出具的关于被保险人健康状况的书面证明。体检报告书是保险人决定是否承保以及保险费率高低的依据，也是人身保险合同的重要组成部分。“司法解释三”第 5 条针对体检报告书做出了特别规定“保险人知道被保险人的体检结果，仍以投保人未就相关情况履行如实告知义务为由要求解除合同的，人民法院不予支持。”由于体检报告书上记录的被保险人身体健康状况属于个人隐私，保险人有义务替被保险人保密。

体检报告书并不是每份人身保险合同的必备要件，对于年金保险等生存保险产品，并不需要检查被保险人的身体。人身意外伤害保险中，意外事故发生概率与被保险人的身体健康状况也无关，因此往往也不需要进行体检。而人寿保险和健康保险产品则非常重视被保险人的身体健康状况，通常对于保额较低、被保险人年龄在 40 岁以下的，一般由保险公司抽检，而保额较高或年龄超过 40 岁以上的，则通常要求被保险人体检。

3. 保险单

保险单是在人身保险合同成立后由保险人向投保人签发的正式书面凭证，也是投保方和保险人履行权利和义务的依据。保险单将保险合同的全部内容详尽列明，人身保险合同的保险单一般由承保表、保险条款及条款释义、现金价值表构成。被保险人或受益人在保险事故发生后，可以凭保险单向保险人索赔。具有现金价值的保险单的投保人可以办理质押转让。

4. 保费收缴凭证或营业发票

在人身保险合同中，缴纳保险费是保险合同生效和持续有效的前提条件。投保人缴纳保费后，保险人会开具保费收缴凭证或营业发票。因此，保费收缴凭证或营业发票是投保人已经履行合同缴费义务的证明，也是人身保险合同的组成部分。在被保险人或受益人索赔时，需要提供最后一期缴费凭证或营业发票。

5. 保险凭证

保险凭证简称保险证，俗称小保单，是指保险人签发给被保险人的承保凭证，是保险单的一种简化形式，与保险单具有同等的法律效力。保险凭证中只记载投保人和保险人约定的主要保险内容，如保险金额、保险有效期、保费等。凡是保险凭证中没有列明的事项，均以同类保险单上所载内容为准。特殊人身意外伤害保险和团体人身保险业务中常使用保险凭证。

6. 暂保单

暂保单是在保险单或保险凭证未出立之前出具的临时单证。暂保单上一般只列有保险的基本条件，包括被保险人、保险标的、保险金额、保险险种及费率等重要事项以及双方的特别约定，经保险人或保险代理人签章后，交付投保人。暂保单在保险人出立保险单以前，具有与保险单同等的效力，但其有效期限较短，并在正式保险单签发时或投保要约被拒绝时自动失效。暂保单在如下情形下签发：

（1）签订保险合同的分支机构受经营权限或经营程序的限制，需要经过保险公司批准，在未批准之前，以暂保单为保险证明。

（2）保险人与投保人在洽谈或续订合同时，就合同的主要事项已达成协议，但还有一些条件尚待商洽的，以暂保单为保险临时证明。

（3）保险代理人承揽到业务后，暂时还没有办妥全部手续时，以暂保单为保险证明。

7. 批单

批单是保险合同双方对保险合同进行修改、补充或增删内容的证明文件，是由保险人出立的一种凭证。保险合同订立后，在合同有效期内，双方当事人都有权通过协议更改保险合同的内容。如被保险人需要更改险别、户名、地址、保险期限、缴费方式、保险金额等，均须经保险人同意后出立批单。批单一经签发，自动成为保险合同的组成部分。批单的法律效力优于保险单，当批单内容与保险单不一致时，保险人应以批单所规定的内容为准，如多次批改，应以最后批改为准。

二、人身保险合同的变更

人身保险合同的变更是指人身保险合同在有效期内，当事人依法对合同条款所做的修改或补充。我国《保险法》规定了人身保险合同的变更包括主体、客体和内容的变更。

（一）人身保险合同的主体变更

人身保险合同的主体变更即保险人、投保人、被保险人或受益人的变更。一般情况下，在人身保险合同中保险人一方是不允许变更的。保险人变更主要是指因保险企业破产、合并、分立等原因导致保险人所承担的全部保险合同责任转移给其他保险人而产生的变更。在人身保险合同中，投保人、受益人或被保险人的变更则更为常见。

（1）投保人的变更。只要新的投保人具有法律规定的保险利益，无须经保险人同意，但应通知保险人就可以办理变更。如果是以死亡为保险金给付条件的保险合同，须经被保险人本人书面同意。

（2）受益人的变更。只要投保人、被保险人指定变更，无须经保险人同意，但须书面告知保险人，并办理变更手续。另外，投保人变更受益人的，须经被保险人同意。

（3）在人身保险中，被保险人变更属于保险标的的变更，一般导致保险合同终止。尤其是在个人人寿保险中，被保险人不允许变更，因为人与人之间健康状况、年龄、职业状况等均不相同，所应缴纳的保费也不相同。因而，人身保险的被保险人变更通常出现在团体保险中，由于员工的流动而导致具体被保险人的变更。

（二）人身保险合同的客体变更

人身保险合同的客体变更就是保险标的所具有的保险利益的变更。在人身保险中，投保人投保了与之有合法经济利害关系的他人的寿险时，这种合法的经济利害关系的变化将引起保险利益的变化，因而也须告知保险人。

（三）人身保险合同的内容变更

人身保险合同的内容变更是指保险合同主体的权利和义务的变更，表现为保险合同条款事项发生变化，如人身保险合同中被保险人职业、保险金额、缴费方法等发生变化。保险合同内容的变更一般由投保人提出。投保人变更保险合同的情形有两种：

（1）投保人根据自身需要提出变更保险合同的内容。例如增加或减少保险金额，延长或缩短保险期限，等等。在这种情况下，保险合同内容的变更主要取决于投保人或被保险人的主观意志。

（2）投保人根据客观情况提出变更保险合同的内容。在保险合同的履行过程中，由于某些客观情况的变化，如被保险人职业发生变化，投保人必须根据合同规定及时通知保险人。在这种情况下，变更保险合同的内容不是取决于投保人的主观意志，而是取决于法律及合同的规定。

三、人身保险合同的终止

人身保险合同的终止是指合同双方当事人之间的权利义务关系的灭失。保险合同订立后，可以由于下述原因而终止。

（一）人身保险合同的解除

人身保险合同的解除是指在保险合同有效期限尚未届满前，当事人双方依照法律或合同约定解除原有的法律关系的行为。人身保险合同解除的形式有两种：法定解除和协议解除。

1. 法定解除

法定解除是法律赋予合同当事人的一种单方解除权。大部分国家的保险法都规定，在一般情况下，保险合同成立后，投保人可以提出解除保险合同。我国《保险法》也同样规定：除《保险法》有规定或保险合同另有约定外，投保人有权随时解除保险合同。而在人身保险合同中，投保人均享有法定解除权。

保险人在人身保险合同中一般不享有解除权，其解除权主要是在投保人违反合同基本义务时才能享有，如：投保人因故意或重大过失未履行如实告知义务，足以影响保险人决定是否承保或者以何种保险价格承保时，而人身保险合同成立2年内；投保人申报的被保险人的年龄不真实，并且其真实年龄不符合合同约定的年龄限制的，保险人在合同成立之日起2年内有解除权；人身保险合同中投保人逾期不缴纳分期保费并超过申请复效期限的；保单贷款欠还本金及利息超过保单现金价值的；保险欺诈行为发生时等。

2. 协议解除

协议解除是指当事人双方经协商同意解除保险合同的一种法律行为。保险合同当事人在不违反法律强制规定或公序良俗的前提下，可以在合同中约定，在特殊情况发生时，一方或双方可以协议解除保险合同，同时可以约定其解除权的行使期间。

（二）人身保险合同因期限届满而终止

人身保险合同一般都订明保险期限，保险期限届满后，保险人的责任即告消失，合同因此而终止。如果投保人另办理续保手续，则属于新合同的开始。

（三）人身保险合同因被保险人的非保险事故原因死亡而终止

如果由于非保险事故发生而导致被保险人死亡，保险标的已实际不存在，人身保险合同也会终止。例如，在人身保险合同中，被保险人在合同成立2年内自杀死亡，保险人免责，人身保险合同因无法继续履行而终止。

（四）人身保险合同因完全履行而终止

在人身保险合同有效期内，一旦保险事故发生，保险人在履行全部赔偿或给付义务后，保险合同终止。例如，在人寿保险合同中，保险人按合同规定的条件全额给付保险金额或给付期届满时，保险合同终止；在疾病保险合同中，被保险人被确诊患有承保范围内的疾病时，保险人给付全额保险金，保险合同终止。

本章小结

人身保险合同是保险人和投保人之间签订的对被保险人提供保障的合同，主要由投保单、体检报告书、保险单、保费收缴凭证及批单等构成。人身保险合同记载双方权利、义务的主要事项，是双方发生纠纷时判断双方权责的重要依据。人身保险合同的成立、生效和保险责任开始是不同的概念，并且只有符合法定条件的人身保险合同才是有效合同。在合同订立之后，人身保险合同可以变更，也可以提前终止。在没有提前解除的情况下，人身保险合同可因为履约、期满或保险标的灭失而无法履行等情况而终止。

重点概念

投保人	被保险人	受益人	保险代理人
保险经纪人	要约	承诺	合同成立及生效
保单	批单	合同变更	合同解除

复习思考题

1. 思考题

（1）人身保险合同有哪些特点？

（2）人身保险合同主要有哪些中介人？

（3）人身保险合同有哪些书面形式？

（4）哪些原因会导致人身保险合同终止？

2. 案例分析题

（1）孙某夫妇每人投保了100万元人寿保险并缴纳了保费，11月3日，保险公司同意承保并签发了正式保单，保单上约定承担保险责任的时间为11月3日零时。11月4日，孙某夫妇在外出途中发生车祸，当场死亡，保单受益人孙某夫妇的父母向保险公司索赔。保险公司认为，根据该公司投保规定，人身保险合同金额巨大的，应当报总公司批准并且必须经过体检后方可承保，孙某夫妇违反了保险公司关于投保方面的规定，因此该保单并没有发生法律效力，保险公司据此做出了拒赔决定。孙某夫妇的父母不服，向法院起诉，要求保险公司承担给付保险金的责任。

问题：1）孙某夫妇与保险公司的合同关系是否成立、生效？

2）该份保险合同是否因违反公司业务管理规定而无效？

（2）2009 年 3 月，姚某以自己为被保险人投保了“鸿寿养老保险”，保单中受益人一栏为空白，保险金额为 16 万元。2009 年 5 月，姚某与郑某结婚，郑某与前夫生有一子，三人共同生活。2012 年 2 月，姚某在家中晾晒衣服时不慎失足坠楼死亡。事故发生后，其妻郑某向保险公司报案，保险公司审核后决定给付 16 万元人身保险金。但在保险金的分配上发生了争议，姚某父亲以法定继承人的身份要求分取该笔人身保险金的二分之一。而姚某的妻子郑某则提出，自己先分取该笔人身保险金的一半，剩下的 8 万元再由其本人、其与前夫的儿子及姚某的父亲三人均分。

问题：1）该份保单产生的保险金是否属于姚某夫妻的共同财产？

2）如果保险金作为姚某个人遗产，则保险金应如何分配？

3. 实训题

准备投保单样本和某保险产品条款及费率表，将同学及其父母分别作为投保人和被保险人，模拟填写投保单，并完成投保单各项目内容。

第四章　人身保险合同的基本原则和常用条款

章前引例及分析

投保人隐瞒实情，保险公司要不要赔？

田某于2012年与某保险公司签订了保险合同，购买了终身寿险、附加提前给付重大疾病保险，被保险人为其子申某，身故受益人为田某，保险期间为2012年6月30日零时起至终身止。田某在签订该保险合同后，按时履行缴纳保费等相关义务。2013年10月31日，被保险人申某因急性心肌梗死去世，处理完申某丧葬事宜后，田某于2014年到保险公司要求理赔。

保险公司经理赔调查发现：田某之子申某于1997年3月29日出生。申某于2005年7月25日在北京某区医院被确诊为“左侧胸腔低分化小细胞性间皮肉瘤”，经该院手术及放疗后于2005年8月5日出院，出院情况为“治愈”；2009年11月16日在肿瘤医院被确诊为“左胸壁小细胞恶性肿瘤，符合原始神经外胚层肿瘤”，经该院放疗治疗后于2010年1月14日出院，出院情况为“好转”；2013年申某在家中上网时突然倒下，经某卫生院医生确认为死亡，之后该卫生院出具诊断证明“申某因急性心肌梗死于2013年10月31日死亡。”该院并未对申某做尸体检查。村委会证明申某于2013年11月2日土葬。

另查明，2012年6月29日田某作为投保人，申某作为被保险人在保险公司“终身寿险（分红型），附加提前给付重大疾病保险”投保单上签字，在该投保单第二部分告知事项第5项中L项“是否患有恶性肿瘤或尚未证实为良性或恶性的肿瘤、息肉、囊肿、赘生物”，被保险人选项为“否”。

至此，保险公司于2014年2月27日给田某发出理赔决定通知书，写明不承担保险金给付责任，并不退还保费，解除终身寿险主险和附加险保险合同，理由是投保前疾病未如实告知。

专家分析

本案所涉保险合同成立之日为2012年6月30日，保险公司解除合同之日为2014年2

月 27 日，合同未满两年，根据保险法的规定，保险公司在投保人田某、被保险人申某故意不履行如实告知义务的前提下有权解除保险合同，并不退还保费。另根据田某与保险公司签订的终身寿险（分红型）保险合同条款第 11 条第 11.1 项，以及附加提前给付重大疾病保险条款第 7 条第 7.1 项，约定在田某及申某未履行如实告知义务的情况下保险公司有权解除保险合同，并不退还保费。故保险公司理赔结论完全正确。

实务中，关于投保人和被保险人的如实告知义务如何认定，通常将投保单上投保人或被保险人就保险人的询问作答最终签字作为确定依据，当然这也并非唯一依据，如果其他证据（如录音、录像等）可以证明保险人已经就被保险人有关状况向投保人和被保险人进行了询问，投保人或被保险人做出了相应如实回答的，应当认定投保方已如实告知，或者保险人已对被保险人进行体检，体检报告中已披露被保险人状况的，应当确认保险人已知晓该事实，投保方无须再告知。

本章学习目标

通过本章的学习，你应该能够：

1. 掌握人身保险合同的基本原则。
2. 掌握人身保险合同的常用条款。

第一节　人身保险合同的基本原则

保险在其发展的历史过程中，逐渐形成了一系列为人们所公认的基本原则，这些原则是保险经营活动的基础，贯穿于整个保险业务之中，是保险双方都必须严格遵守的。坚持和贯彻保险基本原则，有利于维护保险双方的合法权益，更好地发挥保险的职能和作用，保证保险业健康发展。这些原则主要包括最大诚信原则、保险利益原则、损失赔偿原则和近因原则。而人身保险合同因其合同标的和性质的特殊性，在保险合同原则的应用上存在一些不同与财产保险合同的内容，在本节中，我们将对人身保险合同基本原则的特殊性进行介绍。

一、最大诚信原则

（一）最大诚信原则的内涵

最大诚信原则是合同诚实信用原则的功能和作用在《保险法》中的体现。保险合同对诚信原则的要求较其他合同更高，因而被称为最大诚信原则。我国《保险法》第 5 条对该原则做了规定：“保险活动当事人行使权利、履行义务应当遵循诚实信用原则。”最大诚信原则的基本含义是：保险双方在签订和履行保险合同时，必须保持最大限度的诚意，双方都应恪守信用，互不欺骗和隐瞒。否则，受到损害的一方，可以此为由宣布合同无效或不履行合同约定的义务或责任，甚至对因此而受到的损害可要求对方予以赔偿。最大诚信原则的基本内容包括投保人的如实告知义务、保证、保险人的如实说明义务以及弃权与禁止反言。

1. 投保人的如实告知义务

如实告知是投保人的一项义务，是指投保人在订立保险合同时或在合同生效期间，应如实向保险人做有关保险标的的重要事实的口头或书面的陈述。要求投保人履行如实告知的内容主要有以下几方面：(1) 保险合同订立时，投保人应将已知或应知的与保险标的及其与危险有关的重要事实如实告知保险人。所谓“重要事实”，是指那些足以影响保险人决定是否承保和确定费率的事实，比如人身保险中被保险人的年龄、性别、职业、健康状况、既往病史、家庭遗传病史、居住环境、嗜好等。(2) 保险合同订立后，若保险标的的风险情况发生重大变化，应及时通知保险人。

在保险合同的履行中，有些事实是被保险人无须申报的事实，主要包括：(1) 降低风险的任何情况；(2) 保险人知道或推定应该知道的情况；(3) 保险人表示不需要知道的情况；(4) 根据保险单明示保证条款无须申报的事实。

投保人的告知形式目前主要为有限的询问告知，即保险人将需要投保人告知的内容列在投保单中的问询栏上，要求投保人如实填写。投保人或被保险人对某些事实在未经询问时可以保持缄默，无须告知。如我国《保险法》第 16 条规定：“订立保险合同，保险人就保险标的或者被保险人的有关情况提出询问的，投保人应当如实告知。”即明确了我国投保人应承担的有限询问告知义务。

2. 保证

保证是指保险人和投保人在保险合同中约定，投保人或被保险人担保对某一投保事项的作为或不作为，或担保某一事项的真实性。保证可以分为明示保证和默示保证。明示保证是以条款形式在合同内载明的，这种条款可以作为保险单的一部分，被保险人必须遵守，否则保险人可以宣告保险单无效。默示保证虽然在保险单上没有文字记载，但从习惯上或社会公认的角度看，被保险人应该保证做某种行为或不做某种行为。默示保证与明示保证一样，被保险人也必须遵守，如有违背或破坏，保险人可以宣告保险合同无效。默示保证多应用在海上保险中，我国一般在人身保险业务中没有默示保证的存在。

保证根据具体内容的不同，又可以分为确认保证和承诺保证。确认保证涉及过去和现在，是指投保人对过去或现在某一特定事项存在或不存在的保证，如某人保证从未得过某种疾病，是确认患有某种疾病的事实并不存在，但并不保证将来不会患该种疾病。而承诺保证涉及现在和将来，是指投保人对将来某一事项作为或者不作为的保证，如某人承诺不从事高危险性的运动。

3. 保险人的如实说明义务

如实说明义务是保险人遵循最大诚信原则的主要体现。保险人的如实说明义务是法律规定的保险合同订立前的义务。所谓保险人的如实说明义务，是指保险人在订立保险合同时，应当向投保人说明保险合同条款内容，特别是免责条款。如我国《保险法》第 17 条第 1 款规定：“订立保险合同，采用保险人提供的格式条款的，保险人向投保人提供的投保单应当附格式条款，保险人应当向投保人说明合同的内容。”该项条款规定了保险人对合同内容的一般说明义务，第 17 条第 2 款进一步明确“对保险合同中免除保险人责任的条款，保险人在订立合同时应当在投保单、保险单或者其他保险凭证上作出足以引起投保人注意的提示，并对该条款的内容以书面或者口头形式向投保人作出明确说明”，该项条款规定了对免责条款的明确说明义务，并用法条形式明确了履行义务的具体方式和标准。另外，在保险人违反如实说明义务的主观要件上，并不要求其存在过错，只要保险人未尽如实说明义务，就构成对该义务和原则的违反。并且，保险人的如实说明义务为法定义务，不允许保险人以合同条款方式予以限制或免除。

4. 弃权与禁止反言

弃权与禁止反言是最大诚信原则的一项内容。弃权是指保险合同一方当事人放弃其在保险合同中可以主张的某种权利，通常是指保险人放弃合同解除权与抗辩权。禁止反言是指保险合同一方当事人既然已经放弃某种权利，那么日后不得再向对方主张这种权利，也称为禁止抗辩。弃权与禁止反言在实务中主要约束保险人。构成保险人的弃权必须具备两个要件：首先，保险人须有弃权的意思表示，无论是明示的还是默示的；其次，保险人必须知道有违背约定义务的情况及因此享有抗辩权或解约权。同时根据弃权与禁止反言原则，一旦保险人弃权后不得再次主张此权利。我国《保险法》第 16 条赋予保险人因投保方未履行如实告知义务而享有的合同解除权，但该权利自保险人知道有解除事由之日起，超过 30 日不行使便消灭。即是此项原则内容的反映。

（二）违反最大诚信原则的表现和法律后果

1. 如实告知义务的违反及其法律后果

投保人或被保险人违反如实告知义务的表现主要有四种：一是漏报，投保人或被保险人由于疏忽对某些事项未予申报，或者对重要事实误认为不重要而遗漏申报。二是误告，投保人或被保险人因过失而申报不实。三是隐瞒，投保人或被保险人明知而有意不申报重要事实。四是欺诈，投保人或被保险人有意捏造事实，弄虚作假，故意对重要事实不做正确申报并有欺诈意图。

各国法律对违反如实告知义务的处分原则上是区别对待。首先要区分投保人或被保险人的动机是故意还是过失，对故意行为的处分比过失行为的重；其次要区分投保人或被保险人违反的事项是否属于重要事实，对重要事实的处分比非重要事实的重。比如我国《保险法》第 16 条规定如下：“投保人故意或者因重大过失未履行前款规定的如实告知义务，足以影响保险人决定是否同意承保或者提高保险费率的，保险人有权解除合同。前款规定的合同解除权，自保险人知道有解除事由之日起，超过三十日不行使而消灭。自合同成立之日起超过二年的，保险人不得解除合同；发生保险事故的，保险人应当承担赔偿或者给付保险金的责任。投保人故意不履行如实告知义务的，保险人对于合同解除前发生的保险事故，不承担赔偿或者给付保险金的责任，并不退还保险费。投保人因重大过失未履行如实告知义务，对保险事故的发生有严重影响的，保险人对于合同解除前发生的保险事故，不承担赔偿或者给付保险金的责任，但应当退还保险费。”

从上述条款可见，我国通过区分投保人违反如实告知义务的主观过错程度来规定投保人应承担的不利后果，即故意违反时，保险人享有合同解除权，并对解除前发生的保险事故不承担赔偿或给付责任，并且不退还保费；而当投保人在主观上是重大过失时，保险人虽然也享有解除权，但只有在未如实告知事项对保险事故的发生有严重影响时，保险人才可以拒赔，并且此时应当退还保费。该规定意味着如果投保人仅是一般过失或轻微过失，并且其行为并不足以影响保险人的承保决定时，保险人不可以此为由解除保险合同。我国《保险法》的该项规定充分体现了对投保人利益的保护，并且在该项条款中还对保险人因投保人故意或重大过失违反如实告知义务而享有的解除权规定了只能在一定期间内（2 年内）行使，即在我国法律中引入了国际通行的不可争（不可抗辩）条款，更深层次地体现了对保险消费者的权益保护。

2. 保证的违反及其法律后果

在保险活动中，无论是明示保证还是默示保证，保证的事项均为重要事实，因而被保险人一旦违反保证的事项，无论是故意还是过失，也无论对保险事故的发生有无影响，保险合同即告失效，保险人可以拒绝赔偿或给付保险金，而且除寿险外，保险人一般不退还保费。

3. 如实说明义务的违反后果

在保险人违反如实说明义务的主观要件上，并不要求其存在过错，只要保险人未尽说明义务，就构成对如实说明义务的违反。我国《保险法》对保险人的如实说明义务采取的是严格责任原则。至于保险人违反条款的如实说明义务的后果，根据我国《保险法》第 17 条的规定，未作提示或者未明确说明的免责条款不产生效力。

小资料

如何判断、认定《保险法》第 16 条所指的“重大过失”及“严重影响”？

我国《保险法》第 16 条明文规定：“投保人因重大过失未履行如实告知义务，对保险事故的发生有严重影响的，保险人对于合同解除前发生的保险事故，不承担赔偿或者给付保险金的责任，但应当退还保险费。”

什么是重大过失？顾名思义，重大过失包含五个方面：

(1) 它不是故意行为；

(2) 它与一般过失相对，重大过失是一般人都能预见，作为有相应工作能力的人员却没有预见或预见到但轻信不会发生而造成事故或损失的一种主观心态；

(3) 该未告知的事由足以对保险人当时是否同意承保或者提高保险费率构成影响，而且保险人在投保人投保时明确提出过询问的；

(4) 投保人有明显的过错，并没有可豁免责任的法定理由（诸如保险营销员误导、投保人的认知程度不足以披露相关信息等）；

(5) 该重大过失行为与保险事故之间有着内在的联系。

综合以上五个方面考量投保人的未如实告知行为是重大过失还是一般过失或轻微过失，而只有前者，保险人才有权利解除保险合同并拒绝赔偿，而对于后者，保险人不享有解除权与拒赔权。

那么，什么是“严重影响”呢？一般认为，严重影响需要以下构成要件：

(1) 投保人的未如实告知情况必须具备重大过失的特征或要件；

(2) 该重大过失与保险事故之间存在必然的、内在的因果联系或因果关系；

(3) 保险事故的发生是由未告知事由导致的，或主要是由未告知事由导致的，即通常所讲近因导致的保险事故。

因此，《保险法》第 16 条将“重大过失”与“严重影响”并列来讲，目的就是严格保险人的赔偿责任，将“重大过失”与“严重影响”双重标准作为保险人行使解除权及拒赔权的限制条件，只有构成了“重大过失”与“严重影响”的双重情形，保险人才能行使解除权与拒赔权，否则，即使存在着投保人的一般或轻微的未如实告知情形，保险人仍不享有《保险法》第 16 条所讲的解除权与拒赔权。

二、保险利益原则

（一）保险利益原则的含义

保险利益又称可保利益，是指投保人或被保险人对保险标的具有的法律上承认的利益。保险利益原则是保险合同必须遵循的原则，是指在签订和履行保险合同的过程中，投保人或被保险人对保险标的必须具有保险利益，否则保险合同无效。我国《保险法》第 12 条规定：“人身保险的投保人在保险合同订立时，对被保险人应当具有保险利益。”在人身保险合同中，被保险人的生命或身体成为合同标的，因而规定人身保险的投保人必须对被保险人具有保险利益，以此保证被保险人人身及生命安全，并且在人身保险中，由于人的身体和生命无价，一般情况下，人身保险的保险利益并没有量的限定。在个别情况下，人身保险的保险利益也可以计算和限定，比如债权人对债务人生命的保险利益可以确定为债务的金额加上利息及保险费。

（二）人身保险合同的保险利益产生基础

根据我国《保险法》的规定，人身保险合同的保险利益的确定采取的是限制家庭成员关系范围并结合被保险人同意的方式。对于家庭成员关系范围的限制是通过列举形式进行规定的。我国法律承认的对被保险人有保险利益的人员有以下几类：

（1）本人。任何人对于自己的身体或寿命都具有保险利益。

（2）配偶、父母、子女。夫妻之间、父母与子女之间拥有法定的相互抚养、赡养或扶养关系，并且有较近的亲属或血缘关系，相互之间具有密切的经济利害关系，因此法律确定他们具有保险利益。

（3）与投保人有抚养、赡养或扶养关系的家庭其他成员、近亲属。此项是针对前两项关系以外的家庭成员、近亲属而确定的，他们之间的血缘关系可能不是很密切，但在社会生活当中相互有抚养、赡养或扶养关系的情况也很常见，相互之间也具有相当的经济利害关系，因此法律规定投保人对于与自己有抚养、赡养或扶养关系的家庭其他成员、近亲属具有保险利益，无论投保人是提供抚养、赡养或扶养的一方，还是接受抚养、赡养或扶养的一方，他对对方均有保险利益。

（4）与投保人有劳动关系的劳动者，即雇主对雇员享有保险利益，此规定是为方便团体业务的开展。

（5）被保险人同意投保人为其订立人身保险合同的，视为投保人对被保险人具有保险利益。在社会生活当中，除了家庭成员、近亲属之外，人与人之间还存在很密切的朋友关系或一定的经济联系，如合伙人关系、债权债务关系等，法律也允许他们为保障自己的合法利益或保障被保险人的利益而为被保险人投保，但必须在被保险人同意的前提下，这种投保行为才有效，才可视同投保人对被保险人具有保险利益。

需要注意的是，在人身保险合同中，具有保险利益只是对投保人的最基本的要求，而投保人并不能仅凭具有法律上承认的利益就可以为被保险人投保任何险种。如我国法律规定，投保以死亡为保险金给付条件的险种时，必须经被保险人书面同意并认可保险金额，否则该合同无效，这是人身保险合同的又一特殊性。

（三）人身保险合同的保险利益的变动与适用时限

在人身保险中，保险利益也会由于人身关系、婚姻关系的变化而发生变动，但由于人身保险期限较长并具有储蓄性，因而各国保险法均强调在订立保险合同时投保人必须具有保险利益，而在索赔时则不追究有无保险利益。即使投保人对被保险人因离异、雇佣合同解除或其他原因而丧失保险利益，也不影响保险合同的效力，保险人仍负有给付被保险人保险金的责任。否则，被保险人及受益人会因保险利益的消失而丧失原来可以预期获得的保险金，或投保方不能继续享受人寿保单所产生的红利及投资收益，使投保方购买保单享有的权益处于不确定状态中，损害人身保险合同作为长期财务规划工具的功能。同时，这也是为了保证人身保险单作为有价证券可以办理转让、质押而必须具有的稳定性和确定性的要求。

参考案例

A于1997年6月3日为其公公B投保10年期人身保险，经被保险人B的同意，指定受益人是B的孙子C，现年9岁。保费按月从A的工资中扣缴。1999年2月，A与被保险人的儿子D因感情破裂离婚，离婚时经法院判决，C由D抚养。离婚后，保费仍按月从A的工资中扣缴，从未间断。2000年3月22日，被保险人B因病身故。5月，A向人寿保险公司申请给付保险金。而人寿保险公司认为：A为B投保时虽然有保险利益，但离婚后不再是B的家庭成员，已失去保险利益，故保险单随婚姻解除而失效，应按无效保单处理。A为此将该人寿保险公司告上了法庭。

在人身保险中，根据国际惯例，在订立保险合同时，投保人对被保险人必须有保险利益，但在事故发生时，投保人对保险标的不具有保险利益并不影响投保人的保险权益，这也和我国的法律相吻合，只要双方签订合同时不违反法律强制性的规定，就应当被认为是有效的。本案中，A在为B投保时，并不违反法律的规定，应该是有效的，而且，在A与D离婚以后，A始终按时、足额缴纳保险费，被保险人B也没有提出任何异议。我国《保险法》规定，被保险人同意投保人为其订立合同的，视为投保人对被保险人具有保险利益。所以，本案中，保险合同仍然有效，投保人对保险标的仍然具有保险利益，保险公司应当支付保险金。

根据我国2015年12月1日实施的“司法解释三”的规定，被保险人以书面形式通知保险人和投保人撤销其依据《保险法》第34条第1款规定所做出的同意意思表示的，可认定为保险合同解除。因此，在实务中，被保险人若因情况发生变化，不同意投保人为其订立死亡保险合同的，可以以书面形式通知解除保险合同，以维护自身利益和安全。

三、损失赔偿原则

需要注意的是，损失赔偿原则作为仅适用于补偿性合同的基本原则，由于人身保险合同绝大多数都属于定额给付性合同，因而一般来说该原则是不适用的。但医疗保险是人身保险合同中的特例，虽然一般情况下可以约定为定额给付性质合同，但也可以不使用定额给付合同的设计，而特别约定为损失补偿性的合同，采纳损失赔偿原则，这是因为医疗费用的支出是一种确定的经济损害。

（一）损失赔偿原则的含义

损失赔偿原则是指当保险事故发生导致被保险人遭受经济损失时，保险人给予被保险人经济损失赔偿，以恢复被保险人遭受保险事故前的经济状况为准，它是补偿性保险合同处理赔偿案时需要遵循的一项基本原则。

损失赔偿原则包括两层含义：一是“有损失，有赔偿”，即被保险人因保险事故所致的经济损失，依据保险合同有权获得赔偿，保险人也应该承担合同所约定的保险保障义务。二是“损失多少，赔偿多少”，即保险人对被保险人的赔偿量应以被保险人的保险标的所遭受的经济损失为限，不能少于或大于受损前的经济状态。

（二）损失赔偿原则的派生原则

1. 代位求偿原则

代位求偿是指保险人按照保险合同的规定，对保险标的的全部或部分履行赔偿义务后，有权取得被保险人的地位，向对保险标的的损失负有法律赔偿责任的第三方进行追偿，保险人的这种权利称为代位求偿权。

实行代位求偿的依据是，保险合同为损失补偿合同，被保险人所得到的赔偿不得超过其实际遭受的经济损失，即不能因一笔经济上的损失而从保险人和第三者责任方那里得到双份的补偿。而如果不实行代位求偿原则，仅由第三者赔偿，往往使被保险人得不到及时补偿。因此，保险人应先给予被保险人补偿，而被保险人从保险人那里取得补偿后，应该将向第三者的赔偿请求权转移给保险人。

代位求偿权成立的条件包括：

(1) 被保险人因保险事故对第三者有损失赔偿的请求权。这一条包括三层含义：一是事故的发生必须是保险责任范围内的原因所致，否则与保险人无关，受害人直接请求责任方赔偿或自己承担损失，也就谈不上代位求偿权的问题。二是保险事故的发生是由第三者责任方造成的，这样被保险人可以向第三者请求赔偿，并将赔偿请求权转移给保险人，从保险人那里取得赔偿。三是被保险人不能损害保险人的代位求偿权，我国《保险法》第61条规定：“保险事故发生后，保险人未赔偿保险金之前，被保险人放弃对第三者请求赔偿的权利的，保险人不承担赔偿保险金责任。保险人向被保险人赔偿保险金后，被保险人未经保险人同意放弃对第三者请求赔偿的权利的，该行为无效。被保险人故意或者因重大过失致使保险人不能行使代位请求赔偿的权利的，保险人可以扣减或者要求返还相应的保险金。”

(2) 保险人履行了赔偿责任。保险人先行赔偿了被保险人的损失后，才能获得代位求偿权。如果保险人没有赔偿被保险人的损失，被保险人就无权益可以转让，保险人也就不可能取得代位求偿权。

（3）保险人在代位求偿中享有的利益，不能超过其赔付给被保险人的金额。如果保险人从第三者责任方那里追偿到的金额大于其赔偿给被保险人的金额，则超出部分应归被保险人所有，即保险人不能因为行使代位求偿权而获利。

（4）被保险人有权就未取得保险人赔偿的部分向第三者请求赔偿。我国《保险法》第60条第3款规定："保险人依照本条第一款规定行使代位请求赔偿的权利，不影响被保险人就未取得赔偿的部分向第三者请求赔偿的权利。"

2. 重复保险的比例分摊原则

重复保险是指投保人对同一保险标的、同一保险利益、同一保险事故分别向两个以上的保险人订立保险合同的保险。人身保险业务中，在同时存在两份以上医疗保险合同的情况下，医疗保险合同可以约定被保险人不得从不同的保险人那里分别得到赔偿，对于其他保险人已经赔付的部分，保险人可以拒绝重复赔偿。

四、近因原则

（一）近因原则的含义

近因原则是保险当事人处理保险赔偿或者给付责任，法庭审理有关保险赔偿或者给付的诉讼案件，在调查事件发生的起因、确定事件的责任归属时所遵循的原则。近因是指在风险和损失之间，导致损失的最直接、最有效、起决定作用的原因，而不是指时间上或空间上最近的原因。这既指原因和结果之间有直接的联系，又指原因十分强大有力，以致在一连串事件中，人们从各个阶段中可以有逻辑地预见下一事件，直到发生意料中的结果；如果有多种原因同时起作用，那么近因是其中导致该结果的起决定作用或强有力的原因。

近因原则的基本含义是指：若引起事故发生、造成保险标的损失的近因属于保险责任范围，则保险人承担损失赔偿责任；若近因属于除外责任，则保险人不负责赔偿，即只有当承保危险是损失发生的近因时，保险人才负赔偿责任。

（二）近因原则的运用

近因原则在理论上讲简单明了，但在实际运用中存在较多困难，即如何在众多复杂原因中判断出引起损失的近因。因此，对近因的分析和判断成为掌握和运用近因原则的关键。在实践中，近因原则的运用可以分为下述几种情况。

1. 单一原因造成的损失

如果造成损失的原因只有一个，而这一原因又是保险人承担的风险，那么这一原因就是损失的近因，保险人应负赔偿责任；反之，则不负赔偿责任。

2. 多种原因造成的损失

如果造成保险标的损失的原因不止一个，而是两个或两个以上，就应做具体分析。

（1）多种原因同时发生。造成损失的风险事故，有时为一个以上并同时出现的原因所致，而且这些原因对保险标的的损失均有直接的、实质性的影响，则它们全部属于导致损失的主要原因。如果这多种原因全部属于承保范围，保险人应负全部责任。但如果在这多种原因中，有些是在承保范围之内，有些则属于除外责任，那么，保险公司的责任就要根据损失是否可以划分来决定。能够划分开的，保险人将承担所保风险导致的损失部分；不能划分的，则保险公司可以与被保险人协商确定致损比例赔付。

（2）多种原因连续发生。如果损失的发生为两个以上的原因连续发生所致，并且各原因之间的因果链未中断，则最先发生并造成一连串事故的原因即近因。因此，只要前因在承保责任范围以内，后因是前因导致的必然结果，保险人就要负赔偿责任，而不论后因是在承保责任范围以内还是属于除外责任。但如果前因是除外风险或未保风险，后因是承保风险，后因是前因的必然结果，保险人则不负任何责任。

（3）多种原因间断发生。即在一连串连续发生的原因中，有一个新出现的而又完全独立的原因介入，从而导致损失。若新的独立的原因为承保风险，保险责任由保险人承担；反之，保险人不承担损失赔偿或给付责任。

近因原则理论来源于英美法系的保险法中，由于我国《保险法》对此缺乏明确和详细规定，因而在我国实务运用中存在诸多困境。“司法解释三”对此做了特别规定：在实务中，被保险人的损失系由承保事故或者非承保事故、免责事由造成难以确定的，当事人请求保险人给付保险金的，人民法院可以按照相应比例予以支持。

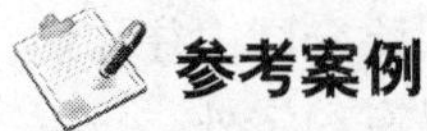

参考案例

意外诱发疾病，保险公司是否赔偿？

王女士于2003年买了意外伤害保险，期限是五年。2005年8月，她被一辆慢速行驶的轿车轻微碰擦了一下，顿觉胸闷头晕，不幸在送往医院途中病情加重，最后在医院不治身亡。医院的死亡证明书指出死亡原因是心肌梗死。

王女士家人拿着意外伤害保险有效保单及死亡证明等资料向保险公司索赔，但遭到保险公司拒赔。保险公司的理由是，导致王女士死亡的是心肌梗死，不属于意外伤害保险责任范围，保险公司无须赔付。这引起了王女士家人的强烈不满。

在这个案例中，造成王女生死亡的原因有两个：一个是王女士与轿车发生的轻微碰擦；另一个是心肌梗死，也是医院诊断出的王女士死亡的原因。关键问题在于，这次事故的近因到底是两者中的哪个呢？

在人身意外伤害保险和健康保险中，有这样一条标准：如果由一系列原因引起事故，而原因之间又有因果关系，那么前事件称作诱因。如果诱因在健康者身上可引起同样后果，那诱因即近因；反之，如果诱因发生在健康者身上不会引起同样后果，则诱因不能成为近因。

在上述王女士的案件中，她与轿车发生轻微碰擦是诱因，同样的事情发生在正常人身上是不会导致死亡的，所以她身故的近因不是车辆碰擦，而是自身健康的原因，即心脏病所致。因此，王女士自身的疾病才是近因，这类风险属于重大疾病保单承保范围或由寿险保障，而非意外伤害保险赔付范围。

第二节 人身保险合同的常用条款

保险条款是保险合同的核心，是当事人履行合同义务、承担法律责任和享受合同权利的依据。人身保险合同在长期的发展过程中，逐步形成了一些内容固定、文字形式较为规范的常用条款，充分表现出人身保险合同的特色。

一、犹豫期条款

犹豫期，是指投保人在签收保单之日起的一定时期（如 10 天或 15 天），在此时期内，投保人可以无条件退保，而保险公司除扣除不超过一定金额（如 5 元、10 元等）的成本以外，应退还全部保费并不得收取其他任何费用。犹豫期的产生是由于人身保险合同条款专业技术性强、缴费期普遍较长，为充分保障投保人的利益，长期人身保险合同中往往约定了该条款。根据《保险法》的规定，人身保险合同成立后，除当事人另有约定外，投保人有权随时解除合同，但在犹豫期后退保，保险人只需按合同约定退还保单现金价值，而合同初始年度的现金价值非常低。因此，对于投保人而言，在保险合同签收后，犹豫期是一个重要的“冷静期”。它的产生，是为了防止客户因一时冲动而做出购买保险的决定，对于客户来说，它无疑起到了缓冲期的作用。

二、不可争条款

不可争条款也称为不可抗辩条款，其基本内容通常是：自人身保险合同订立时起，超过一定时限（通常为 1 年或 2 年）之后，保险人将不得以投保人在投保时违反最大诚信原则、没有履行如实告知义务等理由主张合同自始无效。不可争条款也用于保单失效后的复效，即对于申请复效的保单，只有在复效两年后才可以成为不可抗辩的合同。

人身保险合同订立时，有关被保险人的年龄、健康状况、职业等因素将影响保险人决定是否承保及相应费率，因此，根据最大诚信原则，投保人或被保险人应履行如实告知义务，不得有任何隐瞒或欺骗，否则保险人有权解除合同。但由于人身保险合同的长期性，如果不加以时限限制，可能会造成保险人滥用此项权利，在合同订立多年以后，以此为理由要求解除合同，而这将使被保险人的利益无法得到保障，并会造成更多的纠纷，因而各国在保险法规中对此确定了保险人的可抗辩期，逾期后，保险人将丧失抗辩权。但也有一些例外，如当投保人欠费时，或当被保险人在可抗辩期内死亡时，保险人在抗辩期满后仍有权解除合同。

一直以来，不可争条款在我国只适用于被保险人年龄误告方面，而在 2009 年我国修订《保险法》时，首次将不可争条款的适用范围扩展到了被保险人的健康状况方面。我国现行《保险法》第 16 条采纳了国际通行的不可争条款内容，做出了如下规定：“投保人故意或者因重大过失未履行前款规定的如实告知义务，足以影响保险人决定是否同意承保或者提高保险费率的，保险人有权解除合同。前款规定的合同解除权，自保险人知道有解除事由之日起，超过三十日不行使而消灭。自合同成立之日起超过二年的，保险人不得解除合同；发生保险事故的，保险人应当承担赔偿或者给付保险金的责任。”“保险人在合同订立时已经知道投保人未如实告知的情况的，保险人不得解除合同；发生保险事故的，保险人应当承担赔偿或者给付保险金的责任。”

我国对不可争条款的引入和规定充分体现了人身保险的根本宗旨，也有利于保险人在社会公众中树立良好的行业形象。对于保险行业而言，由于不可争条款的引入，要求保险人在签发合同之前要对被保险人进行审慎的调查，否则可能会使保险公司面临更大的保险赔偿损失。

参考案例

从一起案例分析《保险法》不可抗辩条款

韦先生于2010年2月6日投保人身保险公司终身寿险，身故保额为15万元。2011年8月6日，被保险人韦先生因患亚急性重型病毒性肝炎（乙型）身故。2012年9月11日，韦先生家属向保险公司申请理赔，要求给付身故保险金15万元。保险公司受理后，经调查发现韦先生病历记载其已患慢性乙型肝炎10余年，在投保时未如实告知肝炎病史。保险公司据此出具了《拒绝给付通知书》，以被保险人在投保前已患肝炎但故意不如实告知，并且未告知事项已严重影响承保决定为由，同时根据《保险法》第16条和保险条款相关约定，解除保险合同，拒绝赔付并不予退还保费。

解除合同后，韦先生的家属多次到保险公司要求其做出解释：依据《保险法》第16条第3款“自合同成立之日起超过二年的，保险人不得解除合同；发生保险事故的，保险人应当承担赔偿或者给付保险金的责任”，2012年9月11日，申请理赔日期已超过自合同成立之日起两年时间，保险公司应正常给付身故保险金。家属不接受保险公司的拒赔决定，作为原告向法院起诉，要求保险公司承担给付责任。开庭审理后，法院组织双方调解，最终达成调解意见，由保险公司按照终身寿险合同给付韦先生家属15万元，以此结案。

本案中，保险公司系在2012年9月11日之后做出解除合同的决定，很明显已经超过了自合同成立之日起两年的时间。如果被保险人系在两年期满后身故，则本案适用不可抗辩条款的规定应没有异议。但本案特别之处在于被保险人系在保险合同成立之日起两年期限内死亡的，而申请理赔却是在两年期限之后，《保险法》第16条第3款并未对保险事故是否发生在两年期限内进行区分，因此涉及对该条款如何正确理解的问题，本案以调解并给付保险金结案，但理论界存在不同看法，仍有待做出进一步的司法解释。

由本案得到启示，专家建议：

(1)《保险法》第16条第3款未对保险事故是否发生在两年期限内进行规定，属于法律漏洞，因此，建议对该问题进行明确，以指导审判，形成法律的准确、统一、适用。

(2) 英美法系国家的不可抗辩条款大多包含“被保险人生存期间且保单生效（或签发）已满两年”的条件限制，其实践意义在于，防止被保险人或受益人为谋取保险金而故意拖延保险索赔至可抗辩期间届满，从而损害保险人的利益。英美法系国家的做法符合保险制度对诚信原则的要求，因此，建议我国规定不可抗辩条款仅适用于保险事故发生在两年后的情形。

资料来源：霍乾．从一起案例分析《保险法》不可抗辩条款．中国保险报，2013-01-31.

三、年龄误告条款

年龄误告条款是为处理被保险人年龄申报错误而订立的人身保险合同的依据。我国《保险法》第32条规定：“投保人申报的被保险人年龄不真实，并且其真实年龄不符合合同约定的年龄限制的，保险人可以解除合同，并按照合同约定退还保险单的现金价值。保险人行使合同解除权，适用本法第十六条第三款、第六款的规定。”即保险人在知情时必须在30日内解除合同，对于订立合同时已知情的，则无权解约，而当人身保险合同成立两年后，保险人也不得以被保险人真实年龄不符合保单规定的范围为由而解除合同。同时，当被保险人真实年龄符合合同规定的投保范围，但投保人申报被保险人年龄不真实时，保险人须按被保险人真实年龄对保费或保险金进行调整。我国《保险法》第32条规定：“投保人申报的被保险人年龄不真实，致使投保人支付的保险费少于应付保险费的，保险人有权更正并要求投保人补交保险费，或者在给付保险金时按照实付保险费与应付保险费的比例支付。投保人申报的被保险人年龄不真实，致使投保人支付的保险费多于应付保险费的，保险人应当将多收的保险费退还投保人。”

四、宽限期条款

宽限期条款的基本内容是：对合同约定分期支付保险费的，投保人支付首期保险费后，未按时缴纳续期保险费的，在宽限期内，保险合同仍然有效，如发生保险事故，保险人仍应负责，但要从保险金中扣除所欠的保费和利息。宽限期一般为30天或60天，自应缴纳保险费之日起计算。

在人身保险单中设立宽限期条款，主要是因为人身保险合同期限长，在长期缴费过程中，时常会有投保人由于一时疏忽或现金周转困难，或其他客观原因没能在约定的期限按时缴付保险费的情况，为避免由于上述原因造成投保人、被保险人面临保险合同失效的困境，法律上规定了对投保人缴纳续期保费给予一定的宽限时限。我国《保险法》第36条对于人身保险合同的宽限期做出了明确规定：“合同约定分期支付保险费，投保人支付首期保险费后，除合同另有约定外，投保人自保险人催告之日起超过三十日未支付当期保险费，或者超过约定的期限六十日未支付当期保险费的，合同效力中止，或者由保险人按照合同约定的条件减少保险金额。被保险人在前款规定期限内发生保险事故的，保险人应当按照合同约定给付保险金，但可以扣减欠交的保险费。”

五、中止和复效条款

《保险法》给予投保人缴纳续期保费一定的宽限期，当超过宽限期后，投保人未支付当期保费的，按我国的规定，除非合同有特殊约定，否则合同效力中止，被保险人不再享受保险保障。但为保障投保人利益，投保人有权在一定期限内申请恢复保险合同效力，称为复效。若在规定的中止期限届满时，投保人仍未办理复效，保险人则有权解除保险合同。我国《保险法》规定，保险合同中止期限为两年，即自合同中止之日起两年内未达成复效的，保险人有权解除合同。投保人如申请保单复效，则须提交复效申请书和可保证明，保险人要对投保人的复效申请进行审查，审查的内容主要是在中止期间被保险人的健康状况等，目的是防止投保人的逆选择。如果被保险人的危险程度在中止期间内显著增加，则保险人可以拒绝投保人的复效请求。为利于保险人做出正确审核结论，因此投保人须重新履行如实告知义务，如果合同通过审核后复效，那么保险人在复效后两年内重新拥有因客户在复效中违反如实告知义务而解除合同的权利。投保人在复效审核通过后须补缴该合同产生的所欠款项、保费和利息，自补缴保费之日，原保险合同的效力恢复。

一般说来，投保人申请复效较重新购买一份新的保险单更为有利。首先，由于被保险人年龄增大，新保险单的费率一般较旧保险单高；其次，新的保险单要在合同生效一两年后才会有现金价值。

六、自杀条款

自杀条款一般规定：在保险合同生效后的一定时期内（一般为一两年），被保险人因自杀死亡属于除外责任，保险人不给付保险金，仅退还保单现金价值。在此规定时期之后被保险人因自杀死亡，保险人要承担保险责任，按照约定的保险金额给付保险金。

采用自杀条款主要是为了避免蓄意自杀者通过保险方式谋取保险金，防止道德风险的发生。但一般认为蓄意自杀意图通常不能持续较长时间并最终实施，因而被保险人在投保一两年后自杀可认定为非恶意投保。所以，为切实保障投保人及受益人的利益，对于规定时期以后的自杀行为，保险人同样向受益人给付保险金。

我国《保险法》第 44 条规定：“以被保险人死亡为给付保险金条件的合同，自合同成立或者合同效力恢复之日起二年内，被保险人自杀的，保险人不承担给付保险金的责任，但被保险人自杀时为无民事行为能力人的除外。保险人依照前款规定不承担给付保险金责任的，应当按照合同约定退还保险单的现金价值。”

所谓自杀，是指主观上明知死亡的危害结果，而客观上仍然实施了终结自己生命的行为，并导致死亡的结果。只有同时具备主客观两个条件，才能认定为自杀。因此误服毒药、玩枪走火，不能认定为自杀。同时，无民事行为能力人因为主观条件无法成立，因此其终结自己的生命，保险人仍应承担保险责任。

七、不丧失价值条款

不丧失价值条款规定，长期寿险合同的投保人享有保险单现金价值的权利，不因保险合同效力终止而丧失。

现金价值实际上是寿险公司在投保人退保时应退还的部分责任准备金，基本上由均衡保费制下投保人早期超缴的保费、储蓄保费累计所生的利息、生存者利益（即在保险期内死亡的被保险人放弃的保费及利息，由生存的被保险人来享受）三项来源构成。在实务中，除定期死亡保险外，每一张长期保险单在积累保费一段时间后，都会形成现金价值。我国《保险法》规定，当人身保险合同因各种理由提前终止时，保险人均应退还保险单现金价值。

人身保险合同中规定不丧失价值条款，实际上是保障投保人的利益。从来源上说，现金价值虽然由保险人运用和保管，但所有权仍应为投保人所有，相当于投保人在保险人处的储蓄（不发生给付的情况下）。为使投保人明了现金价值数额，人身保险合同中一般附有现金价值表。

在人身保险合同有效期限内，如果投保人不愿意或没有能力继续缴费时，投保人有权根据保单中规定的不丧失价值条款规定，选择有利于自己的方式来处理保单的现金价值。条款中规定的常见选择权包括下述几种：

（1）办理退保，领取退保金。

投保人停止缴费时，可以选择退保，并以现金方式领取退保金，但是投保人在退保时获得的净现金价值不完全等于保单中所列明的现金价值。保险人要在现金价值基础上对累计红利、增额缴清保险的现金价值、预缴保费以及保单贷款等因素进行调整。

（2）申请办理减额缴清保险。

办理减额缴清保险是指当投保人停止缴付保费后，投保人可以选择办理缴清保险来延续保险保障。减额缴清保险是以保单所累积的净现金价值作为趸缴保费购买与原保单设计相同的保险，但不包括所有的附加险和补充给付。保费根据申请办理时的被保险人的年龄计算。减额缴清保险的保险责任和保险期限与原保单一致，但其保险金额的大小由保单的净现金价值大小决定。

（3）申请办理展期定期保险。

办理展期定期保险是指当投保人停止缴付保险费后，投保人可以选择展期保险来延续保险保障。展期定期保险是以保单所累积的净现金价值作为趸缴保费购买与原保单具有相同保额的定期保险，保险期限的长短取决于保险金额、净现金价值、被保险人的性别以及投保人申请办理时被保险人所达到的年龄。

小资料

我国《保险法》体现的不丧失价值条款内容

第三十七条　合同效力依照本法第三十六条规定中止的，经保险人与投保人协商并达成协议，在投保人补交保险费后，合同效力恢复。但是，自合同效力中止之日起满二年双方未达成协议的，保险人有权解除合同。

保险人依照前款规定解除合同的，应当按照合同约定退还保险单的现金价值。

第四十三条　投保人故意造成被保险人死亡、伤残或者疾病的，保险人不承担给付保险金的责任。投保人已交足二年以上保险费的，保险人应当按照合同约定向其他权利人退还保险单的现金价值。

第四十四条　以被保险人死亡为给付保险金条件的合同，自合同成立或者合同效力恢复之日起二年内，被保险人自杀的，保险人不承担给付保险金的责任，但被保险人自杀时为无民事行为能力人的除外。

保险人依照前款规定不承担给付保险金责任的，应当按照合同约定退还保险单的现金价值。

第四十五条　因被保险人故意犯罪或者抗拒依法采取的刑事强制措施导致其伤残或者死亡的，保险人不承担给付保险金的责任。投保人已交足二年以上保险费的，保险人应当按照合同约定退还保险单的现金价值。

第四十七条　投保人解除合同的，保险人应当自收到解除合同通知之日起三十日内，按照合同约定退还保险单的现金价值。

小资料

每 1 000 美元的最低不丧失价值

（根据 1980CSO 生命表，利率为 7.5%，普通寿险，男性，35 岁）

年末	现金价值（美元）	缴清保险（美元）	展期定期保险	
			年	天
1	0	0	—	—
5	14	112	3	295
10	56	344	10	64
15	108	517	13	28
20	171	646	13	343

资料来源：肯尼思·布莱克，哈罗德·斯基博．人寿与健康保险．北京：经济科学出版社，2003：236.

八、保单贷款条款

保单贷款条款的基本内容是：人寿保险合同生效满一定时期（一般为一两年）后，投保人可以保单为质押向保险人申请贷款，贷款金额一般以该保单的现金价值的一定比例为限，投保人应按期归还贷款并支付利息。如果在归还本息前发生了保险事故或退保，保险人则从保险金或退保金中扣还贷款本息。当贷款本息达到现金价值的数额时，保险合同即终止。保单贷款实际上是提供给投保人融通资金的机会，借以提高寿险保单的使用价值，激励投保人投保。而对保险人来说，利用保单贷款，可以有一定的利息收入，同时维持了保单的续保率，因而具有储蓄性的人身保险合同大多有贷款条款的规定。

相关链接

巧用保单贷款救急

保单贷款的金额一般按照保单条款订明的现金价值的一定比例确定，如70%、80%。由于保单的现金价值随保单的期限延长而增加，因而其可贷金额也随时间的变化而增加。按照中国人民银行的规定，保单贷款的期限不得超过6个月，利息参考银行同期贷款利息每月累计。巧用保单贷款可以满足客户的一时现金之需，见下例：

朱女士近日因生意周转急需现金，在别人的提示下，想到了自己的一份寿险保单可以进行质押贷款。朱女士投保该险种已经有5年了，当时所投的保险金额为20万元。按照保单规定，只要保单在有效期内，并且累积有现金价值就可以用来申请贷款，贷款金额最高为当时现金价值的70%。目前，朱女士保单的现金价值已达50 400元，可贷到35 280元。该保单的贷款年利息为6.14%，假设朱女士贷款6个月，则要支付35 280×6.14%/2=1 083（元）的利息。在贷款期限内，朱女士仍然享有保障权益。

九、保单质押转让条款

寿险保单的投保人可以将保单的某些权益转让给银行或其他债权人，为借款提供担保，这被称为保单质押转让，这也是寿险保单发挥有价证券功能的另一种方式。经过保单质押转让，质押权人即债权人享有了保单的一定权利，如在被保险人死亡时获取已转让权益的以债权金额为限的那一部分保险金，或行使退保权利，可取得退保金或现金价值。需要注意的是，在寿险保单质押转让中，对于投保人，其义务一般不变，仍有缴纳保费的义务。为了保障被保险人的生命安全，我国《保险法》规定，包含死亡保险金支付条件的寿险保单转让必须经被保险人同意。保险人在保单质押转让中也起着重要作用，保单质押转让必须通知保险人，并在保险人处存档备案。

十、自动垫缴保费条款

自动垫缴保费条款的基本内容是：保险合同生效满一定时期（通常是两年）后，如果投保人过了宽限期仍没有缴纳保费，保险人则自动以保单的现金价值垫缴保费，在垫缴保费期间如果发生了保险事故，保险人从应给付的保险金中扣除垫缴的保费和利息。当垫缴的保费和利息超过了保单的现金价值时，保险合同中止，保险人向投保人或被保险人发出保险合同效力中止的书面通知。

自动垫缴保费条款设计的目的是维持保险合同的效力，当合同存在现金价值，并在合同条款中列有自动垫缴保费条款时，保险人在投保人逾宽限期不缴费的情况下才会自动垫缴。

相关链接

某保险公司自动垫缴保费条款示例

第二期以后的分期保费超过宽限期仍未缴付的，若投保人在投保书中选择同意保费自动垫缴，本公司将以宽限期届满时本合同的现金价值自动垫缴投保人应付的保费及利息，使本合同继续有效。若发生保险事故或退保，本公司应从给付的保险金中扣除自动垫缴的保费和利息。

本合同当时的现金价值不足垫缴一期的保费及利息的，本公司将现金价值按日折算垫缴期间。垫缴期间不足一日的，本合同的效力自次日零时起中止。若本合同有附加合同，保费的自动垫缴也包括附加合同的保费。

十一、保证加保选择权条款

保证加保选择权是保险人给予投保人的一项选择权利。该条款允许投保人在将来某个日期申请增加人身保险合同的保险金额，而无须提供可保性证据。如果投保人因为缴费能力原因现在无法购买充足的保额，合同中的该条款就可以保证其在将来有能力时无论其健康状况如何而用标准保费来提高保额，该权利类似一种期权。一般条款中规定的加保选择权可能在两种情况下行使：(1) 被保险人在一个规定的年龄（如 45 岁）之前，投保人可在一些合同特定的对应生效日（如每隔三年一次）行使该权利，为防止逆选择，每次加保所能购买的保险金额只限于原保险保额的一定比例，而且有最低和最高金额的限制；(2) 在被保险人结婚或者生育子女的特殊事件发生时，可申请加保。

十二、保费豁免条款

保费豁免条款是指在人身保险合同规定的某些特定情况下，保险公司同意豁免投保人缴纳未到期的保费的义务，而保险合同继续维持原有效力的一种人性化的条款。保费豁免最早出现在少儿险中，当作为投保人的父母遭遇不幸丧失工作能力时，没有经济收入的孩子仍可继续获得保险的保障。对成年人保险而言，当被保险人在缴费期内因为意外、疾病等原因导致重残或完全丧失工作能力时，投保人就可以免缴其后的保费，被保险人保障权益仍然有效。

不同险种中保费豁免的具体内容千差万别，并非所有伤残都符合豁免条款条件，构成保费豁免条件的伤残必须符合合同规定的范围。而保费豁免条款也不是终身有效的，如被保险人年满 65 周岁，以及被保险人恢复部分工作能力并能够工作和生活，只要满足其中任何一个条件，保费豁免就有可能中止。

本章小结

人身保险合同作为保险合同的一种特殊类别，一般并不适用损失赔偿原则，但最大诚信原则、保险利益原则和近因原则都是适用的。而在医疗保险合同中，如果保险条款有明确规定，也可适用损失赔偿原则。人身保险合同在长期实践中形成了一系列常用的标准条款或选择性条款，如不可争条款、宽限期条款、中止和复效条款、不丧失价值条款等，要全面了解人身保险合同双方的权利和义务，则有必要掌握这些常用条款。

重点概念

如实告知义务	如实说明义务	保险利益	近因
不可争条款	宽限期条款	中止和复效条款	自杀条款
不丧失价值条款	减额缴清	保单贷款	保单质押转让
加保选择权			

复习思考题

1. 思考题

（1）什么是最大诚信原则？它的主要内容有哪些？

（2）解释人身保险合同规定的保险利益。

（3）什么是不可争条款？为何要在人寿保险合同中规定不可争条款？

（4）请分析若投保人不缴纳续期保费，对保单效力会有什么样的影响。

2. 案例分析题

（1）2012 年 9 月，陈先生与中国人寿保险公司上海分公司签订了一份寿险合同，约定陈先生为投保人和受益人，被保险人为出生 1 个月的女儿，保险金额为 2 万元。陈先生当即给付保险公司年保费 1 600 元。同年 12 月，陈先生带女儿去医院就诊，被诊断为婴儿肝炎综合征，但在 2013 年 1 月 3 日出院时，又被诊断为“先天性胆道闭锁”，同年，陈先生的女儿不幸去世，死亡推断书上确定的死亡原因是“先天性胆道闭锁”。陈先生向保险公司申请理赔，保险公司以“投保人在投保时没有在投保单上如实填写被保险人的健康状况”为由予以拒绝。陈先生将保险公司告上法庭，要求支付保险金人民币 2 万元。

问题：1）请分析陈先生有无违反如实告知义务。

2）保险公司能否拒绝给付保险金？（请根据现行《保险法》分析）

（2）小学生张某，男，11 岁，2011 年初参加了学生团体平安保险，保险期限为当年 3 月 1 日至次年 2 月 28 日。当年 10 月 5 日，张某在家附近的一幢住宅楼施工工地玩耍，被突然从楼上掉下的一块木板砸中头部，当场身亡。有人认为保险公司应先给付张某死亡保险金，然后向造成这起事故的施工单位索要与此等额的赔偿金。

问题：1）请问保险公司是否应对张某的死亡给付保险金？

2）如果保险公司给付了保险金，能否向施工单位进行代位追偿？

(3) 楚某有两个儿子，楚A已婚，楚B因残疾一直未婚。2001年11月10日，楚A从某保险公司了解到可以为自己的父母办理人寿保险，遂与楚某商议，楚某考虑到楚B在自己死后难以维持生计，就指定楚B为受益人。次日，楚A到保险公司为其父办理了人寿保险，期限为5年，保额为1万元。2008年5月楚某因病住院，楚A未经楚某同意将保单交给邻居姜某做质押，借款5 000元。2008年7月，楚某医治无效死亡。姜某找楚A要求归还借款，楚A不还。姜某遂到保险公司要求给付保险金1万元。保险公司认为姜某不是受益人，无权领取保险金，同时通知楚B持保单来领取保险金。楚B向姜某索要保单，姜某以保单为质押物为由，拒绝归还，声称如要归还须用保险金归还借款。法院受理此案后通知楚A参加诉讼，楚A称1万元为遗产，要求继承一半份额。

问题：1）楚A有权出质该份保单吗？

2）该保单出质是否有效？姜某有权向保险公司请求支付保险金吗？

3）楚A的要求是否合理？保险金到底该如何给付？

3. 实训题

某公司于2015年6月20日签发给王某一张经其妻马某同意、以其妻为被保险人的、保额为20万元的终身寿险保单，当日王某签收保单，保单规定犹豫期为15日。该保单王某选择年交保费4 500元，缴费期限20年。

要求：就该保单，请回答以下问题：

(1) 犹豫期到期日为哪天？

(2) 第二年缴费对应日为哪天？

(3) 如果第二年王某未缴费，则宽限期截止日为哪天？

(4) 王某有权提出合同复效申请的时期为哪天？

(5) 该合同如果未申请复效，则其合同效力终止日为哪天？

第五章　人寿保险产品

章前引例及分析

市场上的“新宠”——万能寿险

2015年，我国人寿保险市场上的万能人寿保险费率改革全面启动，取消了最低保证利率不得超过2.5%的限制，万能寿险逐渐成为银行利率下行背景下颇受投资者青睐的理财标的，保险销售量一路狂飙。出现这种势头是因为万能寿险具有收益率优势，在银行利率进入下行周期的背景下，理财产品的收益率迅速下降，市场上的万能寿险年化收益率要普遍高于存款利率、银行理财收益率、传统年金和分红的实际收益率。从2016年7月的数据来看，银行一年期存款利率进一步下行，仅为1.5%，前几年火热的余额宝七日年化收益率已从最高点降至2.4%，分红险和三个月理财产品的收益率分别为3.5%和4%，而万能寿险的结算收益率平均值为4%～6%，明显高于前四个品种，在此背景下，万能寿险成为个人投资者的“新宠”。许多中小险企将万能寿险的年化收益率定在7%左右，使得这些保险产品销售火爆，一险难求的氛围愈演愈烈。

不过，自2016年9月起，监管层开始加强对万能寿险的风险管理，也令此类产品“短钱长投”等风险点暴露出来。那么，万能寿险的主要风险点到底是什么？投资者该遵循何种原则配置万能寿险？

业内专家分析

万能寿险的风险点在于：首先，实际收益或有折扣。万能寿险都有保底收益，但高于保底收益的部分是不确定的。其次，投资收益并非立竿见影。消费者要仔细阅读保险条款中关于费用的部分，知晓前期账户收益部分会被一些费用抵消，产品需要持有一段时间才能真正产生收益。此外，存在退保风险。由于买万能寿险需要扣除初始费用、风险管理费等诸多费用，前几年保单个人账户价值非常低，如果退保，损失非常巨大。

理财专家分析

万能寿险虽然是一种兼具投资与保障功能的产品，但并不是人人都适合。

首先，万能寿险适合长期持有。对于具有一定财力基础、有资产传承需求的人来说，万能寿险是很好的选择。由于家庭中的子女越来越多，必将涉及父母去世后的遗产分配问题，而万能寿险可以设立多个受益人，并可调整资产分配额度，因此购买万能寿险不失为一种很好的选择。不过，万能寿险是一个相对复杂的产品，对消费者素质有更高的要求。每一单万能寿险在后边都标注有万能型提示，消费者购买时要保持谨慎，做好长期持有的准备。

其次，万能寿险不适合年龄大的投资人。由于万能寿险的风险保额实行自然费率，这种费率的扣除方式是随着被保险人的年龄增长而加速递增。并且，万能寿险是只有通过长期投资才能见效益的险种，短期投资很难见到收益。"50 岁以上的人士尽量不要购买万能寿险，甚至也不鼓励 40 岁以上的人士购买万能寿险，60 岁以上的人士更加不提倡了，因为这类人买其他品种的保险反而更合适。"某理财专家分析道。

具体来说，具备下述特点的人群适合投资万能寿险：有稳定持续的收入；有一笔富余资金且长期内没有其他投资意向；有一定的投资和风险承受意识，但又没有时间和精力进行其他投资；对万能寿险的收益回报有中长期准备（所谓中长期，至少应在 5 年以上）。

另外，投资万能寿险应注意一些细节。比如，除了通常要扣除的初始费用、风险保险费、保单管理费、账户管理费之外，有的保险公司还要收取部分领取手续费等。其中，初始费用所占比例为 50%，风险保险费及保单管理费为每月收取。又如，产品说明书中关于未来收益的测算是描述性的，最低保证利率之上的投资收益是不确定的，利益演示也包含高档、中档、低档及单利、复利之分，投保人须明辨。

本章学习目标

通过本章的学习，你应该能够：

1. 明确人寿保险的概念、特征和业务种类。
2. 掌握普通人寿保险的种类和内容。
3. 明确年金保险的特殊性。
4. 把握新型人寿保险的主要险种和承保范围。

第一节　普通人寿保险产品

在我国改革开放初期，当普通百姓对"商业保险"这个西方国家的舶来品还处于懵懂的认识状态时，人寿保险营销制度的实施唤起了国人的保险意识，激发了人们的保险热情，使长期受计划经济禁锢的人身保险在中国得到解放。1989 年，我国人身保险保费收入仅占总保费收入的 10%，到了 1998 年，人身保险的迅速发展，使人身保险保费收入占总保费收入的比重达到 56%，年平均增长率超过 60%，保险业成为我国发展最快的行业之一。近几年，我国的人身保险业务增长速度有所放缓，但是，我国保险业务的整体增长水平远远超过国民经济的发展水平。

截止到2015年底，我国原保费收入24 282.52亿元，同比增长20.00%。

一是产险公司原保险保费收入8 423.26亿元，同比增长11.65%；寿险公司原保险保费收入15 859.13亿元，同比增长24.97%。产险业务原保险保费收入7 994.97亿元，同比增长10.99%；寿险业务原保险保费收入13 241.52亿元，同比增长21.46%；健康险业务原保险保费收入2 410.47亿元，同比增长51.87%；意外险业务原保险保费收入635.56亿元，同比增长17.14%。产险业务中，交强险原保险保费收入1 570.98亿元，同比增长10.74%；农业保险原保险保费收入374.90亿元，同比增长15.08%。另外，寿险公司未计入保险合同核算的保户投资款和独立账户本年新增交费8 324.45亿元，同比增长97.91%。

二是赔款和给付支出8 674.14亿元，同比增长20.20%。其中，产险业务赔款4 194.17亿元，同比增长10.72%；寿险业务给付3 565.17亿元，同比增长30.67%；健康险业务赔款和给付762.97亿元，同比增长33.58%；意外险业务赔款151.84亿元，同比增长18.24%。

三是资金运用余额111 795.49亿元，其中主要是人寿保险资金。

上述数据显示，我国的人寿保险无论是保费收入水平还是增长速度都超过财产保险。

在我国人寿保险市场上，销售的产品主要可以分为具有保额确定、保费确定和收益率确定三大基本特征的普通人寿保险产品以及保额可变、缴费灵活和收益率可调的新型人寿保险产品两大类型。本节我们介绍普通人寿保险产品。

知识库

普通人寿保险小知识

在人身保险的发展历史中，最早产生的品种是人寿保险。人们曾经认为，死亡是最大的人身风险，因而早期的人寿保险主要是为死亡者的亲属提供保障，最初的人寿保险专指死亡保险。然而，人们更希望生存、希望长寿。由于生存和长寿需要生活费用，所以，人生中不确定的费用支出实际上也是一种风险，为此，后来又出现了生存保险，以及将死亡保险与生存保险相结合的两全保险。

一、死亡保险

死亡保险是以被保险人死亡为给付保险金条件的保险。死亡保险按照保险期限的不同分为定期寿险（定期死亡保险）和终身寿险（不定期死亡保险）。

（一）定期寿险

定期寿险提供特定期间的死亡保障。按特定期间表示方式的不同，它可以分为以特定的年数表示（如5年期）和以特定的年龄表示（如保至50岁）。无论以哪种方法表示期间，只有被保险人在保险有效期内死亡，保险人才承担保险金给付责任。如果被保险人生存至保险期限届满或合同约定的年龄，保险合同即告终止，保险人不承担任何给付责任。

1. 定期寿险的特点

定期寿险大多期限较短，不具备储蓄因素，没有现金价值，保费比较低。因此，它适宜于低收入阶层，家庭经济负担较重且有保险需求的人投保。除此之外，偏重死亡保障的人也适宜于投保定期寿险。

2. 定期寿险的局限性

第一，定期寿险大多不具备储蓄因素，投保人不能获得保险与储蓄的双重好处，对于偏重储蓄的人则是一个限制。

第二，当投保人对保险保障的需求超过特定期间而又需要保障时，可能因其变为不可保体而永远丧失保险保障，也可能由于被保险人的年龄增大、保险费率过高而无力负担昂贵的保费，被排除在保险保障之外。

相关链接

某保险公司的定期寿险产品实例

(1) 险种特色：低廉的保费投入，高额的身价定期保障，灵活满足各种不同保障需求的客户群。

(2) 保险责任：被保险人一年内因疾病身故，身故保险金为保险单上载明的本合同保险金额的10%与投保人累计所缴的本合同保险费（无息）之和；被保险人因遭受意外伤害身故或一年后因疾病身故，按本合同保险金额向受益人给付身故保险金，本合同终止。

(3) 产品特征：投保年龄为16周岁至60周岁；保险期间分为10年、20年、30年三种。

(4) 缴费期间：分别为趸缴或者同保险期间（分别为10年、20年、30年）。

举例说明：王先生30岁投保“吉祥相伴定期保险”50万元。若考虑不同的保障期，保费缴纳情况如下表所示。

保费缴纳表

保险期间	趸缴保费	年缴保费
10年期	6 080元	725元/年
20年期	18 000元	1 220元/年
30年期	40 725元	2 040元/年

（二）终身寿险

终身寿险是一种不定期的死亡保险。保单签发后，被保险人在任何时候死亡，保险人都给付保险金。由于“人固有一死”，因此终身寿险的给付必然会发生，受益人始终会得到一笔保险金。终身寿险的保险单都具有现金价值，带有储蓄性。

1. 终身寿险的特点

（1）从投保范围看，凡16～65周岁、身体健康者均可作为被保险人，将本人或对其具有保险利益的人作为投保人投保本保险。

（2）从保险责任看，在合同有效期内被保险人身故，保险人按保险单上载明的保险金额给付身故保险金，合同终止。

（3）从责任免除看，下列原因造成的被保险人死亡或伤残，保险人不负责：投保人对被保险人进行故意伤害；被保险人故意自伤；被保险人吸食或注射毒品；战争等军事行为；核辐射和核爆炸；合同生效或复效两年内自杀；被保险人酒后或无证驾驶等。

（4）从保费的缴付方式看，分为趸缴、年缴和半年缴，分期缴付保险费的缴费期间又分为5年、10年、15年和20年，由投保人在投保时选择。

2. 终身寿险的类型

终身寿险按其保费缴纳的方法可分为以下三种类型：

（1）连续缴费的终身寿险。又称普通终身寿险，这是投保人一直缴费至被保险人死亡为止的终身寿险，只要被保险人活着，就得继续缴费。不过习惯上，若被保险人已届生命表的“最终年龄”，保险人将自动放弃此后的保险费，并给付全额的保险金。

（2）限缴保费的终身寿险。该险种与普通终身寿险类似，只是保费限定在特定期间内缴付。特定期间可以是特定的年数，也可以是特定的年龄。特定期间的表示方法以及缴费期的长短可视投保人的需求及具体情况而定。它适宜于收入期间有限而又需要长期死亡保障的人投保。

（3）趸缴保费的终身寿险。这是指投保人在投保时一次将全部保费缴付完毕的终身寿险。趸缴保费的终身寿险具有较高的储蓄性，因此，对于偏重储蓄的人较有吸引力。在国外，它还常被用来抵消遗产税。

比较以上三种终身寿险，就储蓄性而言，趸缴保费的终身寿险＞限缴保费的终身寿险＞连续缴费的终身寿险；就保障性而言，连续缴费的终身寿险＞限缴保费的终身寿险＞趸缴保费的终身寿险。

相关链接

终身寿险产品实例——泰康世纪长乐终身寿险（分红型）

（1）险种特色：本保险集高额身故保障与投资理财于一身，终身分红，提供减额缴清、保险合同贷款、保费自动垫缴等超值服务，客户利益可以得到保障。

（2）保障利益：被保险人因疾病或意外伤害而身故，受益人获得保险单所列明保险金额作为身故保险金，本合同终止。

（3）产品特征：投保年龄为0岁（出院且出生满30天）～65周岁；缴费方式为趸缴、5年/10年/15年/20年/25年/30年缴或年缴至55周岁/60周岁/65周岁任选；保险期间为终身。

举例说明：王先生，30 岁，购买泰康世纪长乐终身寿险（分红型），保险金额 10 万元，选择 20 年缴费，年缴保费 3 100 元。王先生所拥有的利益及保障如下表所示。

保单红利

保险合同年度和年龄		保单现金价值（元）	累计红利（元）		
年度	年龄（岁）		低	中	高
30	60	49 200	13 298	36 453	51 890
40	70	63 300	25 306	68 752	97 716
50	80	76 500	43 068	115 457	163 716
60	90	86 500	68 390	180 991	256 057
75	105	97 900	124 820	326 706	461 297

注：（1）红利水平采用低、中、高档进行演示，不作为对本公司未来业绩的预期。实际的红利水平由公司的经营状况确定。

（2）身故保障：若王先生不幸因疾病或意外伤害而身故，受益人可领取身故保险金 10 万元，本合同终止。

二、生存保险

生存保险是指被保险人生存至保险期满，保险人给付保险金的一种人寿保险。生存保险与死亡保险恰好相反，保险金的给付是以被保险人在期满时生存为条件，如果被保险人中途死亡，则保险人既不给付保险金，也不退还已缴的保费。这种纯粹的生存保险在现实业务中一般不作为单独的保险形式推行。

三、两全保险

两全保险是被保险人无论是在保险期内死亡还是生存至保险期满，保险人都给付保险金的一种人寿保险。两全保险的期间可以特定的年数或特定的年龄来表示，如 5 年、10 年、20 年或到被保险人 60 周岁、70 周岁。由于人非生即死，被保险人不是在保险期内死亡就是生存至期满，因此，与终身寿险相似，受益人始终会得到一笔保险金。

（一）两全保险的特点

1. 责任全面

两全保险是普通寿险业务，不仅可以保障被保险人生存的需要，而且可以解决由于被保险人死亡给家庭经济生活带来的困难。它是生存保险和死亡保险结合的产物。

2. 费率高

两全保险既保生存又保死亡，一旦投保，给付必然会发生。两全保险的保费既有保障的因素，又有储蓄的因素，而且储蓄因素占主导。因此，除了长期两全保险与终身寿险的费率差别不大外，短期两全保险比其他寿险的费率高得多。从精算角度来讲，两全保险的保费等于定期寿险与生存保险的保费之和，不适宜经济负担能力差的人投保。

3. 保险金额分为两部分

两全保险的保额分为保障保额和储蓄保额。保障保额随保单年度的增加而减少，直至期满消失；储蓄保额则随保单年度的增加而增加，期满时全部为储蓄，即保额的变化规律为“保障递减，储蓄递增”。

（二）两全保险的主要形态

1. 普通两全保险

这是一种单一保额的两全保险，即不论被保险人是在保险期内死亡还是期满生存，保险人给付的保险金均相同。例如，某人投保保额为5万元、保期为10年的普通两全保险，则无论被保险人是在10年内死亡，还是生存至第10年年底，本人或其受益人均可领到5万元的保险金。一旦保险人履行了给付义务，保险合同即告终止。

2. 期满双倍两全保险

这种保险的被保险人如果生存至期满，保险人给付保险金额的两倍，如果在保险期内死亡，则只给付保险金额。

3. 两全保险附加定期寿险

如果投保这种保险的被保险人生存到保险期限届满，保险人按保险金额进行给付；如果被保险人在保险期内死亡，保险人则按保险金额的多倍进行给付。因此，这种保险侧重于对被保险人家属经济生活的保障，较适宜家庭生计的主要负担者投保。

4. 联合两全保险

这种保险承保两人或两人以上的生命，在约定的期限内，任何一人最先死亡，保险人给付全部保险金，保险合同终止。若期满时联合投保人全部健在，也给付全部保险金。这种保险适宜于家庭投保。

相关链接

两全保险产品实例——某寿险公司两全保险简介

（1）险种特色：本保险兼具保险与储蓄双重功能；生存保险金每隔三年给付一次；提供残疾与疾病保障，奉送分红利益。

（2）保险责任：

1）生存保障。保单生效后每满三年被保险人生存，本公司按保险金额的9%给付生存保险金，直至被保险人身故。

2）祝寿金。被保险人生存到66周岁，本公司按保险金额一次性给付祝寿金，其他保险责任继续有效。

3）身故保险金。被保险人于合同生效一年内因疾病身故，按保险金额的10%给付身故保险金，并无息返还所缴保费，合同效力终止。被保险人于合同生效一年后至年满66周岁之前因疾病导致身故，按保险金额的两倍给付身故保险金，合同效力终止。被保险人于年满66周岁之前因意外伤害导致身故，按保险金额的两倍给付身故保险金，合同效力终止。被保险人于年满66周岁以后因意外伤害或因疾病导致身故，按保险金额给付身故保险金，合同效力终止。

（3）附加利益：

1）保单年度红利。每年根据分红保险业务状况核算红利分配，增加本合同的保险金额。

2）保单终了红利。第一，被保险人在合同生效一年后身故，根据分红保险业务状况核算红利分配，以体恤金的形式增加身故保险金。第二，合同生效一年后，因上述以外的其他原因导致合同终止，根据分红保险经营状况核算，若有红利分配，以特别红利的形式增加本合同的现金价值。

第二节　年金保险

一、年金保险的含义及作用

（一）年金的概念

年金是有规则地定期收付一定款项的方法，即每隔一定的时间（如一年、一个季度、一个月等），有规则地收付款项。

在日常经济生活中，年金随处可见。如银行的零存整取业务就是一种年金，对于存款者而言是支出年金，对于银行而言是收入年金。又如单位每月向职工发放工资，若月工资固定不变，对单位而言就是支出年金，对职工而言就是收入年金。年金并非总以年为周期收付款项，实际上，月、季、半年等都可以成为年金的周期，不过一般以年为周期。

（二）年金保险的概念

年金保险是按年金的方法支付保险金的一种生存保险，即按合同的规定，在被保险人生存期间，每隔一定的周期支付一定的保险金给被保险人。在年金保险中，领取年金的人称为年金受领人，保险人定期给付的金额称为年金领取额（或称年金收入），投保人缴付的保费称为年金购进额（或称年金现价）。

 **知识库**

年金与年金保险的区别

人们在习惯上往往将年金保险称为年金，但是从严格意义上讲，二者是有区别的：年金是大概念，而年金保险只是年金的一种。年金的收付有确定的期间，与收付款者的生命无关，而年金保险的给付期取决于被保险人的生命，人的生死事先是不能预料的，因而其给付期是不确定的。为区别二者，有时称前者为确定年金，称后者为不确定年金或生命年金。

（三）年金保险的作用

年金保单具有现金价值，年金收入中不仅包括了投保人缴付的本金和利息，还包括了期内死亡者的利益；同时，年金保险的保费采取按年、月缴付的方式，可以缓解支付压力，保证被保险人的生活需要。基于上述优势，参加年金保险的主要作用就是为老年生活提供保障，为未成年人成长、学习、创业、婚嫁积累资金，年金保险也可以作为一种安全的投资方式，获得税收上的优惠。

二、年金保险的特征

（一）年金保险的特点

（1）年金保险是生存保险的特殊形态，表现在：保险金的给付采取年金方式，而非一次性给付。

（2）年金保险保单有现金价值，其现金价值随保单年度的增加而增加，至缴费期结束时，现金价值为最高。

（3）年金保险有积累期（或缴费期）和清偿期（或给付期）的规定，有的年金保险还有等待期的规定。积累期是指年金保险资金积累时期或投保人分期缴纳保费的期间；清偿期是指保险人向年金受领人给付年金的期间；等待期是指缴费结束后至开始给付保险金的期间。

（二）年金保险与普通人寿保险的区别

1. 保险金给付条件不同

在普通人寿保险中，以被保险人的死亡作为给付保险金的条件，而在年金保险中则以被保险人或年金受领者生存作为给付保险金的条件。

2. 保险保障的功能不同

普通人寿保险的主要功能在于为受益人积累资金，提供抚养遗属的费用，年金保险则是积累资金以供被保险人养老之用。

3. 承保方式不同

由于年金保险对保险人而言承担的是生存风险，因此，在承保时保险人对被保险人的健康等核保事项要求不严。在死亡保险中，为了更好地控制死亡率，防止逆选择，除了要求被保险人进行严格的体检外，保险人还需要考虑被保险人的职业、健康、居住环境甚至个人的嗜好等。

4. 承保的风险性质不同

普通人寿保险承保死亡风险，被保险人随着年龄增加，死亡率也逐渐增加，保险人支付保险金的概率也增加；年金保险是为了分摊被保险人因为生存过久需要大额养老费用的经济负担，随着被保险人年龄的增加，保险人支付年金的概率降低。

5. 保险期限的内涵不同

在普通人寿保险中，保险人只对保险期间发生的保险事故承担保险责任，保险期满，保险合同终止。在年金保险中，除了即期年金外，都有一个积累期和清偿期。年金保险的保险期限届满并不是合同的终止日期，而是合同积累期满日，除了一次性领取外，合同则进入了清偿期，只要被保险人生存，保险人就要承担给付责任。

三、年金保险的分类

（一）按年金给付的期限分类

年金保险按年金给付的期限可分为定期年金保险和终身年金保险。

1. 定期年金保险

定期年金保险是指在合同规定的期限内，被保险人如果生存，保险人按期给付约定的年金；若期限届满或被保险人在约定的期限内死亡，则保险人停止给付（以两者先发生的日期为准）。

2. 终身年金保险

终身年金保险是指年金的给付没有期限的规定，保险人给付年金额至被保险人死亡时为止。

 **相关链接**

某寿险公司养老年金保险条款简介

(1) 保险功效：领取养老金、祝寿金，安享晚年；身故保障，关怀家人；保单贷款，方便、灵活。

(2) 保险责任：

1) 保障功能。若在约定的养老金领取日之前被保险人身故，按所缴保费与保单现金价值较高者给付保险金；若在约定的养老金领取日之后被保险人身故，按所缴保费（不计利息）给付保险金。

2) 养老功能。在约定的养老金领取日及以后被保险人生存，每年按保险金额的10%给付养老金，直至被保险人身故。

从养老金开始领取日起，只要被保险人生存，每10年，按保险金额的50%给付一次敬老祝寿保险金，并且每次的给付在上一次给付的基础上按保险金额的50%增加。

(3) 附加利益：保单借款，最高借款金额不得超过保单当时的现金价值。

(4) 投保范围：凡65周岁以下、身体健康者均可作为被保险人。

(5) 养老金开始领取日：开始领取养老金的年龄分为45周岁、50周岁、55周岁、60周岁和65周岁五种。

（二）按给付是否有保证分类

年金保险按年金给付是否有保证可分为有保证年金保险和无保证年金保险。

1. 有保证年金保险

有保证年金保险是为防止被保险人在领取年金的早期死亡所带来的损失而设计的年金品种，具体分为两种：一种是期间保证年金，是指无论被保险人寿命长短，年金的给付都有一个保证期，若被保险人在保证期内死亡，保险人继续给付年金于其受益人，直到保证期届满时为止；另一种是金额保证年金，是指如果被保险人死亡，当其所领的年金数额不足所缴的年金现价时，余下的由其受益人领取。

相关链接

有保证年金保险产品实例——某寿险公司养老保证年金保险简介

（1）险种特色：无论被保险人是否生存，自领取开始，保证领取20年；月领方式满足广大客户的养老需求心理；保全本金收益，放心规划养老；缴费期间及领取年龄选择多样，灵活满足客户的养老规划需求。

（2）保障利益：

1）身故给付。在合同约定的领取养老金日期前，被保险人身故，本公司将向受益人给付身故保险金，本合同终止。身故保险金在以下两个金额中取较高者：

第一，被保险人已经缴纳的本合同保费无息累计之和。

第二，被保险人身故日的本合同现金价值。

2）生存给付。若被保险人生存至养老金领取日，本公司将每月按保险金额的1%向被保险人给付年金，无论被保险人是生存还是身故，保证支付20年。20年给付期满，本合同终止。

（3）产品特征：投保年龄为18周岁至60周岁，领取年龄分为50周岁、55周岁、60周岁。保险期间是至年金领取年龄后20年，缴费期间可以为趸缴或3年、5年、10年、15年、20年缴。

案例说明：

35岁的小王投保该寿险公司养老保证年金保险，购买了10份（每月领取1 000元）。按照不同的领取年龄及缴费期，其收益情况如下表所示。

领取时间	总投资回报率	缴费累计	领取累计
50岁	36.87%	每年缴费：11 690元	每年领取：12 000元
		缴费年期：15年	领取年期：20年
		总计投入：175 350元	总计领取：240 000元
55岁	50.38%	每年缴费：7 980元	每年领取：12 000元
		缴费年期：20年	领取年期：20年
		总计投入：159 600元	总计领取：240 000元
60岁	75.95%	每年缴费：6 820元	每年领取：12 000元
		缴费年期：20年	领取年期：20年
		总计投入：136 400元	总计领取：240 000元

2. 无保证年金保险

无保证年金保险是指年金给付以被保险人生存为条件，死亡则停止给付。

（三）按给付开始期的不同分类

年金保险按年金给付开始期的不同可分为即期年金保险和延期年金保险。

1. 即期年金保险

即期年金保险是指投保后经过一个年金支付周期立即开始领取年金，其年金现价采取趸缴的形式。一次缴清年金现价需要的数额较大，一般投保人难以负担，因而即期年金保险通常较少采用。

2. 延期年金保险

延期年金保险是指合同订立后，经过一段时间后才开始进入年金的领取期。延期年金保险通常有两种：一种是缴费期结束后立即进入领取期；另一种是在缴费期结束后先经历等待期再进入领取期。

（四）按被保险人的人数分类

年金保险按被保险人的人数可分为个人年金保险、联合生存者年金保险和联合最后生存者年金保险。

1. 个人年金保险

个人年金保险是指被保险人只有一人的年金，通常这种年金的被保险人就是年金受领人。

2. 联合生存者年金保险

联合生存者年金保险是指两人或两人以上的被保险人联合投保的年金保险。即：当联合被保险人全部生存时，年金全数给付；如果其中任何一个被保险人死亡，保险人即停止年金给付。

3. 联合最后生存者年金保险

联合最后生存者年金保险是指两人或两人以上的被保险人联合投保的年金保险。在约定的给付开始日，只要有一个被保险人生存，保险人就全数给付保险金，直至被保险人全部死亡，保险人才终止给付保险金。

（五）按年金金额是否变动分类

年金保险按年金金额是否变动可分为定额年金保险和变额年金保险。

1. 定额年金保险

定额年金保险是指在年金给付周期中，年金受领人每期领取的年金额都相等。

2. 变额年金保险

变额年金保险是指在年金给付周期中，年金受领人每期领取的年金额随投资收益而变动。变额年金保险是为了克服通货膨胀对长期年金保险的影响而设计的产品。

第三节　特种人寿保险

一、简易人寿保险

（一）简易人寿保险的含义

简易人寿保险是为低收入阶层获得保险保障而开办的险种。它是一种小额的、免验体的两全性质的人寿保险，具有保障性和储蓄性双重作用。它始于英国，在20世纪三四十年代，简易人寿保险的发展达到了鼎盛，曾一度成为英、美等保险发达国家的主要险种之一。由于简易人寿保险具有低保额的特点，它通常是各国寿险公司创业初期广泛开办的险种，当其发展到一定水平和规模时，业务量就会逐渐减少，最后被其他寿险业务淘汰。

（二）简易人寿保险的特点

1. 被保险人免体检

简易人寿保险充分体现了投保此险种的方便性，但是，并不是说对所有的被保险人都不加选择地予以承保。它要求被保险人如实告知健康状况，对不符合健康标准的被保险人将拒绝承保。

2. 低保额

简易人寿保险是为了满足只能负担少量保费的低收入者而设计的，所以，保险金额比较低。

3. 内容简单，容易为投保人所接受

简易人寿保险属于两全保险，保险期限分为5年、10年、15年、20年、25年和30年六档，投保人可以任意选择。保费按份计收，每份的保费金额是相等的。保险金额是根据被保险人所处的年龄段和所选择的保险期限等确定的。

4. 保险费率高于定期寿险

保险费率高于定期寿险的主要原因在于：被保险人未经体检，又是工作环境、生活条件较差的低收入者，死亡率相对较高；保费金额很小，各项业务费用支出大于一般寿险；保单续保率较低。

5. 采取标准化格式

保险期限分为5年、10年、15年、20年等，供投保人选择；保费统一化，保险金额分组化，在简易人寿保险中，投保人不分男女一律按份投保，每份缴纳的保费相同，每份保单的保险金额依据被保险人的年龄组和保险期限而不同。

6. 缴费次数频繁

简易人寿保险的缴费一般为每月一次，甚至为一周一次，因为缴费频繁，一般保险公司代理人上门收费，或者由被保险人单位在发放工资时代为扣费，这使得简易人寿保险的工作比普通人寿保险烦琐，费用开支也多。

（三）目前我国实行的小额人身保险

1. 小额人身保险的含义

小额人身保险是一类向低收入人群提供的人身保险产品的总称，具有保费低廉、保障适度、保单通俗、核保理赔简单等特点，是小额金融的重要组成部分，也是一种有效的金融扶贫手段。在我国开办的试点业务中，小额人身保险保额被限定于1万元到5万元，保险期间在1年到5年，主要是针对低收入农民最迫切的疾病、死亡和残疾等特定风险提供保险服务。从2012年起，小额人身保险推广至全国。

2. 小额人身保险产品的特点

一是保险金额在1万元至5万元；二是价格低廉；三是保险期间在1年到5年；四是条款简单明了，除外责任尽量少；五是核保理赔手续简便；六是主要针对低收入群体销售。在首批试点过程中，应着力推广多种形式的意外伤害保险，兼顾适量的定期寿险，择机推出可承保多个生命的连生保险，为农村单一家庭提供整体保障，解决低收入群体最为关心的意外风险和死亡风险。

3. 小额人身保险的业务模式

（1）对于居住地集中或同属某个组织的客户，可采用团体方式承保。如果以个险方式承保，保险公司可以只向客户提供简单的保险凭证。凭证上包含投保人、被保险人、受益人、保险种类和保险名称、保险金额、保险期间、每期保费、缴费期限、保险责任及除外责任、承保人地址和客户服务热线等必要信息。同时，将保险条款公开备置于保险公司营业场所、客户集中居住地或客户所属组织等地，方便客户随时查询。

（2）借助与低收入人群有日常经济往来的小额金融机构、农产品零售商等，使小额保险产品的销售附加在已经存在的交易上，从而降低管理成本和一些费用支出。

（3）在风险可控的前提下，可探索将保险售后服务与保险公司合作机构的业务流程有效整合，使合作机构承担一定的管理工作，简化索赔程序，加快赔付进度。

（4）在有条件的试点地区，试点保险公司可探索通过各种公益组织、个人，或者农民所属团体，为农民购买小额人身保险并提供保费资助，培育农民的保险意识，迅速扩大小额人身保险覆盖面。

4. 小额人身保险的鼓励、支持政策

（1）放宽销售渠道和销售资格。保险公司可以委托农村基层组织或机构，包括妇联、村委会、合作社、供销社、村卫生所、计划生育协会，以及新型农村合作医疗经办或代办机构等团体或机构的工作人员（以下简称小额人身保险代理人）销售小额人身保险。保险公司应对小额人身保险代理人提供累计不少于30小时的专业培训，并由保险监督管理局授予小额人身保险代理人资格证书。培训内容包括保险基本知识，相关监管规定，小额人身保险销售、服务和索赔处理等。小额人身保险代理人销售小额人身保险以外的其他保险产品时，须根据保险监督管理委员会相关规定取得必要的资格。

（2）减免监管费。对符合小额人身保险规定，并在试点地区销售的产品，监管部门将考虑减少或免除监管费，以降低保险公司经营成本。

（3）鼓励技术创新。支持保险公司建立统一的电话自动语音服务系统，设立专门的小额人身保险服务内容，使客户可以通过保单号码查询保单效力、保费缴纳等情况，并能及时记录和处理客户投诉；支持保险公司与银行、电信运营商合作，借助银行自动柜员机和移动通信设备，开展新型便捷的小额人身保险投保和保全服务；鼓励和支持保险公司借助移动终端开展小额人身保险销售业务，提供随时随地移动出单、打印缴费凭证等服务，严格控制出单和收费过程中的道德风险。

（4）放开预定利率。对于在试点地区销售的小额人身保险产品，保险公司在定价方面，可根据市场状况自行设定产品预定利率，但准备金评估利率不得高于3.5％。

（5）鼓励供给主体组织形式创新。在条件许可的农村地区，可探索在农村已有联合体或各种农民联合组织的基础上，成立农村保险互助组织，对成员提供互助保障。具体方案由当地保险监督管理局结合各地实际情况提出后，报保险监督管理委员会批准实施。

5. 小额人身保险的监管要求

（1）管理要求。小额人身保险应可独立承保，不得以投保其他险种为小额人身保险承保的前提条件。为满足单独核算的需要，凡参与小额人身保险试点的保险公司，总公司应建立专门针对小额人身保险的电子化统计平台，并根据保险监管要求报送相关数据，包括：小额人身保险分产品的覆盖人数、分产品的保费收入、分产品提供保障的总保额、分产品的赔款支出等。

（2）服务要求。保险公司应使用简单明了的语言，向小额人身保险个人投保人签发保单。保单应载明服务热线和保单签发人的名称及地址。符合本方案规定的保险产品，应在所有提供给客户和不特定潜在客户的材料首页上突出显示“小额人身保险”图样。其他保险产品均不得使用“小额人身保险”或“小额”图样。

 小资料

小额人身保险在国际上受到广泛重视

目前，世界上有一百多个发展中国家都在积极探索用小额人身保险为中低收入人群提供保障服务的问题。国际经验显示，在广大农村，单纯依靠提供小额信贷和储蓄工具这些金融支持手段还不足以解决农村的贫困问题，因为一些从小额贷款获益或致富的个人可能因疾病、意外死亡和自然灾害等原因再次陷入贫困，而且影响贷款回收，危及贷款机构的财务安全。为了更好地规避风险，小额保险机制率先被印度、孟加拉国和菲律宾等发展中国家引入。这些国家根据其农村人口缺乏保险保障的实际情况，以多种形式在农村地区推进小额保险业务，取得了较快发展，成为解决农村人口基本保障的有效手段，引起了国际保险监督官协会、世界银行和国际劳工组织的高度关注。目前，我国农村的保险覆盖面还很有限，尤其是农村低收入人群的保险需求难以得到满足。随着社会各界对保险业服务低收入人群的认识不断深化，保险业经过多年的发展，对保险服务低收入人群在服务网络、经营模式等方面都进行了有益的探索，并积累了一些经验和做法，这些都为我国小额人身保险的发展创造了有利条件。

积极发展小额人身保险，对于有效服务“三农”、满足广大低收入农民保险保障需求、扩大保险覆盖面均具有十分重要的意义。

资料来源：http://www.circ.gov.cn，2008-06-17.

二、儿童保险

（一）儿童保险的含义

儿童保险是以未成年人作为被保险人，由其父母或抚养人作为投保人的人寿保险。儿童保险在开展之初是两全保险形式，但是，现在多数是教育年金或终身寿险形式。目前，我国各人寿保险公司推出的子女保险大都是由儿童保险提供了子女教育金、婚嫁金、养老金和意外伤害保障等多种保障。

（二）儿童保险的特征

1. 保险责任以生存给付为主

投保儿童保险的目的是使子女将来能有一笔可观的经济收入，以此作为他们的教育费用、创业基金或结婚费用。以生存作为给付保险金条件是此险种的设计宗旨。因此，为防范道德风险，保障未成年人的安全、健康，在经营儿童保险业务时我国规定了许多具体措施，如有的条款规定：被保险人在21岁前死亡，给付保险金额的50%；22岁至25岁死亡，给付保险金额的100%；还有的保险条款规定，被保险人死亡时只退还已缴保费等。

2. 控制保险金额

几乎所有的国家都对儿童保险的保险金额加以限制。有的是直接规定投保的最高限额；有的则是采取递增式，即在保险期内保险金额逐年上升，而保费保持不变。

我国《保险法》规定，投保人不得为无民事行为能力人投保以死亡为给付保险金条件的人身保险，保险人也不得承保。父母为其未成年的子女投保的人身保险，不受前款规定限制，但是死亡给付保险金额总和不得超过保险监督管理机构规定的限额。

3. 保费豁免条款

保费豁免条款规定，在投保人是儿童父母的情况下，如果于缴费期内投保人死亡或全残，未缴保费可以免缴，保单继续有效。这个条款充分显示出对儿童利益的保障。

4. 保险期限有两种规定

有的儿童保险的保险期限从投保到被保险人年满一定年龄（21 岁或 22 岁）为止，有的则从投保到被保险人死亡为止。前者是两全保险性质的，后者是终身寿险性质的。

相关链接

某寿险公司少儿两全保险简介

（1）险种特色：本保险集教育、婚嫁、养老、投资理财、保险保障于一体；满期给付，借贷自如；缴清增额，有效避税。

（2）保险责任：被保险人生存至十八周岁、十九周岁、二十周岁和二十一周岁，本公司按保险金额的 10%给付教育保险金；被保险人生存至二十五周岁，本公司按保险金额的 60%给付婚嫁保险金；被保险人生存至六十周岁，按保险金额的 200%给付满期保险金，以供养老。被保险人于本合同生效后至其年满十八周岁前身故，按照所缴保费的 130%给付身故保险金；被保险人自其年满十八周岁后身故，按保险金额的 200%给付身故保险金。

（3）保单红利：投保人在投保时可选择以下任何一种红利方式：现金领取；累计生息；红利保留在本公司以复利方式累计生息；购买缴清增额保险，依据被保险人当时的年龄，以红利作为保费一次缴清；购买缴清增额保险，增加被保险人的身故保险金和满期保险金。

（4）缴费方式：由投保人在投保时选择趸缴、年缴和月缴任意一种。分期缴付保费的，保费的缴费期间分为三年缴和缴至被保险人年满十八周岁时为止两种。

第四节 新型人寿保险

随着经济、金融形势的发展，为了满足人寿保险市场竞争的需要，人寿保险的产品不断创新，品种不断增多。人寿保险产品已经开始由传统的保障型、储蓄型向分红型、投资型方向发展，客户可以与保险公司共同分享保险经营成果，或者保险公司为客户设立专门账户进行投资理财。因此，现代人寿保险不仅具有储蓄性，而且具有分红性和投资性。

一、分红保险

（一）分红保险的含义

分红保险又称利益分配保险，是指签订保险合同的双方事先在合同中约定当投保人所购险种的经营出现盈利时，保单所有人享有红利的分配权。这是一种保险人约定将每期盈利的一部分分配给投保人的人寿保险产品。

分红保险既能为被保险人提供风险保障，又能使投保人分享保险公司的经营成果，既有传统险种的保障功能，又有储蓄、分红功能。

分红保险起源于1776年的英国，在国外已经有200多年的发展历史。在美国，大约80%的寿险保单具有分红性质；在德国，分红保险约占该国人寿保险市场的85%。但是，分红保险在我国是在21世纪推出的，因此，从客观上讲，分红保险是我国人寿保险的新型产品之一。

分红保险克服了普通保险固定利率保单的不足：保险人对分红产品采用的预定利率相对较低，有利于克服利差损失，保证自身的偿付能力，有利于保险经营的稳定性；由于能够分红，在存在通货膨胀的情况下，有利于促进长期性人寿保险产品的销售；保险双方共享经营成果，有利于维护保险业的公平经营。

（二）分红保险的特点

1. 承担的风险程度不同

普通人寿保险是由保险公司承担各类风险，并且独享其收益；分红保险的特点是保险公司与客户之间利益共享，即投资风险由保险公司承担。如果保险公司无资金盈余，客户仅仅是得不到分红，而其享受的基本保障和一定水平的保底预定利率不受影响。

2. 保险金额不同

普通人寿保险，其保险金额一般固定不变；相比之下，分红保险除了有预定的保险金额，客户还可能根据保险公司分红保险账户的投资情况分到红利。分红保险的分红是在传统的保险基础上的锦上添花，客户不会因为购买分红保险而多缴保费。因为分红保险的红利来源于利差益、死差益和费差益，而不是来自客户的溢额保费。

3. 投资运作的透明度不同

普通人寿保险的投资运作、费用分摊以及保单结构情况都是保险公司内部的事，与客户无关，普通人寿保险的运作不透明；每个会计年度末，保险公司都要计算分红保险账户的投资情况，并决定分红方案，运作有一定的透明度。

4. 灵活性不同

分红保险较普通寿险具有更大的灵活性，分配的红利和红利的多种选择方式是其富有弹性的主要原因。

（三）分红保险的红利来源

（1）利差益。是指实际投资回报率大于预定利率所产生的盈余。其计算公式为：

利差益＝（实际资金投资回报率－预定利率）×责任准备金

（2）死差益。是指实际死亡率小于预定死亡率所产生的盈余。其计算公式为：

死差益＝（预定死亡率－实际死亡率）×风险保额

（3）费差益。是指实际费用率小于预定费用率所产生的盈余。其计算公式为：

费差益＝（预定费用率－实际费用率）×保险金额

寿险公司分红保险的红利除了上述盈余来源之外，还有解约益、投资收益及资产增值、残疾给付、意外加倍给付及年金预计给付额与实际给付额之间的差额等。

（四）分红保险红利的分配方式

每一会计年度末，分红保险业务的盈余结果计算出来后，由保险公司董事会讨论决定当年的可分配盈余，并在分红保单持有人和公司股东之间进行分配。按照我国保险监督管理委员会的规定，保险公司每一会计年度向保单持有人实际分配盈余的比例不得低于当年可分配盈余的70%。

保单的所有人领取红利的方式主要有以下几种：

（1）现金领取。

（2）累计生息。即受益人将红利存留在保险人处，以复利计息获取收益。

（3）抵缴保费。红利可用来抵缴到期应缴纳的保费。若红利的金额不足以抵缴到期保费，不足部分由投保人补齐。若红利的金额超过到期保费，剩余部分累计生息，也可以现金方式支取。

（4）缴清增额保险。根据被保险人当时的年龄将红利作为趸缴保费购买非分红保险（此方式不适用于次标准体）。

从2000年3月下旬，我国寿险市场上推出第一份分红保险开始，各家寿险公司也纷纷紧随其后推出分红保险。目前，市场上的分红保险险种有终身型、两全型、年金型、养老型等。

相关链接

某寿险公司的分红保险简介

（1）险种特色：本保险是融保障、投资于一体的终身保险。红利领取有三种选择权；保单具有贷款功能，可缓解暂时困难；保单的现金价值可逐年积累。

（2）投保范围：0～65周岁、身体健康者均可投保。

（3）保险责任：本保险的保险责任有两部分：保障和分红。

1）保障。生存保险金每满1周年领取1次，每次按保额的8%领取，如1万元的保额，被保险人只要生存，每3年可以领取800元，直至终身。

被保险人在保单生效1年内因疾病身故，受益人按保额的10%领取身故保险金，无息退还保费，责任终止；被保险人在保单生效1年后因疾病身故或保单生效后，被保险人因意外身故，受益人按保额的100%领取身故保险金，责任终止。

2）分红。红利多少根据寿险公司每年经营状况确定，红利领取方式有三种：累计生息，即可在寿险公司建立红利账户，按复利计息，随时领取现金；抵缴保费；购买增额保险，用当年分得红利再购买同一保险以增加保险金额。

（4）投保限定：

1）保险金额限制：17 周岁以下的人投保时最高保额为 10 万元。

2）投保年龄限制：投保年龄为零岁的，必须是出生后 1 个月且出院；投保年龄是 65 周岁的，缴费期满时年龄不得超过 70 周岁，即只能选择 5 年缴费。

二、投资连结保险

（一）投资连结保险的含义

投资连结保险是具有保险保障功能并至少在一个投资账户拥有一定资产价值，而不保证最低收益的人身保险。一般是保费固定、保险金额可以变动的长期性人寿保险，即死亡保险金额随着投资账户中投资结果的变动而不断调整的保险产品。具体内容是人寿保险公司将客户缴付的保费分成保障和投资两个部分，多数为投资部分，设立单独的账户。其中，投资资金通过投资专家投资运作，获取较高的投资回报，使客户受益。但是，投资部分的回报率是不固定的，保险金额随投资收益的变化而变化。

投资连结保险的保险金额由基本保险金额和额外保险金额两部分组成。基本保险金额是被保险人无论何时都能得到的最低保障金额；额外保险金额部分则另设立账户，由投保人选择投资方向并委托保险人进行投资，其具体数额根据资金运作的实际情况而变动。

（二）投资连结保险与普通人寿保险的主要区别

投资连结保险与普通人寿保险的主要区别有下述几个方面。

1. 保险的功能不同

普通人寿保险只具有保障或储蓄的功能，投资连结保险具有保障和投资双重功能。

2. 保险金额的确定与否不同

普通人寿保险的保险金额一般是在投保时就已经确定，保障程度是固定的。投资连结保险的保险金额由两部分构成：一部分为合同规定的最低死亡给付金额，是固定的；另一部分随资金运作情况的好坏而变动。

3. 保单的现金价值不同

普通人寿保险的保单现金价值是在出售时就已确定了的，投资连结保险保单的现金价值是保单拥有的所有“投资单位”的价值总和。

4. 透明度不同

普通人寿保险的客户不知道所支付的保费是如何运作的，投资连结保险的投资资金单独设立账户，客户拥有自己的投资顾问，保险公司将定期向客户公布有关信息，包括投资账户的设置及资金投向、投资收益率、投资单位价格、各项费用的收取比例等信息。

5. 账户设置及管理不同

普通人寿保险只设立一个综合性账户，所有的保费收入、保险金给付以及其他的资金往来都通过综合性账户进行。投资连结保险除了设置综合性账户之外，还要设置投资账户用于投资运作。

目前，保险公司对投资连结保险产品都设计了风格不同的投资账户供客户选择，这些产品有相当大的差异，可能会随着当年不同投资市场的行情差异产生完全不同的盈利结果。一般来说，投资连结保险账户分为以下几种：一是低风险低收益型投资账户，资金主要投资于银行存款、现金拆借等；二是高风险高收益型的投资账户，最少有60%的资金用于投资基金；三是稳健平衡型的投资账户，不低于20%的资金用于投资国债及银行存款，不高于60%的资金用于投资基金。

以某寿险公司为例，该公司目前设有5个投资账户，分别为成长型账户、平衡型账户、稳定型账户、收益型账户和避险型账户，客户资金在账户间的转换是免费的。客户可以根据投资市场的变化，结合自身理财需求，通过在不同风险收益级别的投资账户间进行自由转换，及时调整原有理财方案，实现财富长期增值。据了解，在股市行情看好时，各家保险公司都希望借助投资连结保险产品分享股市红利，因此其账户大多为偏股型的。

6. 风险责任的承担不同

普通人寿保险的保险人承担了包括利率变化、死亡率提高和费用增加等方面的风险；投资连结保险的保险人只承担死亡率和费用率变动的风险，保单的投资部分风险则完全由保单所有人承担。

（三）国际保险市场投资连结保险产品的主要特征

1. 投资账户设置

投资连结保险均设置单独的投资账户。保险公司收到保费后，按照事先的约定将保费的部分或全部分配进入投资账户，并转换为投资单位。投资单位是指为了方便计算投资账户的价值而设计的计量单位。投资单位有一定的价格，保险公司根据保单项下的投资单位数量和相应的投资单位价格计算账户价值。

2. 保险责任和保险金额

投资连结保险的保险责任与传统产品类似，不仅有死亡、残疾给付、生存保险领取等基本保险责任，而且一些产品加入了豁免保费、失能保险金、重大疾病等保险责任。

投资连结保险的死亡保险金额设计有两种方法：一种是给付保险金额和投资账户价值两者较大者（方法A）；另一种是给付保险金额和投资账户价值之和（方法B）。方法A的死亡保险金额在保单年度前期不变，当投资账户价值超过保险金额后，随投资账户价值波动。方法B的死亡保险金额随投资账户价值而不断变化，但净风险保额（死亡保险金额与投资账户价差）保持不变。

3. 保费

投资连结保险的交费机制具有一定的灵活性，交费机制有两种：一种是在固定交费基础上增加保费交期，即允许投保人不必按约定的日期交费，而保单照样有效，从而避免了因为超过60天宽限期而导致保险合同失效的问题。另外，还允许投保人除缴纳约定的保费外，可以随时再支付额外的保费，增加了产品的灵活性。另一种是取消了交费期间、交费频率、交费数额的概念，投保人可随时支付任意数额（有最低数额的限制）的保费，并按约定的计算方法计入投资账户。这种方式较灵活，但降低了保险公司对保费支付的可控性和可预测性，同时提高了对内部操作系统的要求。

4. 费用收取

投资连结保险在费用收取上相当透明。保险公司详细列明了扣除费用的性质和使用方法，投保人在任何时候都可以通过计算机终端查询。收取的费用包括：初始费用，即保险费进入个人投资账户之前所扣除的费用；买入卖出差价，即投保人买入和卖出投资单位的价格之间的差额；风险保费，即保单风险保额的保障成本；保单管理费，即为维持保险合同有效向投保人收取的服务管理费用；资产管理费，即按账户资产净值的一定比例收取的费用；手续费，即保险公司在提供部分领取和账户转换等服务时收取的费用；退保费，即在保单中途退保或部分领取时收取的用以弥补尚未摊销的保单成本费用。

（四）我国投资连结保险的主要特点

我国投资连结保险的主要特点包括以下几方面：

(1) 投资连结保险必须包含一项或多项保险责任。

(2) 投资连结保险至少连接到一个投资账户上。

(3) 投资连结保险的保险保障风险和费用风险由保险公司承担。

(4) 投资账户中的资产单独管理。

(5) 保单价值应当根据该保单在每一投资账户中占有的单位数及单位价值确定。

(6) 投资账户中对应某张保单的资产产生的所有投资净收益（损失）都应当划入该保单。

(7) 每年至少应当确定一次保单的保险保障。

(8) 每月至少应当确定一次保单价值。

相关链接

某寿险公司投资连结保险简介

(1) 保费：本保险的保费分为两个部分：一部分用于保险保障；另一部分用于保险投资。保费一般以均衡保费的方式缴纳，每期保费除了满足保险公司承担死亡或全残保险保障和营业费用的需要外，剩余部分计入投资账户。

(2) 保险账户：用于投资的部分设立三个投资账户：一是投资收益账户，其特点是保证投资收益率，资金主要存入银行和进行同业拆借，风险较小；二是发展投资账户，其特点是不承诺投资收益，资金主要存于银行、用于购买证券基金，风险适中；三是基金投资账户，其特点是投资侧重于证券基金，预期收益高，但风险也大。

投资账户的资产以投资单位来计量，每月转入投资账户的部分按照每投资单位的买入价计算相应的投资单位数。投资单位数只是在变额寿险的存续期间用来评估投资账户的资产价值，当发生保险事故或保险合同到期时，再将投资单位数换算成投资资产价值总和。

(3) 保险责任：

1) 身故保险金和全残保险金。给付的金额为保单项下保险金额与投资账户资产总值的较大者。

2) 满期保险金。自保险期满后的 5 年内，受益人可申请给付保险金，按保单项下投资单位价值总额给付

3) 特别保险金。保险期满后被保险人仍生存，受益人可在 30 日内申请特别给付。

(4) 保险期限和保险金额：保险期间分为10年、15年、20年和25年四档，投保时，投保人根据自己的情况选择，除合同另有约定外，中途一般不能变更保险期间；保障的保险金额由投保人和保险公司约定并在保单上载明。

(5) 豁免保费利益：被保险人在保险期内且60岁之前因疾病或意外伤害失能，免缴保费。

小资料

投保投资连结保险产品风险提示样本

投资连结保险产品的投资回报具有不确定性，实际投资可能获利或亏损，投保人承担全部投资风险。投资连结保险产品一般分设多个账户，由于投资目标及相应资产配置策略的不同，每个账户的风险、收益也不尽相同，请您根据自己的风险承受能力选择在各投资账户之间的资金分配。您所缴纳的保费并不是全部进入投资账户用于投资，而是要扣除初始费用或在进入投资账户时收取的买入、卖出差价。进入投资账户后也可能发生一定的费用支出，如资产管理费、风险保险费、保单管理费等。保险公司在提供账户转换、部分领取等服务时也可能收取一定的手续费或退保费用。请详细了解所有费用扣除情况。此外，请您注意各项费用水平是否为确定的，若不确定，还应注意费用收取的最高水平或在合同条款中约定变更收费水平的方法。

三、万能寿险

(一) 万能寿险的概念

万能寿险是指包含保险保障功能，并至少在一个投资账户拥有一定资产价值的人身保险产品。它是一种缴费灵活、保险金额可调整、非约束性的寿险。和投资连结保险不同的是，万能寿险可以设置最低保证收益。

万能寿险最早于1979年在美国寿险市场上出现，当时是为了满足那些要求保费支出较低且方式灵活的寿险消费者的需求而设计的。

知识库

万能寿险的万能之处

万能寿险的英文意思为全能的、可变的寿险产品。之所以称其全能，是因为它融合了保险保障和投资功能。客户缴纳的保费分成两部分：一部分同传统寿险一样，为客户提供生命保障；另一部分将进入其个人账户，由专家进行稳健投资。客户在享有最低保障收益的前提下，又具有较高的收益回报机会。投保人在缴纳一定量的首期保费后，一般可以按自己的实际情况，灵活缴纳续期保费。只要保单的个人账户价值足以支付保单的相关费用，投保人可以不再缴费，并且保单继续有效。

万能寿险的投保人可根据自身在不同时期的保障需求和理财目标，弹性地调整自己的保费缴纳和保障额度，真正实现一个人一生只用一张寿险保单就可以解决所有保障问题，很适合消费者自主地进行人生终身保障的规划。

万能寿险收取初始费用、风险保险费、保单管理费、退保费用，根据持有保单年限的不同，费用收取的比例也不同。如此清晰地列明保险成本不能不说是保险产品创新上的一种跨越式进步，客户可以通过不同的计划，将保险金额作为孩子的教育金或创业金，也可作为自己的养老金或医疗补充等，从而实现该产品的随需应变。

（二）万能寿险的特点

1. 缴费方式灵活

保单持有人可以在保险公司规定的幅度内选择任何一个数额，在任何时候缴纳保费。实际业务中，保险公司一般规定了首期保费最高限额、最低水平和续期保费的最高限额，投保人支付了首期保费之后，保险单现金价值能够支付其应负担的成本与保障费用，续期保费缴付时间、数额可以由保单持有人自己决定。

2. 保险金额可以按约定调整

保单所有人可以自行确定期初保险金额，而且每年可以提高和降低保险金额。在提高保险金额时，通常要提供可保证明，目的是防止逆选择；在降低保险金额时，不需要提供可保证明。

一些保单还允许保单所有人选择带有生活成本调整附加条约和可保选择权的万能寿险保单。生活成本调整附加条约的死亡给付金可以随着物价指数的上升而提高；可保选择权是允许保单所有人在未来某一年龄或某一事件发生时，不必出示可保证明就可以增加保险金额的权利。

3. 保单运作透明

保险人定期向保单持有人公开组成账户价格的各种因素。保单持有人每年都可以得到一份保单信息状况表，用以说明保费、保险金额、利息、保险成本、各项费用以及保单现金价值的数额与变动状况，便于客户进行不同产品的比较，并监督保险人的经营状况。

4. 设立独立投资账户、有固定的最低保证利率

万能寿险设立独立的投资账户，并且个人投资账户的价值（即保单的现金价值）有固定的最低保证利率。但是，当个人账户的实际资产投资回报率高于最低保证利率时，保险公司就要与客户分享高于保证利率部分的收益，确保保单的实际结算利率。

5. 有两种死亡给付方式

第一种方式是均衡式给付，该方式与传统的具有现金价值的终身寿险类似，死亡给付金额在若干年内固定不变，净风险保额每期都进行调整，以使得净风险保额与个人账户上的现金价值之和成为均衡的死亡给付额。这样，如果个人账户现金价值增加，则风险保额

就会等额减少；反之，则风险保额就会等额增加。

死亡保险金=保险金额

净风险保额=死亡保险金-现金价值

第二种方式是递增式给付，该方式规定了死亡给付额为均衡的净风险保额与现金价值之和。现金价值的变化直接影响死亡给付额，即死亡给付额与现金价值成正比，如果现金价值增加了，死亡给付额就会等额增加，但是，不会改变净风险保额，净风险保额是不随时间变化的。

死亡保险金=保险金额+现金价值

净风险保额=保险金额

6. 保单提供最低保证利率并收取费用

（1）结算利率。保险公司为万能寿险设立万能账户。首先，万能寿险的保单应当提供一个最低保证利率。其次，保险公司为万能账户设立平滑准备金，用于平滑不同结算期的结算利率，当万能账户的实际收益率低于最低保证利率时，万能寿险的结算利率应当是最低保证利率。最后，保险公司可以自行决定结算利息的频率。

（2）费用收取。万能寿险的保单可以收取的费用包括：初始费用，即保费进入个人账户之前所扣除的费用；风险保险费，即保单风险保额的保障成本；保单管理费，即为了维持保险合同有效而向投保人收取的服务管理费；手续费，即保险公司在提供部分领取等服务时收取的相关费用；退保费，即在保单中途退保或部分领取时保险公司收取的用于弥补尚未摊销的保单成本费用。

（三）万能寿险的经营

首先，保单持有人缴纳一笔首期保费，首期保费有一个最低限额，首期的各种费用支出先要从保费中扣除。其次，根据被保险人的年龄，将死亡给付分摊额以及一些附加优惠条件的费用等从保费中扣除后，剩余部分就是保单最初的账户价值。这部分价值通常是按新投资利率计息，累积到期末，成为期末账户价值。由于对保费缴纳没有严格限制，许多万能寿险收取较高的首期保费，其目的是避免保单过早终止。

此外，万能寿险保费扣除各种分摊额后的累积价值为账户价值，保单通常都规定了一个最低的账户价值累积利率。

相关链接

某寿险公司两全万能型保险简介

（1）保险责任：

1）满期给付：被保险人生存至保险期满，保险人给付满期保险金，金额为满期日被保险人个人账户余额的全部，本合同终止。

2）身故或全残保障：被保险人在本合同生效180天内因疾病身故或全残，保险人给付身故或全残保险金；给付金额为即时保险金额的10%与保险事故发生日个人账户余额之和，本合同终止。被保险人因意外伤害身故或全残，或者于合同生效180

天后因疾病身故或全残，保险人给付身故或全残保险金，给付金额为即时保险金额与保险事故发生日个人账户余额之和，本合同终止。

本合同生效满两年，投保人可向保险人申请提取部分个人账户余额（每年仅限1次），每次最低以人民币100元为限，最高不超过上个结算日个人账户余额的50%，被保险人一次领取账户余额在10 000元以上的，需有2～7天的预约期。若个人账户余额不足以支付其一年的保障费用，保险人不允许提取部分个人账户余额。

(2) 保险金额：保险人与投保人在投保时约定保险金额，最低为人民币10 000元。经保险人审核同意，投保人可申请增加保险金额，但必须经被保险人书面同意。

投保人可申请减少保险金额，但减少后的保险金额最低以人民币10 000元为限；保险金额的调整必须以人民币1 000元为最小调整单位，每年仅限一次。

(3) 保费：在保险期满日之前，投保人可约定定期或不定期、定额或不定额地缴纳保费，每次缴费最少为人民币1 000元。本保险的保障费用标准视被保险人的性别、年龄而定。

(4) 被保险人账户：

1) 个人账户：本合同生效后须缴纳的保费在扣除手续费、管理费用后计入个人账户。本合同承诺最低保证利率为两年期居民定期储蓄存款利率。

2) 账户余额：为其上一结算日的账户余额按上一结算日的结算利率累积到该日的本利和及本季所缴保费扣除手续费后，按上一结算日累积到该日的本利和之和。

(5) 其他规定：若被保险人的账户余额不足以支付下季的管理费用及保障费用，应续缴保费；保险人在每年1月份向投保人或被保险人寄送上一年度个人账户余额对账单，以通报其账户余额和过去一年的保险金额、手续费、管理费用、保障费用、续缴保费和提取金额等情况。

小资料

投保万能寿险产品风险提示样本

万能寿险产品结算利率设有保证利率，超过保证利率的部分是不确定的。保险公司每月公布的结算利率是年化收益率，只能代表当月的投资情况，不能理解为对全年的预期。结算利率并不是针对全部保费，仅针对投资账户中的资金。您所缴纳的保费并不是全部进入投资账户，而是要扣除初始费用。进入投资账户后也可能发生一定的费用支出，如风险保险费、保单管理费等，保险公司在提供部分领取等服务时也可能收取一定的手续费或退保费用，请详细了解所有费用扣除情况。此外，请您注意各项费用水平是否为确定的，若不确定，还应注意费用收取的最高水平或在合同条款中约定变更收费水平的方法。

小资料

中国保监会关于投保新型人寿保险的提示

为防止保险公司营销人员和银行代理机构的销售人员通过夸大新型人寿保险产品收益率，套用“本金”“利率”等概念混淆新型人寿保险产品和银行理财产品，隐瞒新型人寿保险产品各项费用扣除情况等手段误导保险消费者，切实维护投保人和被保险人的合法权益，中国保监会向广大保险消费者提示如下：

一是请注意区分新型人寿保险产品与其他金融产品。新型人寿保险产品兼具保险保障功能和投资功能，按照产品性质的不同，对于保障功能和投资功能具有不同的偏重，但本质上均属于保险产品。不宜将兼具保险保障和投资功能的新型人寿保险产品与银行存款、银行理财产品、基金等金融产品的收益进行片面比较，更不要把保险产品混同于银行存款或者基金。

二是请关注保险销售人员的销售资格。通过保险公司营销人员购买新型人寿保险产品或者通过银行等兼业代理机构购买投资连结保险和万能保险产品时，您有权利要求销售人员出示保险代理从业人员展业证书。

三是投保前请认真考虑缴费能力。新型人寿保险产品一般保险期限较长，保费缴纳方式分一次性缴费和分期缴费两种，如果选择分期缴费，请您投保前充分考虑是否有持续、稳定的财力支付保费。否则，投保人可能会丧失保险保障并承担退保损失或者丧失部分保险合同利益。

四是投保前请认真阅读保险条款和产品说明书。请您投保前特别关注保险条款中的保险责任、除外责任、犹豫期和退保事项，认真阅读并充分理解产品说明书和利益演示，了解保险产品的费用扣除情况和产品特点，清楚您购买保险后享有的权利和承担的义务。宣传材料或产品说明书对未来收益的描述纯粹是描述性的，不能理解为对未来的预期，也不能简单理解为分红率和投资回报率。

五是请如实填写投保单中的内容。请您在填写投保单时一定要严格履行如实告知义务，即对投保单上需要填写的被保险人年龄、健康状况等项目如实填报，以免日后产生不必要的纠纷。投保人和被保险人要亲笔签字确认，不要让销售人员或其他人代签名，否则将会影响您的权益。

六是请慎重考虑退保。新型人寿保险产品规定有犹豫期（一般指自您收到保险合同并签字起的10日内）。在犹豫期内撤销保单，您可以收回全部已缴纳的保费，保险公司将扣除不超过10元的工本费。在犹豫期后退保，您将承担一定的损失，保险公司将只退还保单的现金价值或账户价值。建议您在投保前仔细考虑，不要将短期内可能需要使用的资金用于购买保险，以免因将来退保而遭受不必要的损失。

七是请协助保险公司做好客户回访工作。中国保监会要求各保险公司对投资连结保险产品和万能寿险产品在犹豫期内实行100%回访确认，一般为电话、信函和上门回访等形式。回访目的是维护您的权益，再次确认您是否清楚购买保险产品应注意的主要事项。请您投保时准确、完整填写个人信息，以便保险公司能够对您及时回访。

八是中国保监会高度重视投保人权益保护工作。如您发现保险销售人员在保险销售过程中存在销售误导问题，请注意保留书面证据或其他语音证据，以便维护您的权益。您可以向保险公司反映，也可以向中国保监会及各保监局投诉，必要时还可以通过法律程序解决。

资料来源：http：//www. circ. gov. cn，2008-05-18.

本章小结

人寿保险是人身保险中最基本、最主要的种类，它是以被保险人的身体和寿命为保险标的，以被保险人死亡或生存为保险事故的人身保险业务。它在承保风险和保费的计算以及保险经营管理等方面存在许多特点。

人寿保险按保险事故分类分为死亡保险、生存保险、两全保险；按缴费方式分类分为趸缴保费保险、分期缴费保险；按被保险人的数量分类分为个人人寿保险、团体人寿保险、联合人寿保险；按是否分红分类分为分红保险、不分红保险；按保单是否有创新分类分为普通人寿保险、新型人寿保险。

普通人寿保险的基本形态包括三大类：死亡保险、生存保险和两全保险。死亡保险是以被保险人死亡为给付保险金条件的保险；生存保险是被保险人生存至保险期满，保险人给付保险金的一种人寿保险；两全保险是被保险人无论是在保险期内死亡还是生存至保险期满，保险人都给付保险金的一种人寿保险。

年金保险是一种特殊的生存保险，是指在被保险人生存期间，按合同的规定，每隔一定的周期支付一定的保险金给被保险人的一种保险。

特种人寿保险的形式主要有简易人寿保险和儿童保险等。简易人寿保险是为低收入阶层获得保险保障而开办的险种，它是一种小额的、免验体的具有两全性质的人寿保险；儿童保险是以未成年人作为被保险人，由其父母或抚养人作为投保人的人寿保险。

新型人寿保险是在普通寿险产品基础上创新而产生的人寿保险，较为常见的有：分红保险、投资连结保险和万能寿险。分红保险是投保人可以参与保险公司盈余分配的一种保险产品；投资连结保险是死亡保险金和现金价值随投资账户资金的投资业绩波动的保险产品；万能寿险是一种缴费灵活、保额可调整、非约束性的保险产品。

重点概念

人寿保险　　两全保险　　年金保险　　分红保险
投资连结保险　　万能寿险

复习思考题

1. 思考题

(1) 人寿保险的含义和特点是什么?

(2) 人寿保险的业务种类有哪些?

(3) 年金保险的特点与业务有哪些?

(4) 儿童保险的特点是什么?目前,我国各人寿保险公司的儿童保险都提供哪些方面的保障?

(5) 分析说明适合我国目前广大农村居民的人寿保险产品。

(6) 对比现代人寿保险与普通人寿保险,说明它们有哪些主要区别。

2. 案例分析题

王先生工作在外地,老人和孩子全靠他的妻子照顾,在结婚纪念日,他准备送给妻子周女士一份礼物以表达对妻子的谢意和爱意。这份礼物就是一张健康保险的保险单,保障范围包括住院医疗和重大疾病给付责任。不巧,在保单生效3个月,周女士感到身体不适,经医院诊断,不幸降临到周女士身上,她被查出患有肺癌。周女士想到了保险,健康保险中的重大疾病保险是及时给付型保险,只要医院确诊疾病属于保险责任范围,就可以获得相应的保险金,但是要考虑保单生效与患病的时间间隔,即疾病保险的观察期。一般观察期为半年。周女士在收集齐理赔所需材料后,便向保险公司提出索赔申请。但出乎周女士意料的是,保险公司做出了拒赔的决定。

问题:请运用所掌握的知识分析保险公司拒赔的原因。

3. 实训题

一般来说,客户的保险需求有不同的层次。消费者最基本的保险需求是风险保障,包括意外、定期和终身寿险、医疗费用、健康等保障,属于纯风险的保障部分。稍高一些的保险需求是希望某些产品能够抵御通货膨胀,如保额每年有自动递增的产品。再高一些的是两全保险的需求,与单纯的风险保障相比,具有生死两全保障和满期给付保险金的特性。在此基础上,不少消费者希望分享保险公司的经营成果,并由此催生了分红保险。而随着投资市场的进一步发展和完善,具有更强投资功能的万能寿险和投资连结保险问世。

要求:进行一次社会调查,列表归纳我国目前主要的人寿保险产品,并比较它们的区别。

第六章　人身意外伤害保险

章前引例及分析

奥运风险与保险

奥运会，是一项全球瞩目的重要赛事盛会，为了确保如此大规模的国际活动在全球聚焦之下如期、安全、顺利地举行，风险管理与保险方案是其中极为重要的环节。

2016 年里约奥运会，奥组委要求主办方必须购买保额达 10 亿美元的保险，里约奥运会赞助方布拉德思科保险向参加奥运会的 2 万名运动员赠送了保险。对于这一届里约奥运会来说，"明星运动员购买巨额保险" 成为各界关注的焦点。

2012 年伦敦奥运会的相关保险保额为 3.5 亿欧元，其中奥运赛事取消险的保额就高达 1 亿美元。除此之外，电视转播权、广告投放以及纪念品经销商也都进行了投保。

2008 年北京奥运会，中国人保财险作为北京奥运会的保险合作伙伴，承保中国体育代表团，包括运动员、教练员、中国奥委会官员以及工作人员在内的 1 700 人，每人 100 万元保额，共完成 17 亿元保额的人身意外伤害保险。这是中国体育代表团参加奥运会以来保额最高的一次。各赛区城市的人保财险分公司还对奥运火炬传递以及开幕式、闭幕式提供了相应的人身意外伤害保险。此外，奥运会期间，其他保险公司在中国保险监督管理委员会的指导下，也确保投保人在奥运赛场外的旅游区、商业区、交通区等公共聚集场所能够购买到人身意外伤害保险。

奥运会面临哪些风险？保险公司为运动员个人主要提供什么样的保险？

专家分析

一般来讲，奥运会主要风险包括赛事取消、自然灾害、运动员人身意外伤害、无法提供赛场/基础设施（譬如赛场倒塌）、恶劣天气、疫情爆发风险，以及内乱、恐怖主义、战争等政治风险。

奥运会期间，主要承保的项目包括针对建筑工程、固定场馆等的财产保险，针对观众、志愿者等的责任保险，针对电视转播权、广告投放以及纪念品经销商的保险。此外，还包括运动员、观众等的人身意外保险等。

对于运动员个人来说，主要是人身意外伤害保险。

人身意外伤害保险是人身保险业务的重要组成部分。由于人身意外伤害保险在保险期限、费率计算和责任准备金提存等方面与财产保险有相似之处，有些国家把人身意外伤害保险归类于非寿险。我国保险法规明确财险公司可以经营短期人身意外伤害保险，这为我国人身意外伤害保险的发展创造了更好的条件。

本章学习目标

通过本章的学习，你应该能够：

1. 掌握人身意外伤害保险的概念、特征和种类。
2. 掌握人身意外伤害保险的保险责任判定、保险金给付及具体规定。
3. 了解我国目前人身意外伤害保险常见品种的基本内容。

第一节　人身意外伤害保险概述

一、人身意外伤害保险的含义

（一）人身意外伤害保险的概念

人身意外伤害保险是在保险合同有效期内因意外伤害而致被保险人身故或残疾为给付保险金条件的保险。

这里具体包括三个要点：

（1）客观上必须有意外事故发生，事故原因为意外的、偶然的、不可预见的。

（2）被保险人必须有因客观事故造成人身死亡或残疾的结果。

（3）意外事故的发生和被保险人遭受人身伤亡的结果之间存在着内在的、必然的联系，即意外事故的发生是被保险人遭受伤害的原因，而被保险人遭受伤害是意外事故的后果。

被保险人突然死亡且原因不明，或未经医学鉴定证实其死亡为意外伤害所致的，不能构成意外伤害保险的保险金给付责任。

（二）人身意外伤害的界定

意外伤害保险是人身意外伤害保险的简称。意外伤害是指在被保险人没有预见到或违背被保险人意愿的情况下，突然发生的外来致害物对被保险人的身体进行明显、剧烈的侵害的客观事实。意外伤害包含“意外”和“伤害”两个必要条件。目前，我国保险公司通常对“意外伤害”的界定是：“意外伤害”是指遭受外来的、突发的、非本意的、非疾病的使被保险人身体受到剧烈伤害的客观事件。

1. 意外

“意外”是针对被保险人的主观状态而言的，它是指伤害事件的发生是被保险人事先没有预见到的，或伤害事件的发生违背了被保险人的主观意愿。意外事故既是伤害的直接原因，也是被保险人或受益人主张保险给付的根据。所谓意外事故，是指外来的、突然的、非本意的事故。只有同时具备“外来”“突然”“非本意”三个条件，才能构成意外伤害保险合同中的保险事故。具体可以从以下几个方面理解：

(1) 外来性。所谓“外来”，是指伤害纯系由被保险人身体外部的因素作用所致。如发生交通事故、不慎落水、遭雷击、遭蛇咬、煤气中毒等。如果伤害由自己身体的疾病而引起，则不属于意外事故。

(2) 突发性。所谓“突发”，是指人体受到强烈而突然的袭击形成的伤害。如果伤害系由被保险人长期劳作损伤所致，如地质勘探工作者、运动员长年运动致腰及关节损伤等就不是意外事故；若伤害系由某些事件的原因在较长时间里缓慢发生，如长期接触某类化学物质引起慢性中毒，这些由于是可以预见的，一般也不属于意外伤害。

(3) 非本意。所谓“非本意”，是指意外事故的发生非被保险人事先能够预见的，或者意外事故的发生违背了被保险人的主观意愿。即伤害事件的发生是被保险人事先所不能预见或无法预见的，或者虽然被保险人能够事先预见到，但由于被保险人的疏忽而没有预见到，如飞机失控、海轮遇难等，或者即使被保险人能够预见到伤害事件的发生，但在技术上已不能采取措施避免，或者虽然可以采取措施避免，但由于法律或职责上的规定，因而不能躲避，如公安干警执行公务。

2. 伤害

“伤害”是指被保险人的身体受到外来致害物侵害的客观事实。“伤害”由致害物、侵害对象、侵害事实三个要素构成，三者缺一不可。

(1) 致害物。是指直接造成伤害的物体或物质。没有致害物，就不可能构成伤害。按照致害物进行分类，伤害一般分为器械伤害、自然伤害、化学伤害和生物伤害等。与健康保险中的疾病保险承保被保险人身体内部形成的疾病不同，在意外伤害保险中，只有致害物是外来的，才被认为是伤害，凡是在体内形成的疾病对被保险人身体的侵害都不能构成意外伤害。

(2) 侵害对象。是指致害物侵害的客体。在意外伤害保险中，只有致害物侵害的对象是被保险人的身体时，才能构成伤害，即这里的伤害必须是身体或生理上的伤害。这里的身体，是指一个人的生理组织的整体，有时专指躯干和四肢。人工装置以代替人体功能的假肢、义眼、假牙等，不是人身躯体的组成部分，不能作为意外伤害保险的保险对象。

(3) 侵害事实。是指致害物以一定的方式破坏性地接触、作用于被保险人身体的客观事实。如果致害物没有接触或作用于被保险人的身体，就不能构成伤害。侵害的方式有碰撞、撞击、坠落、跌倒、坍塌、淹溺、灼烫、火灾、辐射、爆炸、中毒、触电、掩埋、倾覆等多种。

致害物、侵害对象、侵害事实三者之间必须存在因果关系，即构成伤害须存在致害物以一定的方式破坏性地作用于被保险人身体的客观事实。

参考案例

这笔保险金该给付多少？

被保险人李鸿投保了某寿险公司的安详保险，该保单项下的疾病死亡保险金额为50万元，意外伤害死亡保险金额为100万元。在保险期限内的某日，被保险人突然晕倒，经医院抢救无效死亡，医院诊断为突发性脑血管破裂出血。被保险人家属向保险公司提出索赔，要求保险公司给付死亡保险金100万元。保险公司调查得知，被保险人生前就患有高血压等既往病史，发生保险事故时被保险人坐在办公桌前打电话，突然头部歪向一边、脸色苍白，由同事送往医院进行抢救，在整个事件中，没有任何外来的因素导致事故的发生。经鉴定，本案明显不符合意外伤害事故中构成意外和伤害的条件，即“突然的、外来的、非本意的和致害物”的条件，这说明事故发生的直接原因来自被保险人身体方面，属于疾病的范畴，而非意外伤害事实。所以，保险公司应按照疾病死亡给付保险金额50万元。

二、人身意外伤害保险的特征

知识库

关注保险业“第三领域”

“第三领域”的概念是从日本引进的。日本的保险法中将其定义为“约定对意外伤害和疾病给付一定金额的保险金，并对由此产生的该当事人受到的损害予以补偿，收取保费的保险”。第三领域是指介于寿险和财险公司传统经营范围之间的领域，即我国的健康保险和意外伤害保险领域。为增强保险市场的活力，日本保险管理当局规定，意外伤害保险和健康保险既不属于人寿保险，也不属于财产保险，而是属于第三领域的险种，两类保险公司皆可以自由销售第三领域的产品。

我国现行的《保险法》规定，经营财产保险业务的保险公司经保险监管部门允许，可以经营短期健康保险业务和意外伤害保险业务。健康保险和意外伤害保险成为我国保险市场的第三领域。

健康保险和意外伤害保险被认为是第三领域，有其理论上的依据。因为这两类险种都是以人的身体为标的，所以在分业经营初期，政府一般将其划入寿险的经营范围。但是根据保险经营的一些基本特点，这两类险种业务也应该被纳入财险公司的业务范围，这是因为：第一，财险经营的费率厘定以不确定的偶然性事故发生的概率统计为前提，寿险一般是参照统一的生命表较精确地厘定费率；第二，财险经营一般以一年为一个会计核算周期，寿险合同一般是长期性合同，带有储蓄的性质，以每份合同有效期为一个核算周期；第三，财险经营收益主要来自“费差益”，寿险收益主要来源于“死差益”，两者的“利差益”不同；第四，财险经营以补偿事故实际损失和费用支出为目的，一般实行非定额补偿，寿险的经营针对人的生存或死亡实行定额给付。第三领域的两种保险在费率厘定、保险赔偿方面与财产保险相似，在保险对象上与人身保险相同。

（一）人身意外伤害保险与人寿保险的比较

1. 承保条件不同

相对于其他人身保险业务而言，人身意外伤害保险的承保条件一般较宽，高龄者可以投保，而且对被保险人不必进行体格检查。人身意外伤害保险承保被保险人因外来、突发性意外事故导致的身体残疾或死亡的保险金给付，其可保风险与职业、工种有关。人寿保险则是以被保险人在一定时期的生存或死亡为保险金的给付条件，与被保险人的年龄关系密切。

2. 保险期限不同

人身意外伤害保险大多是短期保险，一般不超过一年。但是，人身意外伤害造成的后果有时需要经过一定时间以后才能确定，因此，人身意外伤害保险一般有一个关于责任期限的规定，即只要被保险人遭受意外伤害的事件发生在保险期限内，自遭受意外伤害之日起的一定时期即责任期限内（通常为 90 天、180 天）造成死亡或残疾的后果，保险人要承担给付保险金的责任。人寿保险则保险期限较长，少则一年，长则终身。

3. 保险金给付方式不同

人身意外伤害保险和人寿保险都是采取定额给付方式，保险合同都是给付性质的。但人身意外伤害保险的保险金给付主要分为死亡给付和伤残给付两种方式。当被保险人死亡时，保险人依照保险合同条款中的约定，如数给付死亡保险金；残疾保险金给付较为复杂，其数额须依据被保险人的残疾程度、保险金额的一定百分比计算给付（参见人身保险残疾程度与保险金给付比例表），当残疾保险金给付未达到给付的最高限额时，保险合同继续有效。而人寿保险合同的定额给付不存在比例给付规定，只要被保险人在合同约定的时间生存或死亡，保险人按合同约定履行给付保险金义务后，合同即告终止。

4. 保费计算和责任准备金计算不同

人身意外伤害保险的纯保险费率是根据保险金额损失率计算的，其保险费率的厘定一般不需要考虑被保险人的年龄、性别等因素。因为遭受意外伤害的概率主要取决于被保险人的职业、工种或所从事的活动，与被保险人的年龄、性别、健康状况无必然的、内在的联系。在其他条件相同的情况下，被保险人的职业、工种、所从事活动的危险程度越高，应缴的保费就越多。同时，人身意外伤害保险的保费为一次缴清，而人寿保险的保费多为分期缴纳。

由于人身意外伤害保险的纯保险费率计算原理与非寿险相同，而与寿险业务有着很大的不同，所以，责任准备金的计算也就采用非寿险的计算原理，即按当年保费收入的一定百分比计算。

5. 业务性质不同

人身意外伤害保险是短期业务，属于保障性业务，与人寿保险业务的长期性不同。人寿保险具有储蓄性、分红性或投资性，保单具有现金价值，通常可以用来办理质押贷款。

（二）人身意外伤害保险与人身伤害责任保险的比较

人身意外伤害保险是人身保险业务中的一种，而人身伤害责任保险是财产保险中责任保险的一种。二者的区别可从下述几方面界定。

1. 保险标的不同

人身意外伤害保险的保险标的是被保险人的身体和生命；人身伤害责任保险的保险标的是被保险人对他人依法应承担的民事赔偿责任。

2. 保障范围不同

人身意外伤害保险不论事故的起因，凡是保险责任范围内的事故造成被保险人死亡、伤残的，保险人均负责赔偿；人身伤害责任保险则只有当被保险人依据法律对第三者负有法律赔偿责任时，保险人才履行赔偿责任。

3. 适用的赔偿原则和赔偿金额的确定方式不同

人身意外伤害保险适用定额给付原则，赔偿金额是根据保险合同中规定的死亡或伤残程度给付标准来给付的；人身伤害责任保险适用补偿原则，保险赔偿是以被保险人依照法律或合同对第三者的人身伤害承担民事赔偿责任为依据，赔偿金额根据保单规定的限额与被保险人应对第三者负责的赔偿金额较低者确定。

4. 合同主体不同

人身意外伤害保险的投保人既可以为自己投保，也可以为与其有保险利益的其他自然人投保，投保人与被保险人可以为同一人（此时被保险人为缴费义务人），也可为不同的人（此时被保险人不是缴费义务人）；人身伤害责任保险的投保人与被保险人一般为同一人，同时是缴费义务人。

人身意外伤害保险的被保险人只能是自然人，是可能遭受意外伤害的人；人身伤害责任保险的被保险人可以是自然人，也可以是法人，是可能承担民事赔偿责任的人。

三、人身意外伤害保险的分类

（一）按照保险对象不同分类

按照保险对象不同，可以分为个人意外伤害保险和团体意外伤害保险。

1. 个人意外伤害保险

个人意外伤害保险是以个人作为保险对象的各种意外伤害保险，如“中小学生平安保险”“投宿旅客意外伤害保险”“人身意外伤害综合保险”等。这类险种的主要特点是保险费率低但保障程度较高，投保人只要缴纳少量的保费，即可获得较大程度的保障。

相关链接

个人意外伤害保险简介

（1）保险的功能与特点。个人意外伤害保险是意外伤害保险的基本险种，大多数特种意外伤害保险是由此演变而来的，它是我国意外伤害保险中的最主要险种。其特点是：保费相当低；保障高；保险费率分档次，可以按职业或工种变化转嫁风险。形式上多为卡式，展业方式一般是作为个人寿险的补充或采取兼业代理方式。

（2）保险条件。年龄在65周岁以下，身体健康，能正常学习、工作或正常劳动的自然人均可投保。

（3）保险责任：

1）意外身故保险金给付。被保险人因遭受意外伤害事故，并自事故发生之日起180日内身故的，保险人按保险合同中列明的保险金额给付身故保险金。

2）意外伤残保险金给付。被保险人因意外伤害导致残疾，保险人按保单所载保险金额及该项身体残疾所对应的给付比例给付残疾保险金。如治疗仍未结束，按意外伤害发生之日起第180日时的身体情况进行鉴定，并据此给付保险金。被保险人因同一意外伤害造成两项及两项以上身体残疾时，保险人给付对应项残疾保险金之和。但不同残疾项目，如属于同一手或同一足时，保险人仅给付其中一项残疾保险金；如残疾项目所对应的比例不同时，仅给付其中比例较高的一项残疾保险金。

（4）除外责任。包括：投保人故意杀害、伤害被保险人；被保险人犯罪或拒捕、自杀或故意自伤；被保险人斗殴、醉酒，服用、吸食或注射毒品；被保险人从事潜水、跳伞、攀岩、探险、武术比赛、摔跤比赛、特技表演、赛马、赛车等高风险运动或活动；被保险人因身患疾病导致身故或残疾；战争、军事行动、恐怖活动、暴乱或武装叛乱；核爆炸、核辐射或核污染等。

（5）保险金额和保费。保险金额一般由投保人和保险人约定并于保单或保险凭证上载明。保费依据保险金额与保险费率计收，一般普通工种每人每千元保额每年保费为1.8元。其他职业的相应保险费率详见各公司的个人人身意外伤害保险条款和职业分类表。

（6）保险期限。个人意外伤害保险的保险期限为一年，期满时再办理续保手续。

2. 团体意外伤害保险

团体意外伤害保险是以团体为保险对象的各种意外伤害保险。团体意外伤害保险是我国意外伤害保险中最主要和最基本的险种。中国人寿保险公司开办的普通团体意外伤害保险险种很多，它们的基本特点为：以单位为投保人；用对团体的选择取代了对个别被保险人的选择；规定最低保险金额；保险费率低，可根据工作性质的不同采用不同的费率标准。

相关链接

运动员团体意外伤害保险简介

（1）保险的功能与特点。运动员团体意外伤害保险属于死亡残疾保险。其特点是：采用团体投保方式，保障高，保险费率按运动类别分档次计算；是运动意外伤害和一般意外伤害二者合一的特种意外伤害险种。

（2）保险条件。凡国家级运动员或省级运动队现役运动员均可作为被保险人，运动员所在单位作为投保人。

（3）保险责任：

1）死亡保险金给付。在保险有效期内，被保险人在运动训练和比赛期间发生运动意外伤害事故以致死亡的，由保险公司给付死亡保险金；被保险人在运动训练和比赛期间的日常生活中发生意外伤害事故造成死亡的，保险人按保单所载保险金额给付身故保险金。

2）残疾保险金给付。在保险有效期内被保险人在运动训练和比赛期间发生意外伤害事故所致残疾，保险人按保单所载运动意外伤害保险金额及《运动创伤程度分级标准》中该项身体残疾所对应的给付比例给付残疾保险金；被保险人在运动训练和比赛期间的日常生活中发生意外伤害事故造成残疾，保险人按保单所载保险金额及人身保险残疾程度与保险金给付比例表中该项身体残疾所对应的给付比例给付残疾保险金。

（4）除外责任。包括：投保人对被保险人的故意杀害、伤害；被保险人违法、故意犯罪或拒捕；被保险人斗殴、醉酒、自杀、故意自伤及服用、吸食、注射毒品；被保险人受酒精、毒品、管制药品的影响而发生的意外；被保险人酒后驾驶、无照驾驶及驾驶无有效行驶证的机动交通工具；被保险人流产、分娩；被保险人因检查、麻醉、手术治疗、药物治疗而导致的医疗意外；被保险人未遵医嘱，私自服用、涂用、注射药物；被保险人患有艾滋病或感染艾滋病病毒（HIV 呈阳性）期间；因意外伤害、自然灾害事故以外的原因失踪而被法院宣告死亡的；战争、军事行动、暴乱或武装叛乱；核爆炸、核辐射或核污染；在发生伤残事故的当场训练和比赛中，有直接或间接使用兴奋剂的行为；在训练和比赛中违犯法律、违反社会主义体育道德及损害国家、国家队或省级集训队声誉的行为；被保险人未经批准以个人名义或变相以个人名义参加的国内外的训练和比赛；在本保险投保之前已有疾病和残疾，投保时未如实告知而对保险事故的发生及鉴定有重大影响者；被保险人从事非训练、比赛要求的潜水、跳伞、攀岩、探险、武术、摔跤、特技、赛马、赛车等高风险运动和活动。

（5）保险金额和保费。保险金额按份计算，每份运动意外伤害保险金额和运动意外伤害医疗保险金额为人民币 1 万～1.5 万元。保费按照保险公司所附的运动分类表对应的费率标准计收，未列明的运动项目比照相关运动项目计收。

（6）保险期限。保险期限为一年。

（7）注意问题。运动意外伤害事故是指被保险人在国内外的训练和比赛中发生的以训练和比赛为直接原因的伤残事故，并符合本保险所附的《运动创伤程度分级标准》中所列明的伤残情形；多数保险公司对曾在世界三大赛事（奥运会、世锦赛、世界杯）中获得金牌的运动员，在比赛期间发生的运动意外伤害事故，按保单所载运动意外伤害保险金额及“运动标准”给付双倍保险金；被保险人因意外伤害事故所致的伤害的治疗仍未结束，按意外伤害发生之日起第 180 日时的身体情况进行鉴定，并据此给付保险金。

（二）按照保险承保风险不同分类

按照保险承保风险不同，可以分为普通意外伤害保险和特种意外伤害保险。

1. 普通意外伤害保险

普通意外伤害保险又称一般意外伤害保险。该保险是以意外事故造成被保险人死亡或伤残为保险责任，但不具体规定事故发生的原因和地点。这类意外伤害保险是为被保险人在日常生活中因一般风险导致的意外伤害而提供保障的一种保险。在实际业务中，大多意外伤害保险均属于普通意外伤害保险，如我国现开办的团体人身意外伤害保险、个人人身意外伤害保险、学生团体意外伤害保险等，这类险种属于意外伤害保险的主要险种，其主要特点是：保险费率低，承保一般的可保风险。

2. 特种意外伤害保险

特种意外伤害保险是指在特定时间、特定地点或由于特定原因而导致的意外伤害事件的保险，该保险与普通意外伤害保险相比较特殊，故被称为特种意外伤害保险。其种类主要有旅行意外伤害保险、交通事故意外伤害保险、电梯乘客意外伤害保险及特种行业意外伤害保险等。

（三）按照实施方式不同分类

按照实施方式不同，可以分为法定意外伤害保险和自愿意外伤害保险。

1. 法定意外伤害保险

法定意外伤害保险又称强制意外伤害保险，是政府通过颁布法律、行政法规、地方性法规强制施行的人身意外伤害保险。强制意外伤害保险是基于国家法令的效力构成的被保险人与保险人的权利和义务关系。目前，对于高危行业的强制意外伤害保险工作也已在我国部分地区开始组织实施，如建筑行业中建筑公司为建筑工人投保意外伤害保险，采掘行业中煤矿为矿工投保意外伤害保险等。

2. 自愿意外伤害保险

自愿意外伤害保险是投保人和保险人在自愿基础上通过平等协商订立保险合同的人身意外伤害保险，即由投保人根据自己的意愿和需求投保的意外伤害保险。我国目前开办的意外伤害保险的险种绝大多数都属于自愿形式，如个人人身意外伤害保险、航空旅客意外伤害保险等，均采取自愿形式投保。

（四）按照保险期限不同分类

按照保险期限不同，可以分为长期意外伤害保险、短期意外伤害保险和极短期意外伤害保险。

1. 长期意外伤害保险

长期意外伤害保险是指保险期限超过一年的意外伤害保险。

2. 短期意外伤害保险

短期意外伤害保险一般是指保险期限为一年的人身意外伤害保险。在人身意外伤害保险中，一年期意外伤害保险占大部分。保险公司目前开办的个人人身意外伤害保险、附加意外伤害保险等均属于一年期意外伤害保险。短期意外伤害保险大多是普通意外伤害保险。

3. 极短期意外伤害保险

极短期意外伤害保险是指保险期限不足一年，只有几天、几小时甚至更短时间的意外伤害保险。我国目前开办的公路旅客意外伤害保险、旅游保险、索道游客意外伤害保险、游泳池人身意外伤害保险、大型电动玩具游客意外伤害保险等，均属于极短期意外伤害保险。极短期意外伤害保险大多是特种意外伤害保险。

相关链接

如何选择旅游保险？

每年的夏季都是旅游旺季，可是夏季又是多雨季节，尤其是近几年一些旅游景点暴雨成灾，游客们被困情况屡有发生，由此引发人们对旅游保险的关注。目前，旅游保险主要有以下四类：

一是旅客意外伤害保险。此险种主要针对的是旅游者出门乘坐交通工具的过程中出现意外伤害后的保障。保险的期限是从旅游者检票进站或中途上车、上船开始算起，到旅游者检票出站或中途下车、下船为止。这种意外伤害保险在乘客买票时一同购买。

二是旅游人身意外伤害保险。此险种主要针对的是旅游者在景区体验惊险游览项目中出现意外伤害后的保障。旅游者可以自愿选择该保险，其保费低，保险金额高。一般来说，每份的保费只要1元，但保险金额能达到1万元，允许旅游者一次买若干份。

三是住宿旅客人身保险。此险种主要针对的是旅游者在旅游住宿期间出现意外后的保障。对于该保险，旅游者可根据需要自愿购买，其保费低，保险金额高。

四是旅游救助保险。此险种主要针对的是出境旅游者在境外出现意外后对其进行及时救助，是将过去的旅游人身意外伤害保险范围进一步扩大，如果旅游者在境外旅游期间出现意外，只要拨打救援电话，与保险公司合作的救援组织工作人员就会及时赶到现场进行有效的无偿救助。

旅游者如果经常跟团游，可以考虑购买一年期的意外伤害保险产品。

（五）按照保险承保的责任不同分类

按照保险承保的责任不同，可以分为意外伤害死亡残疾保险、意外伤害医疗保险、综合性意外伤害保险和意外伤害失能收入损失保险。

1. 意外伤害死亡残疾保险

意外伤害死亡残疾保险是指保险人仅以被保险人遭受意外伤害而致死亡或残疾为保险金给付条件的一种保险。

2. 意外伤害医疗保险

意外伤害医疗保险是指当被保险人由于遭受意外伤害需要治疗时，保险人给付医疗保险金的一种保险。

3. 综合性意外伤害保险

综合性意外伤害保险是指保险人除了承担被保险人因意外伤害的身故保障、残疾保障之外，还提供意外伤害医疗保险金，即在普通意外伤害保险的基础上扩大了保障范围的一种保险。如太平洋人寿的“世纪行差旅出行保障卡”、平安人寿的“航空平安卡”，以及中国人寿的“综合交通意外险”等，都是综合性的出行意外伤害保险，涵盖了被保险人出行的方方面面，可以全面取代出外旅游的旅游保险和航空意外险，也可以作为保户平时工作和生活中的交通意外保险。它具有投保范围广、保障全面的特点，既保障意外死亡，又保障意外伤残和意外伤害医疗。

小资料

电子化航空意外伤害保险单现身国内市场

由中国国际航空公司、中航三星人寿保险公司、航联保险经纪公司三方联合开发的电子化航空意外伤害保险，正式在国航北京地区销售点全面销售。由此，国航成为北京地区第一家推出电子化航空意外伤害保险销售服务的航空公司。南航联手美亚财产保险公司和航联保险经纪公司，在广州地区首次推出了电子化航空意外伤害保险的网上直销业务。所谓电子化航空意外伤害保险，就是依附于电子客票而产生的一种创新保险模式。跟传统航空意外伤害保险需单独提供给旅客一份纸质保单不同，电子化航空意外伤害保险的保费支付、投保提示等信息是直接打印在电子客票行程单上的，需要与电子客票一起购买。将来旅客报销时，以电子客票行程单作为保费报销凭证。保单信息与电子客票信息“合二为一”，大大方便了旅客的购买和携带。由于电子化航空意外伤害保险的出单信息与乘机人信息同时存储，并全程实行电子化管理，因而杜绝了“空心保单”“黑保单”等侵害旅客利益的行为发生。每份保单的保费为20元，保额为60万元，并提供最高6万元保额的意外伤害医疗保险。

4. 意外伤害失能收入损失保险

意外伤害失能收入损失保险是指当被保险人由于遭受意外伤害暂时丧失劳动能力不能工作时，保险人给付误工损失保险金的一种保险。由于薪金标准不好掌握，故目前我国这类险种并不多见。

第二节　人身意外伤害保险条款

一、人身意外伤害保险的保险责任与除外责任

（一）人身意外伤害保险的保险责任

人身意外伤害保险的保险责任包括可保风险、承保项目和保险责任判定。

1. 人身意外伤害保险的可保风险

（1）一般可保意外伤害。一般可保意外伤害是指在一般情况下，对普通风险都给予承保的意外伤害，即剔除不可保意外伤害、特约承保意外伤害外，均属于一般可保意外伤害。

其实，特约承保意外伤害与一般可保意外伤害之间并无绝对界限。随着科学技术的发展和保险承保能力的提高，某些危险程度较高、曾被列为特约承保意外伤害的活动，现在也成为一般可保意外伤害。例如，乘坐飞机危险较大，被保险人因飞机失事造成的意外伤害曾被列为意外伤害保险的除外责任，只有经过特别约定才能承保，但现在，由于乘坐飞机较安全，被保险人因飞机失事造成的意外伤害不再列为除外责任，成为一般可保意外伤害。由此可见，意外伤害的三种划分具有相对性。

（2）特约承保意外伤害。特约承保意外伤害从保险原理上讲是可以承保的，但是，保险人往往考虑到意外伤害的概率大且保险责任不易区分或限于承保能力，将特约承保意外伤害列为普通意外伤害保险的除外责任，不予承保。被保险人确实需要投保的，可选择特种意外伤害保险或在办理普通意外伤害保险的基础上经与保险人特别约定，采用在保单上特别批注的方式，另外加收保费后予以承保。特约承保意外伤害一般包括：

1）战争造成的意外伤害。由于战争使被保险人遭受意外伤害的风险过大，保险公司一般没有能力承保。战争是否爆发、何时爆发、会造成多大范围的人身伤害，往往难以预计，保险公司一般难以厘定保险费率。

2）被保险人从事登山、跳伞、滑雪、江河漂流、赛车、拳击、摔跤等剧烈的体育活动或比赛中造成的意外伤害。被保险人从事上述活动或比赛时，会使其遭受意外伤害的概率大大增加，因而保险公司一般不予承保。

3）核辐射造成的意外伤害。核辐射造成人身意外伤害的后果，一般在短期内不能确定，而且如果发生大的核爆炸，会造成较大范围内的人身伤害，从技术上和承保能力上考虑，保险公司一般不予承保。

4）医疗事故造成的意外伤害。如医生误诊、药剂师发错药品、检查时造成的损伤、手术切错部位等，这类意外伤害可归属于健康保险，所以，保险公司在普通意外伤害保险中不予承保医疗事故造成的意外伤害。

2. 人身意外伤害保险的承保项目

（1）死亡保障。被保险人因遭受意外伤害死亡时，保险人给付死亡保险金。

（2）残疾保障。被保险人因遭受意外伤害残疾时，保险人给付残疾保险金。

（3）人身意外伤害保险的派生项目。一般情况下，人身意外伤害保险以意外死亡和意外残疾为承保的主要内容，这是人身意外伤害保险的基本项目。其派生项目包括医疗费用给付、误工给付、丧葬费给付和遗属生活费给付等责任。

需要注意的是，特种意外伤害保险的保险责任仅限于特定时间、特定地点或特定原因而造成的意外伤害。例如，“游泳者意外伤害保险”的保险责任仅限于在游泳池（场）内发生的溺水死亡。

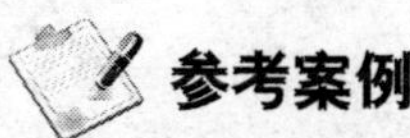

意外伤害医疗费用给付

某女投保了意外伤害保险，因夜间骑车不慎撞在水泥桩上跌伤，在当地公立医院诊断为右胫骨骨折，支出医疗费共 560 元，次日因不放心又在一家私人诊所重新拍片、买药支出 460 元，要求保险公司理赔。保险公司根据保险合同的约定，对其在私立医院所支付的费用 460 元按除外责任处理，不予赔付。意外伤害保险合同条款规定了意外伤害医疗费用的绝对免赔金额为 100 元，给付比例为 80%。那么，保险公司赔付金额应为（560—100）×80%，即 368 元。

3. 人身意外伤害保险的保险责任判定

人身意外伤害保险的保险责任构成条件如下：

（1）被保险人在保险期限内遭受了意外伤害。被保险人遭受意外伤害必须是客观发生的事实，而不是臆想的或推测的。

（2）被保险人在责任期限内死亡或残疾。责任期限是意外伤害保险的重要概念，指自被保险人遭受意外伤害之日起的一定期限（如 90 天、180 天等），如果被保险人发生死亡或残疾等保险事故，保险人仍然应承担保险责任。如果被保险人在保险期限内遭受意外伤害，在责任期限内死亡，则显然已构成保险责任。但是，如果被保险人在保险期限内因意外事故下落不明，自事故发生之日起满两年、法院宣告被保险人死亡后，责任期限已经超过。为了解决这一问题，可以在意外伤害保险条款中订有失踪条款或在保单上签注关于失踪的特别约定，规定被保险人确因意外伤害事故下落不明超过一定期限（如三个月、六个月等）时，视同被保险人死亡，保险人给付死亡保险金；如果被保险人以后生还，受领保险金的人应将保险金返还给保险人。

责任期限对于意外伤害造成的残疾来说实际上是确定残疾程度的期限。如果被保险人在保险期限内遭受意外伤害，治疗结束后被确定为残疾，并且责任期限尚未结束，当然可以根据确定的残疾程度要求给付残疾保险金。但是，如果被保险人在保险期限内遭受意外伤害，责任期限结束时治疗仍未结束，尚不能确定最终是否造成残疾以及造成何种程度的残疾，那么，就应该推定责任期限结束时被保险人的组织残缺或器官正常机能的丧失为永久性的，即以这一时点酌情确定残疾程度，并按照这一残疾程度给付残疾保险金。以后，即使被保险人经过治疗痊愈或残疾程度减轻，保险人也不追回全部或部分残疾保险金。反之，即使被保险人加重了残疾程度或死亡，保险人也不追加给付保险金。

同理，对于持续性治疗所产生的医疗费用也应在责任期限范围内，并且以保险金额为最高限额，即医疗保险金累积给付已经达到保险金额时，保险合同责任终止。

知识库

被保险人死亡或残疾的法律界定

死亡即机体生命活动和新陈代谢的终止。在法律上发生效力的死亡包括两种情况：一是生理死亡，是指生物学意义上的死亡，即已被证实的人的机体死亡；二是宣告死亡，即按照法律程序推定的死亡。《中华人民共和国民法总则》第 46 条规定：“自然人有下列情形之一的，利害关系人可以向人民法院申请宣告该自然人死亡：（一）下落不明满四年；（二）因意外事件，下落不明满二年。因意外事件下落不明，经有关机关证明该自然人不可能生存的，申请宣告死亡不受二年时间的限制。”

残疾包括两种情况：一是人体组织的永久性残缺（或称缺损），如肢体断离等；二是人体器官正常机能的永久丧失，如丧失视觉、听觉、嗅觉、语言机能，运动障碍等。

（3）意外伤害是死亡或残疾，或是支付医疗费用的近因。在人身意外伤害保险中，被保险人在保险期限内遭受了意外伤害，并且在责任期限内死亡或残疾，并不意味着必然构成保险责任。只有当意外伤害与死亡、残疾之间存在因果关系，即意外伤害是死亡或残疾的近因时，才构成保险责任。

总之，被保险人在保险期限内遭受了意外伤害，被保险人在责任期限内死亡或残疾，被保险人所受意外伤害是其死亡或残疾的直接原因或近因，这三个必要条件缺一不可。

参考案例

突然死亡——一起看似“意外”的保险案件

2005 年 9 月，马某某在光大永明人寿保险有限公司北京分公司为其父马某投保永宁康顺综合个人意外伤害保险，保额为 5 万元人民币。依照保险合同条款的约定，当被保险人遭受意外事故并且因此导致身故或高度残疾时，保险公司应承担保险责任。2006 年 3 月 26 日，马某在超市购物时倒地，经抢救无效死亡，北京市海淀区公安分局刑侦大队介入此案并对尸体进行了检验。尸检报告结论为：“马某尸体全身未见重要外伤，血液中未检出常见毒物，可排除外伤及中毒。结合案情，不排除猝死。此类疾病，可因过度劳累、情绪激动以及外伤等而诱发。”光大永明人寿保险公司经过调查后，认为被保险人身故原因不属于合同约定的“意外事故”，因此做出了拒赔决定。

资料来源：http：//news. vobao. com，2013-09-11.

（二）人身意外伤害保险的除外责任

人身意外伤害保险的除外责任一般是指被保险人因违反法律规定和社会公共道德规范而引发的道德风险，保险人一般不承担这类风险的给付责任。

（1）被保险人在犯罪活动中所受的意外伤害。意外伤害保险不承保被保险人在犯罪活动中受到的意外伤害的原因是犯罪活动具有社会危害性，如果承保被保险人在犯罪活动中所受的意外伤害，即使该意外伤害不是由犯罪行为直接造成的，也会损害社会公共利益。

（2）被保险人在寻衅斗殴中所受的意外伤害。寻衅斗殴是指被保险人故意制造事端挑起的殴斗。寻衅斗殴不一定构成犯罪，但具有社会危害性，属于违法行为，因而保险公司不能承保，其道理与不承保被保险人在犯罪活动中所受的意外伤害相同。

（3）被保险人在酒醉、吸食（或注射）毒品（如海洛因、鸦片、大麻、吗啡等麻醉剂、兴奋剂、致幻剂）后发生的意外伤害。酒醉或吸食毒品对被保险人身体的损害是被保险人的故意行为所致，理应不属于意外伤害。

（4）被保险人的自加伤害和自杀行为造成的意外伤害。意外伤害保险人仅承担外来的、偶然的、突发性事件导致的被保险人的意外伤害，被保险人的自加伤害和自杀行为属于故意行为，对其所导致的结果保险人不负责赔偿。

二、人身意外伤害保险保险金的给付

（一）死亡保险金的给付

1. 死亡保险金的给付方式

在人身意外伤害保险合同中，死亡保险金的数额是保险合同中规定的，被保险人在保险有效期内因发生保单规定的意外事故而死亡时，保险人按照保险合同的规定如数给付保险金。按照我国人身意外伤害保险条款的规定，死亡保险金为保险金额的100%。

2. 死亡保险金给付的注意事项

（1）当保险人承担身故保险金给付责任后，保险责任即告终止。

（2）如果在给付死亡保险金之前，已经给付过残疾保险金，则应当从死亡保险金中扣除已支付的残疾保险金。

（3）如果被保险人因意外事故而被依法宣告失踪或死亡，保险人给付死亡保险金后，被保险人生还，则被保险人应当向保险人退还死亡保险金。

（4）如果意外伤害保险中附加了医疗保险，则保险人在给付保险金时，应当分别计算医疗保险金与死亡或残疾保险金。

（二）残疾保险金的给付

1. 残疾保险金的给付方式

残疾保险金的给付比较复杂，保险公司要将残疾分为暂时性残疾和永久性残疾，并只对永久性残疾负给付责任。所以，在给付前要对被保险人的残疾状况进行认定，然后确定残疾程度，残疾程度一般以百分率表示。残疾保险金的数额由保险金额和残疾程度百分率两个因素确定，其计算公式是：

残疾保险金＝保险金额×残疾程度百分率

在人身意外伤害保险合同中，应列举残疾程度百分率，列举得越详尽，给付残疾保险金时，保险人和被保险人就越不易发生争执。但是，无论残疾程度百分率列举得如何详尽，也不可能包括所有的情况。对于残疾程度百分率中未列举的情况，只能由当事人之间按照公平、合理的原则，参照列举的残疾程度百分率协商确定，协商不一致时可提请有关机关仲裁或由人民法院审判。

2. 残疾保险金给付的最高限额

人身意外伤害保险的保险金额不仅是确定死亡保险金、残疾保险金的依据，而且是保险人给付保险金的最高限额，即保险人给付每一被保险人的死亡保险金和残疾保险金，累计以不超过该被保险人的保险金额为限。当一次意外伤害造成被保险人身体若干部位残疾时，保险人按保险金额与被保险人身体各部位残疾程度百分率之和的乘积计算残疾保险金；如果各部位残疾程度百分率之和超过100%，则按保险金额给付残疾保险金；当被保险人在保险期限内多次遭受意外伤害时，保险人对每次意外伤害造成的残疾或死亡均按保险合同中的规定给付保险金，但给付的保险金以累计不超过保险金额为限。

3. 残疾保险金给付的注意事项

（1）残疾保险金的受益人是被保险人本人，应由被保险人或其委托代理人作为保险金的申请人。如为代理人，应提供授权委托书、身份证明等相关文件。

（2）被保险人的身体残疾程度可根据由保险公司指定或认可的医疗机构出具的残疾程度鉴定书确定。

（3）被保险人的身体损伤在医疗终结时间内彻底治愈的，不予以伤残给付；在医疗终结时间结束后仍不能治愈，留有不同程度后遗症的，可按180天责任期终止时的有效鉴定，对照给付标准给付残疾保险金。

（4）人身保险残疾程度与保险金给付比例表的残疾程度分为10级281项，既适合作为因意外伤害导致残疾的保险金给付标准，也适合作为因疾病引起的残疾保险金的给付标准。

（三）医疗保险金的补偿

1. 医疗保险金的补偿方式

在综合性的人身意外伤害保险中，被保险人因遭受意外伤害事故支出医疗费用时，由保险人按合同约定予以补偿。

意外伤害保险医疗保险金补偿应同时具备遭受意外伤害和因此而发生了医疗费用两个条件。由于同时具备这两个条件，因此，意外伤害保险医疗保险金的补偿较健康险医疗保险金的补偿比例要高一些，但往往也设立了绝对免赔额来控制医疗保险金，如100元。损失在免赔额内，保险人不负赔偿责任，对免赔额以上部分通常进行比例补偿，比例为50％～80％。所以，大多人身意外伤害保险条款都有这方面的规定：被保险人因遭受意外伤害在县级以上（含县级）医院或本公司认可的医疗机构诊疗所支出，符合当地社会医疗保险主管部门规定可报销的医疗费用，在扣除人民币100元免赔额后，在意外医疗保险金额范围内，按其实际支出的医疗费用的80％赔偿保险金。

2. 医疗保险金的给付范围

医疗保险金给付的范围包括治疗费、药费、抢救费、住院费等。医疗费用的发生必须从意外伤害发生后的若干日内开始，以避免无法认定医疗费用发生的直接原因。

3. 医疗保险金补偿的注意事项

意外伤害保险医疗保险金补偿的注意事项主要包括：

（1）发生意外事故的证明材料，如由医疗事故鉴定部门出具的医疗事故鉴定书、由劳动部门出具的工伤事故鉴定书、由公安部门出具的交通事故认定书或处理意见、由公安行政部门出具的刑事案件证明书、由医疗单位出具的中毒事故证明材料等。

（2）确认被保险人所遭遇的意外伤害为保险事故。

（3）因意外事故在外地或非指定医院诊治的，需出具就诊医院的急诊证明。

（4）所承担意外伤害保险医疗保险金的赔偿责任以保险金额为限，一次或累计给付保险金达到意外医疗保险金额时，该项保险责任终止。

本章小结

人身意外伤害保险是指在保险合同有效期内因意外伤害而致被保险人身故或残疾为给付保险金条件的保险。“意外”是指伤害事件的发生是被保险人事先没有预见到的或伤害事件的发生违背了被保险人的主观意愿。造成意外伤害必然有意外事故的发生，意外事故是指外来的、突发的、非本意的事故。“伤害”是指被保险人的身体受到外来致害物侵害的客观事实，伤害由致害物、侵害对象、侵害事实三要素构成。

人身意外伤害保险与人寿保险的区别是：承保条件不同、保险期限不同、保险金给付方式不同、保费计算和责任准备金计算不同、业务性质不同。人身意外伤害保险与人身伤害责任保险的区别是：保险标的不同、保障范围不同、适用的赔偿原则和赔偿金额的确定方式不同、合同主体不同。

人身意外伤害保险可以按照保险对象、承保风险、实施方式、保险期限、保险承保的责任等不同标准进行分类。人身意外伤害保险的保险责任的构成条件是：被保险人在保险期限内遭受了意外伤害；被保险人在责任期限内死亡或残疾；被保险人所受意外伤害是其死亡或残疾的近因。三者缺一不可。

人身意外伤害保险的保险责任是意外伤害，但是并非一切意外伤害都是意外伤害保险所能承保的。一般可以分为不可保意外伤害、特约承保意外伤害和一般可保意外伤害三种。

人身意外伤害保险属于定额给付性保险。人身意外伤害保险的责任保障主要包括两项：被保险人因意外伤害所致的死亡和残疾。意外死亡给付和意外伤残给付是意外伤害保险的基本责任，其派生责任包括医疗费用补偿、误工给付、丧葬费给付和遗属生活费给付等。所以，当保险责任构成时，保险人按保险合同中约定给付死亡保险金或残疾保险金，有的还包括医疗保险金的补偿。

重点概念

意外伤害　　人身意外伤害保险　　责任期限　　死亡　　残疾

复习思考题

1. 思考题

（1）意外伤害的含义和构成条件是什么？

（2）人身意外伤害保险的概念、特点和分类是什么？

（3）人身意外伤害保险与人寿保险和人身伤害责任保险的区别有哪些？

（4）人身意外伤害保险的保险责任、除外责任和给付方式是怎样规定的？

2. 案例分析题

（1）俗话说“气死人不偿命”，但是，如果是被保险人被人气死了，保险公司该不该给付保险金呢？请看下面的案例：

2000年11月19日，黑龙江省哈尔滨市香坊区人民法院公开审理了郭某华诉某人寿保险公司保险合同纠纷案。事情的起因是：原告郭某华之父郭某德，于2000年6月8日因患心肌梗死到哈尔滨医科大学附属医院住院治疗，入院时与某人寿保险公司签订了住院病人医疗责任及人身意外伤害保单。保单中约定，病人在保险有效期内由意外伤害事故或医疗事故导致死亡的，保险公司给付保险金额1万元。2000年6月12日，郭某德病情稳定正准备出院时，却因关灯琐事与同室患者发生争执而生气，猝然死亡。原告向被告申请给付保险金，而被告却认为郭某德的死亡不属于保险责任范围，拒绝给付保险金，郭某华无奈，一纸诉状将保险公司告上法庭。

问题：1）利用所学知识说明意外伤害的构成条件。

2）“气死人”是否属于意外伤害？

3）保险公司是否应承担意外伤害保险金的给付责任？

（2）公司职员王某于2012年1月17日在某寿险公司购买意外伤害保险“爱心卡”一张，意外伤害保险金额8 000元，附加意外伤害医疗费用2 000元，保费20元，保险期限1年。2012年8月5日，王某在家中不慎挫伤右脚，花去医疗费用800元，王某因休病假15天被单位扣发奖金200元。假设意外伤害医疗费用免赔额为100元，给付比例是80%。

问题：请计算保险公司应给付王某多少保险金。

3. 实训题

在外打拼多年的李先生终于有机会回老家看望久违的父母，这消息被几位发小得知后，回来的当天都没让他进家门，便拉他出去聚一聚，李先生在吃完小龙虾回家后，半夜浑身酸疼，四肢乏力，不停呕吐，被家人送往医院治疗，检查结果确诊为食物中毒引起的急性骨骼肌溶解症，可能和进食小龙虾有关，但是其他人无异常。李先生单位购买了意外伤害保险，并附加意外伤害门诊急诊保险。

要求：作为一名保险公司员工，根据被保险人的保单情况做出正确处理。

第七章　健康保险

章前引例及分析

如何选择购买重疾险?

在全民保险意识提高的现在，健康保险特别是其中的重疾险就像家中的药箱一样，成了必备品。但有不少人曾认为，人只有病得快不行的时候才可以获得重疾险的理赔，其实，这是一种误解，随着重疾险的“轻症设计”越来越完善，重疾险所保障的病也越来越“轻”。轻症设计的出现，提高了全民投保的意识，重疾险毫无疑问地成为每个家庭的必备险种，轻症设计还让“大病早治”成为可能，同时减小了疾病恶化的可能。

对于希望购买重疾险的投保人而言，应该怎样选择合理的重疾险?

专家分析

购买重疾险主要可以从以下五个方面来考虑：

一是保障范围，一般来说，重疾险责任包含轻症重疾、重大疾病、身故、全残、疾病终末期等，尽量全面，因此投保人需要根据自己的经济状况购买至少10万元以上的重疾保额，而且越早买越好。

二是疾病种类，种类越多保障越全，除了重疾险外，应该再购买些住院报销及住院津贴等保险，弥补因为生病带来的收入损失。

三是期限，保险期限以终身为宜，缴费期限尽量选择10年以上。

四是对比价格，价格越低当然越好，要根据自己的实际情况，选择一个自己可以接受的保障标准。

五是良好的服务。

本章学习目标

通过本章的学习，你应该能够：

1. 掌握健康保险的概念、特点及业务分类。
2. 明确健康保险的主要险种及其责任范围。
3. 熟悉健康保险合同条款的特殊规定。

第一节　健康保险概述

一、健康保险的含义

健康保险是指以被保险人身体为保险标的，保险人对被保险人在保险期限内因患疾病、生育或发生意外事故受到伤害时所导致的医疗费用或收入损失进行补偿的一种保险。

我国《健康保险管理办法》第 2 条规定："本办法所称健康保险，是指保险公司通过疾病保险、医疗保险、失能收入损失保险和护理保险等方式对因健康原因导致的损失给付保险金的保险。"同时，该办法规定健康保险根据保障内容的不同包括疾病保险、医疗保险、失能收入损失保险和护理保险。

小资料

《健康保险管理办法》中与普通百姓相关内容的解读

《健康保险管理办法》条款多达53条，内容复杂，如何正确理解那些严肃的条款呢？其实，与普通老百姓密切相关并且能真正影响人们购买意向和行为的内容可以归纳为以下五个方面：

一是医疗保险产品和疾病保险产品不得包含生存给付责任。这意味着保险公司在该办法实施后推出的健康保险（主要指重疾险）肯定不能包含生存给付责任，换句话说就是：有病赔钱，无病不返本。

二是长期健康保险产品应当设置合同犹豫期，并在保险条款中列明投保人在犹豫期内的权利。长期健康保险产品的犹豫期不得少于 10 天。犹豫期是为了防止投保人一时冲动签单而做出的防范设置，如果投保人签收保单后 10 日内后悔，还可以无条件退保。

三是保险公司在健康保险产品条款中约定的疾病诊断标准应当符合通行的医学诊断标准，并考虑到医疗技术条件发展的趋势。健康保险合同生效后，被保险人根据通行的医学诊断标准被确诊患有疾病的，保险公司不得以该诊断标准与保险合同约定不符为理由拒绝给付保险金。

四是保险公司销售费用补偿型医疗保险，应当向投保人询问被保险人是否拥有公费医疗、社会医疗保险和其他费用补偿型医疗保险的情况。保险公司不得诱导被保险人重复购买保障功能相同或者类似的费用补偿型医疗保险产品。

健康保险的投保人得到赔偿金额的总和，不能超过医疗支出费用的总额。而且，商业医疗保险的功能只是作为社保和公费医疗的补充，商业保险赔付的一般只是社保赔付后的剩余部分资金，多买只会造成浪费。

五是保险公司销售健康保险产品，不得有下列行为：在医疗机构场所内销售健康保险产品；委托医疗机构或者医护人员销售健康保险产品。也就是说，医院等医疗机构以及医护人员都不得销售健康保险产品。

资料来源：http：//www.china-insurauce.com，2006-09-27.

二、健康保险的特征

（一）健康保险的一般特征

购买健康保险的目的在于被保险人在保险合同有效期限内，若发生危及其健康或生命的疾病或意外伤害等保险事件，由保险人按照合同约定承担对被保险人或受益人的损失补偿或保险金给付责任。健康保险与人寿保险、人身意外伤害保险均属于人身保险业务的范畴，因而与财产保险相比较具有如下特征：其一，均以被保险人的生命或身体作为保险标的；其二，都有明确的受益人的规定；其三，对保险利益原则的运用基本一致，保险利益的确定没有客观衡量标准，故均属于定额给付性合同；其四，健康保险中的长期性健康保险合同也适用人寿保险合同中的宽限期条款、复效条款等条款规定。

（二）健康保险的特点

健康保险与其他人身保险业务相比，存在下述特点。

1. 保险责任的特殊性

健康保险是以疾病、生育或意外伤害为保险风险，以被保险人因疾病或生育所致的医疗费用，或收入损失，或因意外伤害所产生的医疗费用及收入损失为保险金给付条件。这就是健康保险的主要责任范围。

2. 承保风险性质的特殊性

健康保险承保的风险为疾病，具有出险频率高、损失机会大，并且损失频率变化极不规则等特点。

3. 保险经营的特殊性

健康保险在核保过程中有非常严格、独特的制度。首先，按照风险程度将被保险人分为标准体和非标准体两类，设立非保体规定，具体包括拒保体和延期保险规定；其次，保险人针对被保险人所患特殊疾病制定特种条款；最后，健康保险核保时需要考虑被保险人的年龄、既往病症、现病症、家族病史、职业、居住环境及生活方式等多种因素。

4. 保险金给付条件的特殊性

健康保险合同既有定额给付性合同，也有补偿性合同。健康保险合同还有观察期、免赔规定、犹豫期、共同比例条款等方面的规定。

5. 管理方面的特殊性

健康保险承保风险的复杂多样性和产品功能的独特性决定了其经营管理方面独具特色。各国通常制定专门的法律条例对健康保险进行管理。我国《健康保险管理办法》从经营、产品、销售、精算和再保险等方面，对健康保险的经营行为以及违规经营所要承担的法律责任做出了明确规定。

三、健康保险的分类

（一）按照保障内容不同划分

按照保障内容不同，健康保险可分为疾病保险、医疗保险、失能收入损失保险和护理保险。

（1）疾病保险。指以保险合同约定的疾病的发生为给付保险金条件的保险。

（2）医疗保险。指以保险合同约定的医疗行为的发生为给付保险金条件，为被保险人接受诊疗期间的医疗费用支出提供保障的保险。

（3）失能收入损失保险。指以因保险合同约定的疾病或者意外伤害导致工作能力丧失为给付保险金条件，为被保险人在一定时期内收入减少或者中断提供保障的保险。

（4）护理保险。指以因保险合同约定的日常生活能力障碍引发护理需要为给付保险金条件，为被保险人的护理支出提供保障的保险。

（二）按照保险期限不同划分

按照保险期限不同，健康保险可分为长期健康保险和短期健康保险。

（1）长期健康保险。指保险期间超过一年，或者保险期间虽不超过一年但含有保证续保条款的健康保险。

（2）短期健康保险。指保险期间在一年及一年以下且不含有保证续保条款的健康保险。

（三）按照投保方式不同划分

按照投保方式不同，健康保险可分为个人健康保险与团体健康保险。

（1）个人健康保险。指保险人与保单所有人之间达成的合同，是以一个或数个自然人为保险对象由保险人提供健康保险保障的保险。

（2）团体健康保险。指保险人与团体保单持有人（投保人一般为雇主或法人代表）之间达成的合同，是保险人对主契约下的群体提供保险保障的保险。应注意，该团体不能是为购买团体健康保险而组成的团体。

（四）按照保险金给付方式不同划分

按照保险金给付方式不同，健康保险可分为定额给付型保险与费用补偿型保险。

（1）定额给付型保险。指保险人在被保险人发生合同约定的保险事件（如罹患合同约定的某种疾病）时，按照合同约定的保险金额和方法一次或分次给付保险金的保险。

（2）费用补偿型保险。指保险人针对被保险人因患疾病或发生意外伤害实际支出的医疗费用按照保险合同的约定进行补偿，弥补其经济损失的保险。

（五）按照组织性质不同划分

按照组织性质不同，健康保险可分为商业健康保险、社会健康保险、管理式医疗保险和自保计划。

（1）商业健康保险。指投保人与保险人双方遵循自愿原则，以双方所达成的保险合同为基础，在被保险人出现合同中约定的保险事故时，由保险人给付保险金的保险。

（2）社会健康保险。指国家通过立法形式，采取强制的方式对劳动者因患病、生育、伤残等原因所支出的费用和收入损失进行物质帮助的保险。

（3）管理式医疗保险。指一种将提供医疗服务和提供医疗服务所需资金相结合的医疗保险管理模式或管理系统。

（4）自保计划。指企业或事业单位的雇主，通过部分或完全自筹资金的方式承担其职工或雇员的医疗费用开支，并为此承担部分或全部损失赔偿责任。

（六）按照续保方式不同划分

按照续保方式不同，健康保险分为保证续保的健康保险和非保证续保的健康保险。

（1）保证续保的健康保险。保证续保的健康保险，即只要被保险人继续缴费，合同就可以成立，直至约定年龄为止，这时被保险人有选择保险公司的权利，而保险公司没有选择被保险人的权利的一种保险。按照我国《健康保险管理办法》第 3 条和第 20 条的规定，保证续保条款，是在前一保险期间届满后，投保人提出续保申请，保险公司必须按照约定费率和原条款继续承保的合同约定。含有保证续保条款的健康保险产品，应当明确约定保证续保条款的生效时间。含有保证续保条款的健康保险产品不得约定在续保时保险公司有调整保险责任和责任免除范围的权利。

（2）非保证续保的健康保险。非保证续保的健康保险，即在每一次续保时保险公司有选择是否给予续保权利的一种保险。一般包括可撤销保单和条件续保保单。可撤销保单是指在每一次续保时，保险公司可以任何理由拒绝续保、变更保费或责任范围的健康保险保单。对于这种保单，保险公司可以发出拒绝续保通知书，原保险合同到期终止。条件续保保单是指保险人仅可根据保单载明的特定理由拒绝续保，如果拒绝续保，需要提前 30 天发出拒绝续保通知书。对于条件续保保单，保险人还保留对同类保单进行费率变更和给付变更的权利。

四、健康保险的条款

（一）观察期条款

观察期也称试保期，是指健康保险合同成立之后到正式开始生效之前的一段时间。由于保险人仅仅凭借过去的病历难以判断被保险人是否已经患有某些疾病，为防止已经患有疾病的人带病投保，保证保险人的利益，通常在首次投保的健康保险单中规定一个观察期（90 天或 180 天等）。被保险人在观察期内所患疾病都推定为投保之前已经患有，其所支出的医疗费或导致的收入损失保险人不负责，只有观察期结束后保单才正式生效。连续续保的健康保险合同不再设置观察期。

如果被保险人在观察期内因疾病或者其他免责事项死亡，则保险人在扣除手续费后退还保费，保险合同终止。如果被保险人没有死亡，保险人可根据被保险人的身体状况决定是否继续承保，也可以危险增加为由解除保险合同。

（二）等待期条款

等待期也称免赔期，是指健康保险中因疾病、生育及其导致的疾病、全残、死亡发生后到保险金给付之前的一段时间。等待期的长短视健康保险的种类及规定有所不同。规定等待期，既可以为保险金申请人准备资料、申请索赔提供充足、有效的时间，又可以防止被保险人借轻微的小病或小额的医疗费用领取医疗保险金。同时，防止了被保险人自加伤害等道德风险的发生，也有利于保险人调查取证、核实情况，控制不合理保险金给付，防范保险欺诈，保证健康保险稳健经营。

（三）犹豫期条款

犹豫期也称冷静期，是指投保人收到保单之日起 10 日内。在犹豫期内，投保人可以无条件地要求保险公司退还保费，保险公司除收取最多 10 元的成本费以外，不得扣除任何费用（过了犹豫期以后的退保，保险公司通常要扣除较多的手续费）。但对于投资连结保险，如在此期间投资账户的资产价值减少，减少的部分将由投保人承担。犹豫期的设置是为了防止投保人因一时冲动而做出购买保险的决定，因此对于投保人来说，它无疑起到了缓冲器的作用。

我国《健康保险管理办法》第 15 条规定："长期健康保险产品应当设置合同犹豫期，并在保险条款中列明投保人在犹豫期内的权利。长期健康保险产品的犹豫期不得少于 10 天。"

（四）免赔额条款

在健康保险合同中，通常对医疗费用保险有免赔额条款的规定，在规定的免赔额以内的医疗费用支出由被保险人自己负担，保险人不予赔付。免赔额有两种：一种是相对免赔额；另一种是绝对免赔额。在健康保险业务中通常都采用绝对免赔额方式，该条款不仅能够促使被保险人努力恢复身体，节省不必要的医疗费用，减少道德风险的发生，而且可以减少保险人大量的理赔工作，从而减少成本。因此，这一条款对保险双方都有利。

（五）共保比例条款

共保比例条款也称共同分摊条款，类似于保险人与被保险人的共同保险，是指按照医疗保险合同约定的一定比例由保险人与被保险人共同分摊被保险人医疗费用的保险赔偿方式。例如共保比例为 80%，表明保险人只对医疗费用负担 80%，被保险人要自负 20%。这一条款可以促使医生和病人在治疗过程中减少和节约费用开支，避免医疗资源浪费。如果同一份健康保险合同既有共保比例条款又有免赔额条款，则保险人对超出免赔额以上部分的医疗费用支出采用与被保险人按一定比例共同分摊的方法进行保险赔付。

（六）给付限额条款

由于健康保险的被保险人的个体差异很大，因此其医疗费用支出的高低差异也很大，为保障保险人和大多数被保险人的利益，在具备补偿性质的健康保险合同中通常实行补偿性原则，即对于医疗保险金的给付通常有最高给付限额的规定，以控制总的支出水平。如单项疾病给付限额、住院费用给付限额、外科手术费用给付限额、门诊费用给付限额等。

（七）体检条款

该条款要求被保险人在提出索赔后，保险人有权要求被保险人接受由保险人指定的医生或医疗机构的体检，以便保险人确认索赔的有效性和具体赔付金额。该条款适用于疾病保险和失能收入损失保险。

（八）既存状况条款

该条款规定除非被保险人享受保险保障已达到约定的期限，否则保险人不负对被保险人的既存状况给付保险金的责任。既存状况又称既往症，是指在保单签发之前被保险人就已患有，但未在投保单中如实告知的疾病或伤残。通常保单规定被保险人必须告知保单签发前 2 年或更多年内所患过的疾病。对被保险人因既往症而发生属于责任范围内的损失时，保险人只在保单生效 2 年以后才给付保险金。

第二节　健康保险产品

一、疾病保险

（一）疾病保险的概念

疾病保险是指被保险人罹患合同约定的疾病时，保险人按合同约定的保险金额给付保险金，以弥补被保险人损失的保险。疾病保险并不考虑被保险人的实际医疗费用支出，而是依照保险合同约定给付保险金。疾病保险是健康保险业务的重要组成部分，它是以特定人群的特种疾病发生为保险金给付条件向被保险人提供经济保障的。

我国《健康保险管理办法》第 2 条规定："本办法所称疾病保险，是指以保险合同约定的疾病的发生为给付保险金条件的保险。"

（二）疾病保险的特点

疾病保险与医疗保险虽同属于健康保险业务范畴，但是，由于疾病保险对于"疾病"所赋予的特定含义，使得疾病保险双方当事人在权利和义务规定、保险业务管理等方面呈现出许多特点。

1. 承保"疾病"规定的特殊性

（1）内部原因的疾病。它必须是由人体内部的某种原因引发的，即是由某个或多个器官或组织异常，甚至某个系统产生病变而致功能异常，从而出现各种病理表现的情况，比如肺结核会引起低烧、咳嗽，胃肠炎表现为上吐下泻等。

这是区分疾病保险与人身意外伤害保险的一个重要特征。在实际生活中，健康保险所承保的疾病有许多是由外部原因引起的，但是，这种基于外界各种因素产生的疾病，像病菌感染或者环境污染，必须要在身体内部经过一段时间的作用，引起身体内部的各种物理、化学反应之后，才会出现某些临床症状、形成疾病，比如气候突变引发感冒、导致肺炎。又如高致病性 H5N1 型病毒引发的人类感染禽流感病毒产生的发热、肺炎等临床症状。

（2）非先天性疾病。保险人履行保险赔偿或保险金给付义务是以保险合同成立并生效后在保险期间内发生的保险事故为条件。因此，疾病保险要求疾病发生在保险合同的有效期内。被保险人的先天性疾病或缺陷，或者由于遗传原因而形成的疾病一般不属于健康保险的承保范围，如先天肢体残疾、器官性能残缺，或遗传性精神分裂等疾病，保险人不承担保险金给付责任。

（3）偶然性原因所致疾病。这里的偶然性是指被保险人是否会患某种疾病存在不确定性，包括患病的时间、地点、原因等无法预测，以及感染之后的治疗费用、对健康的影响程度等情况不可估量。

对于健康保险所承保疾病的偶然性的理解应该是：通常，人以健康为常态，患病为异常。这与一般人一生的状况也是一致的，生病时间是少数，正常情况下多为健康状态。同时，理解疾病的偶然性还应注意：1）它不包含必然发生的、自然的、生理现象所产生的病态，例如，年老体衰表现出来的视觉减退、记忆力下降等生理现象，保险人通常不负责；2）疾病一般在客观上可以通过各种医疗手段和措施减轻、缓解；3）保险人一般在订立合同、核保时就已经将某些客观的、明显存在的疾病或必然发生的有损人们健康的各种危险排除在保险承保范围之外，如对于常年卧床、依靠各种药物维持生命的被保险人，保险人通常拒绝承保。

2. 保险风险和保险对象的特殊性

疾病保险的各类保单对承保的疾病种类，以及所承担的有关费用等保险责任有专门定义，如国内保险市场上各种重大疾病保单对其所承保的有关重大疾病及其有关专业术语做出了专门解释。

疾病保险对于具有产生重大疾病可能性或具有这类风险转嫁需要的被保险人，在患某类重大疾病后的诊断、治疗、预防或保健提供经济保障，或者专门针对某类客户群体发生的与健康相关联的某些事件所产生的资金需要提供支持。

3. 保险金规定方式的特殊性

健康保险的保险金既有定额给付方式，也有费用补偿方式，但重大疾病保险一般采取定额给付方式给付保险金。

4. 保险期限的特殊性

疾病保险的保险期限既有短期，也有中长期。例如，终身重大疾病保险为长期保险，保险期限一般是几十年以上；特种疾病保险等一般为短期保险，期限为一年或者更短。

知识库

先天性疾病与遗传病释义

先天性疾病是胎儿在子宫内生长发育过程中，受到内在或外部环境某些物理、化学和生物等不良因素作用，致使胎儿局部体细胞发育不正常，使得婴儿出生时有关器官、系统在形态或功能上呈现异常。如风疹病毒感染引起的畸形、先天性髋关节脱位、肢体残缺或器官缺陷等。

遗传病是指父母亲的精子或卵子发育异常，导致胎儿发生器质性或功能性的不正常而引起相应的疾病或缺陷。这种遗传因素（致病基因）按一定的方式传给子代，子代就可能发生遗传性疾病。这种疾病可以出生时就表现出来，也可以出生后长到一定年龄时才表现出来。如精神病是可以遗传的，多数到青春期才开始发病。

所以，先天性疾病和遗传病都是先天的，但是，二者存在明显不同：先天性疾病是生下来就表现出来的，但并不是都与遗传有关，并且多半可以通过做好孕期保健来避免。而遗传病多半不易治愈，通常是终生存在的，也不一定在出生时就表现出来，只能通过产前检查，及时终止妊娠来避免。

（三）疾病保险的主要险种

1. 重大疾病保险

重大疾病保险是指当被保险人在保险合同有效期限内罹患合同所指定的重大疾病（如心脏病、癌症等）时由保险人按合同的约定给付保险金的保险。

与其他保险相比，重大疾病保险有如下特点：

（1）从承保风险看，重大疾病保险承保的疾病具有不可预测性、偶发性、治疗时间长、费用额度高等特点。此外，由于患病原因复杂，有些还具有传染性，因而使得这类疾病的社会影响较大，危害严重。由于该保险主要限于与重大疾病有关的费用，因此，通常被保险人投保本保险的目的在于将其作为其他医疗保险的补充。重大疾病保险既有适合个人投保的产品，也有适合团体投保的产品。

（2）从保险给付金看，重大疾病保险有多种给付方式。如提前给付型重大疾病保险、附加给付型重大疾病保险、独立主险型重大疾病保险、按比例给付型重大疾病保险、回购式选择型重大疾病保险。

（3）从业务分类看，重大疾病保险具有多样性。重大疾病保险按照承保方式不同，可分为主险和附加险，前者是将某一重大疾病保险作为独立保单承保，后者是将重大疾病保险作为附加险承保；按照重大疾病保险产品的组合不同，可分为对某一种重大疾病提供的保险和对多种重大疾病开办的保险，前者是在一张保单内只承保一种重大疾病，后者是在一张保单中承保多种重大疾病；按照保险对象不同，可以分为女性重大疾病保险、男性重大疾病保险；按照投保方式不同，可以分为个人重大疾病保险和团体重大疾病保险；按保险期限规定不同，可以分为终身型重大疾病保险和定期型重大疾病保险两类。目前，重大疾病保险还在与其他健康保险的组合中产生新的品种，逐渐向综合型发展。

（4）从保险费率看，由于前述重大疾病病情严重、疗程较长、医疗费用高，因而一旦被保险人患有保险合同约定的疾病，保险人必须按照合同约定承担高额保险给付金，因此，保险费率通常较高。

（5）从经营管理方面看，由于前述承保风险具有危害严重、保险给付金额高等特点，客户逆选择的倾向和发生道德风险的情况较为严重，因此，保险核保和核赔管理工作难度较大。

（6）从市场销售目标看，主要集中于对家庭经济起重要作用的成员、独身人士、患重大疾病可能性较大的人群。

相关链接

某保险公司重大疾病保险简介

(1) 保险的功能与特点：具有保费可调整、保障更充分、分类更科学、身故给保额、保单可贷款等特点。

(2) 投保范围：年龄为16周岁至50周岁的女性均可作为被保险人参加本保险。

(3) 保险责任：

1) 一类（22种）、二类（6种）重大疾病保险金给付责任。被保险人因意外伤害事故身故或于保单生效日起90天后因疾病身故，经医院诊断初次发生本条款所定义的一类或二类重大疾病时，由保险公司分别按照保险金额的80%或20%给付一类或二类重大疾病保险金。重大疾病保险金的给付以一次为限。保险公司给付一类重大疾病保险金和二类重大疾病保险金后，保险责任终止。

2) 身故保险金给付责任。被保险人因意外伤害事故身故或于保单生效日起90天后因疾病身故，保险公司按保险金额给付身故保险金，保险责任终止。对于保险公司已给付一类或二类重大疾病保险金的，保险公司按保险金额扣除已给付的保险金后的余额给付身故保险金，保险责任终止。

3) 被保险人于保单生效日起90天内因疾病身故，或于保单生效日起90天内因疾病经医院确诊初次发生本条款所定义的一类或二类重大疾病的，保险公司无息返还所缴保费，保险责任终止。

4) 保费豁免。给付上述一类或二类重大疾病保险金后，保险公司豁免本合同以后各期的保费。

(4) 保险期间：本保险的保险期限为终身。

(5) 保险金额：本合同的保险金额由投保人和本公司约定并于保单上载明。

2. 特种疾病保险

特种疾病保险是保险人以被保险人罹患某些特殊疾病为保险金给付条件，按照合同约定金额给付保险金的保险。

(1) 生育保险。是以身体健康的孕妇和新生儿为保险对象的母婴安康保险，承保产妇或婴儿在产妇入院办理住院手续之日开始至产妇出院时为止的一段时间，因分娩或疾病，或意外事故造成产妇或婴儿死亡的保险金给付责任。

(2) 艾滋病保险。是我国继推出承保因医疗输血造成感染和医护人员在工作期间感染艾滋病的保险事故的保险品种之后，又专门为艾滋病提供风险保障的产品。这是一种专门为普通团体提供的专项艾滋病保险产品，负担因输血导致的艾滋病病毒感染或其他因工作中的意外感染、受犯罪侵害感染等情况引起的赔偿责任。保险期限为1年，保险金额为每份1万元，总保险金额最高不超过30万元。

(3) 传染性疾病专门保险。如我国曾经开办的非典型肺炎疾病保险，以机关、团体、企业、事业等单位为投保人，为其在职人员向保险公司投保。投保单位成员必须有80%以上投保，而且符合投保条件的人数不低于8人。保险期限为1年，每份保险的保险金额为 1 万元。保险人主要承担被保险人经确诊罹患传染性非典型肺炎，在县级以上（含县级）医院或保险公司认可的医院住院治疗的或者经住院治疗并在住院期间身故的疾病保险金、身故保险金。民生人寿保险公司还推出专门针对禽流感的民生关爱特种疾病定期寿险（B 款）。保险人对被保险人在保险合同生效 10 日后被确诊患有禽流感，并且因此身故的情况给付身故金，被保险人年龄在 18 岁以上的保险金额为每份 10 万元，保险期限为 1 年。

（四）疾病保险的不保危险

下列原因导致被保险人发生的疾病，一般不属于疾病保险的责任范围：

（1）被保险人的自杀或犯罪行为。

（2）被保险人或其受益人的故意欺骗行为。

（3）战争或军事行动、暴乱或武装叛乱。

（4）先天性疾病及其手术。

（5）在观察期内发生的疾病或手术。

（6）保险责任内未列明的疾病。

有的保单将被保险人罹患特定的疾病除外不保，如精神障碍、结核病等除外不保，也有的保单将不法行为、酗酒、吸毒等也列入不保危险的范围之中。

知识库

相关的“疾病”释义

1. 心脏病（心肌梗死）

心脏病是指因冠状动脉阻塞而导致部分心肌坏死，其诊断必须同时具备下列三个条件：

（1）新近显示心肌梗死变异的心电图。

（2）血液内心脏酶素含量异常增加。

（3）典型的胸痛病状。

但心绞痛不在本合同的保障范围之内。

2. 冠状动脉旁路手术

冠状动脉旁路手术是指为治疗冠状动脉疾病的血管旁路手术，须经心脏内科心导管检查，患者有持续性心肌缺氧造成心绞痛并证实冠状动脉有狭窄或阻塞情形，必须接受冠状动脉旁路手术。其他手术不包括在内。

3. 脑中风

脑中风是指因脑血管的突发病变导致脑血管出血，栓塞、梗死致永久性神经机能障碍。所谓永久性神经机能障碍，是指事故发生 6 个月后，经脑神经专科医生认定仍遗留下列残障之一者：

（1）植物人状态。

（2）一肢以上机能完全丧失。

(3) 两肢以上运动或感觉障碍而无法自理日常生活。所谓无法自理日常生活，是指食物摄取、大小便始末、穿脱衣服、起居、步行、入浴等皆不能自己为之，经常需要他人加以扶助的状态。

(4) 丧失言语或咀嚼机能。言语机能的丧失是指因脑部言语中枢神经的损伤而患失语症。咀嚼机能的丧失是指由于牙齿以外的原因所引起的机能障碍，以致不能做咀嚼运动，除流质食物以外不能摄取食物的状态。

4. 慢性肾衰竭（尿毒症）

慢性肾衰竭是指两个肾脏慢性且不可复原地衰竭而必须接受定期透析治疗。

5. 癌症

癌症是指组织细胞异常增生且有转移特性的恶性肿瘤或恶性白细胞过多症，经病理检验确定符合国家卫生部《国际疾病伤害及死因分类标准》，并且归属于恶性肿瘤的疾病，但下述除外：

(1) 第一期何杰金氏病。

(2) 慢性淋巴性白血病。

(3) 原位癌。

(4) 恶性黑色素瘤以外的皮肤癌。

6. 瘫痪

瘫痪是指肢体机能永久完全丧失，包括两肢或两肢以上，每肢各有三大关节中的两关节以上机能永久完全丧失。所谓机能永久完全丧失，是指经 6 个月以后机能仍完全丧失。关节的机能丧失是指永久完全僵硬或关节不能随意识活动超过 6 个月以上。上肢三大关节包括肩、肘、腕关节，下肢三大关节包括股、膝、踝关节。

7. 重大器官移植手术

重大器官移植手术是指接受心脏、肺脏、肝脏、胰脏、肾脏及骨髓移植。

8. 严重烧伤

严重烧伤是指全身皮肤 20%以上受到三度烧伤。但若烧伤是被保险人自发性或蓄意行为所致，不论其当时清醒与否，皆不在本合同的保障范围之内。

9. 急性重型性肝炎

急性重型性肝炎是指因肝炎病毒感染而导致大部分的肝脏坏死并失去功能，其诊断必须同时具备下列条件：

(1) 肝脏急剧缩小。

(2) 肝细胞严重损坏。

(3) 肝功能急剧退化。

(4) 肝性脑病。

10. 主动脉手术

主动脉手术是指接受胸、腹主动脉手术，分割或切除主动脉瘤。但胸或腹主动脉的分支手术除外。

二、医疗保险

（一）医疗保险的概念

医疗保险是医疗费用保险的简称。我国《健康保险管理办法》第 2 条规定：“本办法所称医疗保险，是指以保险合同约定的医疗行为的发生为给付保险金条件，为被保险人接受诊疗期间的医疗费用支出提供保障的保险。”

医疗保险是健康保险最重要的组成部分，保险的目的在于使被保险人因疾病、生育或意外伤害进行治疗时所支出的医疗费用能够得到补偿。医疗保险所承保的医疗费用一般包括医生的医疗费和手术费、药费、诊疗费、护理费、各种检查费和住院费及医院杂费等。各种不同的医疗保险单所保障的费用一般是其中一项或若干项医疗费用的组合。

（二）医疗保险的业务分类

(1) 按照保险金的给付性质划分，可以分为费用补偿型医疗保险和定额给付型医疗保险。

(2) 按照医疗保险的保险保障范围划分，可以分为普通医疗保险、住院医疗费用保险、手术医疗费用保险、高额医疗费用保险、综合医疗保险、门诊医疗保险、特种疾病医疗费用保险。

(3) 按照医疗保险业务投保对象划分，可以分为个人医疗保险和团体医疗保险。

（三）医疗保险的特点

1. 医疗保险的承保理赔管理

医疗保险因出险频率高、风险不易测定、赔付率高且不稳定、道德风险和逆选择等人为风险难以控制，导致保险费率高、保险费率计算误差大，所以，医疗保险风险管理难度较大。

2. 医疗保险金的给付方式

我国《健康保险管理办法》第 4 条规定：“医疗保险按照保险金的给付性质分为费用补偿型医疗保险和定额给付型医疗保险。费用补偿型医疗保险是指，根据被保险人实际发生的医疗费用支出，按照约定的标准确定保险金数额的医疗保险。定额给付型医疗保险是指，按照约定的数额给付保险金的医疗保险。费用补偿型医疗保险的给付金额不得超过被保险人实际发生的医疗费用金额。”

例如，费用补偿型医疗保险合同的保险人按照合同约定的最高保险金额，对被保险人的实际医疗费用开支（一次或多次）进行补偿，其理赔适用损失补偿原则。定额给付型医疗保险合同的保险人依照合同约定的某类疾病保险金给付标准或手术项目给付标准给付，或者按照每日补贴标准及被保险人实际住院天数给付保险金。

3. 医疗保险的承保范围与给付规定

保险人在理赔中应严格区分被保险人所支付的各种医疗费用，原则上保险人只负责被保险人因疾病或意外伤害进行治疗时所涉及的直接医疗费用，对与治病无关而患者必须支付的间接费用不负责。为避免发生争执，通常保险人在保险合同中详细列明其所承担的保险项目。

一般情况下，保险人都会将药费、手术费（包括麻醉师费和手术室费）、检查费（包括心电图、CT、核磁共振等)、治疗费等列入保险保障范围。病人的膳食费、滋补药品费、安装假肢假牙义眼费、美容性整形整容费、器官移植的器官费等，通常作为保险除外责任。对投保人、被保险人的故意行为，被保险人故意犯罪、拒捕，被保险人醉酒或服用、吸食、注射毒品，被保险人未遵医嘱，私自服用、涂用、注射药物等原因产生的疾病及医疗费用，保险人也不负责赔偿。至于住院床位费、家属陪护费、取暖费、异地治疗交通费等保险人是否承担责任，则应视保险合同的具体约定而定。

值得注意的是，上述有关费用在不同的医疗保险合同中保险责任和除外责任的规定也不相同。

(四) 医疗保险的主要险种

1. 普通医疗保险

普通医疗保险是以保障被保险人治疗疾病时所发生的一般性医疗费用，即对于非住院期间的门诊医疗费用、住院医疗费用和手术医疗费用提供补偿（主要包括门诊、医药、检查等项费用）的医疗保险。上述三种类型医疗保险保障既可以包括在同一个普通医疗保险产品中，也可以作为单独的医疗保险产品独立承保。这种保险因保费较低，保障程度较低，比较适用于一般社会公众，既可以采用团体方式投保，也可以采用个人方式投保。

普通医疗保险一般采取补偿费用的方式给付保险金，为控制医药和诊治费用水平，这种保单一般都有免赔额和共保比例规定，被保险人每次疾病所发生的费用累计超过约定保险金额时，保险人不再负赔偿责任。

2. 住院医疗保险

住院医疗保险是保险人对被保险人因疾病或意外伤害住院而支出的各种医疗费用提供保障的医疗保险，目的在于解决被保险人因住院而产生的高额费用支出问题。

为了防止被保险人故意延长住院时间产生不合理医疗费用开支，对于首次投保或非连续投保住院医疗保险有免赔期规定，而且通常重大疾病住院免赔期长于一般疾病住院免赔期。但是，对于意外伤害住院和连续投保的情况则无免赔期规定，这类保险合同通常还有最长住院天数和每日补贴金额等规定。

3. 手术医疗保险

手术医疗保险是以保险人承担被保险人在患病治疗过程中所必须进行的各种大小外科手术而产生的全部医疗费用的医疗保险。补偿范围包括手术费、麻醉师费、各种手术材料费、器械费和手术室费等。通常医疗保险合同上列有各种类型的手术项目表，在表中所列出的手术项目均规定有相应的手术保险金给付的最高限额，对于其他未列入在手术项目表中的手术项目，保险人可参照类似项目来确定给付的最高限额。在实践中，该险种既可以独立的方式承保，也可以附加险的方式承保。

4. 高额医疗保险

高额医疗保险是针对支付限额以上的医疗费用而专门设计的补充性保险险种，该险种主要对于被保险人遭遇重大且不可预期的疾病提供广泛的保障，高额医疗保险承保的医疗费用主要有住院费、手术费、就诊费、急诊及看护费等。承保对象包括团体和个人。保险期限通常为1年，到期后符合条件可申请续保。

5. 门诊医疗保险

门诊医疗保险是以保险人对被保险人门诊发生的诊断、治疗费用提供保险保障的一种保险。主要费用包括检查费、化验费、医药费等。鉴于门诊医疗保险风险管理环节多且较复杂，道德风险难以控制，目前，门诊医疗保险主要采取团体方式承保，并且仅限于被保险人住院前后一段时间内的门诊诊断和治疗费用的补偿。即使少数个人医疗保险所包含的门诊医疗保险，也通常被限制在特定的门诊医疗费用中，如意外伤害发生后的一定时间以内，在门诊部门的抢救或者处置费用。

6. 特种疾病医疗保险

特种疾病医疗保险是以被保险人罹患某些特殊疾病为保险事故，被保险人一经确诊患有某种特殊疾病，保险人按照约定金额给付保险金或者对被保险人治疗该种疾病的医疗费用进行补偿。

7. 综合医疗保险

综合医疗保险是保险人为被保险人提供的一种保障范围较全面的医疗保险，能够对疾病或意外伤害导致的大多数医疗费用进行补偿，其保障内容主要包括住院床位费、检查检验费、手术费、诊疗费和门诊费等。此外，还包括对某些康复治疗费用的补偿。与前述几项医疗保险相比，综合医疗保险保障的范围广泛、补偿程度高。综合医疗保险的给付限额相对较高，除外责任较少，实际上是前述几项医疗保险险种的组合。这种保单的保险费率较高，同时会确定一个较低的免赔额及适当的分摊比例。

相关链接

某寿险公司的住院医疗费用保险简介

（1）保险的功能与特点：住院医疗费用保险属于附加合同，是健康保险中医疗费用补偿型保险，投保时必须依附于某一主险。本险种的功能和特点是：能够为客户提供医疗费用报销服务，保障全面，可以报销与住院相关的门诊费用。

（2）保险条件：0～50周岁均可投保；5年一核保，可续保至被保险人64岁。

（3）保险责任：本附加住院医疗费用保险合同的保险责任分为基本部分和可选部分。投保人可以单独投保基本部分，也可以在投保基本部分的基础上增加可选部分，但不能单独投保可选部分。同时，在投保可选部分时必须对该部分的两项责任同时投保，而不能只选择其中一项。

1）基本部分：等待期（30天）结束后，若被保险人因疾病或意外伤害经医院诊断必须住院治疗，对于每次住院在约定范围内的床位费和医疗费以及住院期间前后各30天内因与该次住院相同原因而产生的门诊费，保险人按照被保险人实际支出的合理且必要的上述各项费用的80%分项给付保险金。各项保险金的限额（见各保险公司附加住院费用医疗保险费率表）按照合同约定给付。

2）可选部分：一是非器官移植手术费用保险金。被保险人因疾病或意外伤害而住院进行非器官移植手术治疗，可按照被保险人每次手术在约定范围内实际支出的合理且必要的手术费用的80%给付保险金，每次手术给付保险金的限额（见各保险公司附加住院费用医疗保险费率表）按照合同约定给付。二是器官移植手术费用保险金。

被保险人因疾病或意外伤害而住院进行器官移植手术治疗，保险人按照被保险人每次手术在约定范围（同签发保险单分支机构所在地社会医疗保险规定的赔付范围）内实际支出的合理且必要的手术费用的80%给付保险金，每次手术给付保险金的限额按照合同约定给付，若被保险人因同一原因须间歇性施行手术，并且前后手术日期间隔未达90天，则视为同一次手术。

(4) 责任免除：保单中特别约定的除外疾病，如：先天性畸形、变形和染色体异常、艾滋病或感染艾滋病病毒、性病、精神和行为障碍、椎间盘突出症、未告知的既往症；不孕不育治疗、人工授精、怀孕、分娩（含难产）、流产、堕胎、节育（含绝育）、产前产后检查以及由以上原因引起的并发症；疗养、矫形、视力矫正手术、美容、牙科保健及康复治疗、非意外事故所致整容手术；被保险人斗殴或醉酒；被保险人故意犯罪或拒捕、故意自伤，被保险人服用、吸食或注射毒品，被保险人酒后驾驶，无合法、有效驾驶证驾驶，或驾驶无有效行驶证的机动交通工具；从事潜水、跳伞、攀岩、蹦极、探险、摔跤、武术比赛、特技表演、赛马、赛车及驾驶滑翔机等高风险运动；战争、军事行动、暴乱或武装叛乱；核爆炸、核辐射或核污染。

(5) 保险期限和续保：本附加险合同的保险期限为1年，期限届满经保险人审核同意可以续保。

(6) 保险金额与保费：本附加险合同每份的保险金限额依据保险合同双方的约定而定，具体可参见各保险公司附加住院费用医疗保险费率表。投保的份数由保险双方当事人约定并载明于保单上。

三、失能收入损失保险

（一）失能收入损失保险的概念

根据我国《健康保险管理办法》第2条的规定，失能收入损失保险，是指以因保险合同约定的疾病或者意外伤害导致工作能力丧失为给付保险金条件，为被保险人在一定时期内收入减少或者中断提供保障的保险。

失能收入损失保险在国外也被称为收入保障保险或丧失工作能力保险，它是指在保险合同有效期内，因疾病或意外事故的发生导致被保险人残疾，部分或全部丧失工作能力，短期或永久丧失工作能力而造成其正常收入损失时，由保险人按合同约定的方式定期给付保险金的保险。

开办本保险的目的在于通过保险人的失能收入损失保险金的给付，缓解被保险人自身及家庭在遭遇类似不幸事件时所面临的经济压力。但值得注意的是，投保失能收入损失保险的前提是在投保时被保险人必须有固定的全职工作和收入，否则不能够投保该保险。同时，该保险并不承保被保险人因疾病或意外伤害所发生的医疗费用。

（二）失能收入损失保险的特点

失能收入损失保险具有独特的业务规定：以被保险人发生残疾为给付条件；导致被保险人残疾的原因必须是意外伤害或疾病；保险金给付金额的确定有固定给付和比例给付两

种形式；保险金给付方式分为一次给付和分次给付；保险金给付有最高限额规定、免赔期规定；在维护被保险人利益方面有免缴保费条款规定、抵御通货膨胀条款的规定；保险费率的厘定要考虑通货膨胀因素；残疾有特定的含义和标准。

（三）失能收入损失保险的业务分类

1. 根据导致残疾的原因不同划分

失能收入损失保险可以分为疾病收入损失保险和意外伤害收入损失保险。前者是补偿因疾病导致残疾的收入损失；后者是补偿因意外伤害导致残疾的收入损失。

2. 根据给付期间的不同划分

失能收入损失保险可分为短期收入保障保险和长期收入保障保险。前者是补偿被保险人在身体恢复以前不能工作的收入损失，期限一般为1～2年；后者是补偿被保险人因全部残疾而不能恢复工作的收入损失，具有较长的给付期限，通常规定支付至被保险人退休。

3. 根据给付金额的确定方式不同划分

失能收入损失保险可以分为两类：一类是按照给付额度是否固定，可以分为比例给付与固定金额给付（即定额给付）；另一类是按照残疾程度划分，可以分为全残给付与部分残疾给付。

4. 根据保险保障的目的不同划分

失能收入损失保险可以分为工资收入损失保险、失能买断保险和重要员工失能所得保险。

（四）失能收入损失保险的责任界定

1. 残疾（失能）的界定

正确理解失能收入损失保险责任范围的首要问题在于对残疾的界定。

人们对于残疾的一般解释可以分为完全残疾和部分残疾两种。前者是指被保险人永久丧失全部劳动能力，不能参加任何有报酬性的工作；后者是指被保险人身体的某一部分残疾，不能从事原来的职业，但尚能从事一些有收入的职业。

失能收入损失保险中全残概念的界定经历了一个由严格到宽松的发展过程。一种失能收入损失保险的“残疾”的概念是以任何一种职业为基础的“绝对全残”。在“任何报酬性职业”条款中规定，只有被保险人不能从事与其教育、训练及经验相关的任何职业的工作，才被视为全部失能，从而使被保险人的保险金领取受到严格的限制。另一种残疾的定义是基于原职业，“原有职业”条款认为被保险人无法从事其正常职业的主要任务，即无法从事被保险人失能前所从事的职业。

对于全残的定义还有其他几种方法：

（1）现时通用的全残概念。这是一种将原职业全残和任何职业全残定义相结合的概念。如果在致残初期，被保险人不能完成其惯常职业的基本工作，则可认定为全残，领取全残收入保险金。在致残以后的约定时期（通常为2～5年）内若被保险人仍不能从事任何与其所受教育、训练或经验相当的职业时，可认定为全残，领取相应保险金。

（2）收入损失全残。这是按残疾情况实际给被保险人造成的损失程度来确定残疾保险金的方式，包括两种情况：一是被保险人因全残而丧失工作能力，并且无法从事任何可获取报酬的工作；二是被保险人虽尚能工作，但是因残疾导致收入减少。

（3）推定全残。这是对特殊情况的两种残疾定义：一种是当被保险人患病或遭受意外伤害后，在保险条款中规定的定残期限内还无法确定其是否会残疾，则其在定残期限届满时如果仍无明显好转的征兆，则自动推定为全残；另一种是被保险人发生了保单所规定的伤残情况时，将自动确定为全残。

(4) 采取列举法。在失能收入损失保险的保单中列举能够确认被保险人“全残”的具体标准或情况，并严格要求在治疗结束后由保险人指定或认可的医疗机构出具被保险人全残鉴定报告。

2. 保险承保的风险及责任认定

失能收入损失保险所承担的保险金给付责任是以被保险人发生意外伤害事故或疾病导致其残疾为前提条件的。

(1) 该保险承担因意外伤害造成被保险人身体残疾或失能所产生的收入损失赔偿责任，这里的“意外伤害”与意外伤害保险中对“意外伤害”的要求基本一致，即遭受外来的、突发的、非本意的、非疾病的客观事件的伤害。

(2) 该保险承担因疾病造成被保险人残疾或失能所产生的收入损失。这里的“疾病”与健康保险所承保的“疾病”的要求完全一致，即疾病应符合被保险人身体内部原因引起、非先天性和偶然性三个基本条件，同时必须是被保险人在保险合同有效期内首次发生的疾病，如果是既往症，则保险人不负保险金给付责任。

(3) 免责期规定。又称等待期或免赔期。大多数失能收入损失保险都不会从被保险人发生残疾的第一天起就提供收入补偿保险金，一般都有一个约定的免责期。这类合同通常规定：首次投保该保险或非连续投保该保险时，被保险人因疾病住院治疗的，等待期为一至三个月，续保或因意外伤害住院治疗的，无等待期规定；对等待期内或在本附加合同生效之前发生且延续的住院治疗，保险公司不负给付保险金责任；对保险期限内发生且延续至本保险合同到期日后一个月内的住院治疗，保险公司负给付保险金责任。此外，在许多失能收入损失保险中允许有一个免责期的中断，如在 6 个月的时间内，被保险人因为相同或不同原因而再度失能，保险公司将两段免责期合并计算。

免责期规定与财产保险的免赔额作用相同，因短期失能的被保险人能够靠以往储蓄维持生活，所以，规定免责期的目的在于：第一，避免对能够迅速恢复原工作的被保险人展开不必要的调查，从而减少保费；第二，保险公司可以避免大量轻伤所导致的小额索赔，降低理赔的成本，保持较低的保险费率。

3. 失能收入损失保险的一般除外责任

失能收入损失保险合同一般规定，对于被保险人因战争、军事行动和暴乱引起的残疾或失能，被保险人故意自伤行为所致残疾或失能，因主动参加不法暴力行为所引起的残疾或失能，因酗酒、吸毒和自杀造成的伤残，投保以前已患有的疾病引起的残疾或失能，以及被保险人有资格通过社会保险或其他政府计划获得补偿的损伤或疾病造成的残疾和失能等，保险人不承担保险金给付责任。

对于某些特殊嗜好或特别职业，例如跳伞、冲浪、滑雪等体育活动及探险、高空作业等危险工作，可列为责任免除或采取特约附加承保。

(五) 失能收入损失保险的保险金给付规定

1. 保险金的给付期间

保险金给付期间是指保险人给付被保险人收入损失保险金的期间。

根据给付期间的长短，失能收入损失保险有短期和长期之分。团体失能收入损失保险给付期间在1年以内的属于短期失能收入损失保险，给付期间通常为13周、26周、52周；给付期间超过1年的团体失能收入损失保险属于长期失能保险。个人失能收入损失保险给付期间低于1年的比较少见，给付期间在1～5年的属于短期失能保险，超过5年的属于长期失能保险。

2. 保险金的确定

失能收入损失保险合同具有补偿性质，投保金额不能完全由投保人或被保险人自行确定，而是保险人参考被保险人过去的专职工作收入水平或社会平均年收入水平，同时，还要考虑被保险人的兼职收入、残疾期间的其他收入来源以及现时适用的所得税税率等因素综合考虑确定。此外，保险金给付一般都不能完全补偿被保险人因伤残失能所导致的收入损失。一般失能收入损失保险金的给付额都有一个最高限额，并且该限额通常低于被保险人伤残以前的正常收入水平。

科学、合理地确定失能收入损失保险金的给付额非常重要，若给付额确定得太高，容易使被保险人对保险产生依赖，即导致失能的被保险人失去重新工作的动力，甚至故意延长失能的时间。但是，若保险金给付额太低，会使被保险人收入骤减，可能影响其正常生活，从而达不到保险保障的目的。具体给付额的确定方法如下：

（1）按照失能收入损失保险金的给付金额是否固定，可以分为比例给付与定额给付。前者是指保险事故发生后，保险人根据被保险人的残疾程度，给付相当于被保险人原收入一定比例的保险金。后者是指保险双方当事人在签订保险合同时，根据被保险人的收入状况协商约定一个固定的保险金额（通常按月份确定）。

（2）按照残疾程度不同，可以分为全残给付与部分残疾给付。前者是指保险人给付的保险金额一般为被保险人原收入的一定比例，如70%或80%。后者是指保险人给付的保险金为全残保险金的一定比例。

3. 保险金的给付方法

（1）一次性给付。当被保险人全残时，按照不同的年龄段所规定的每一年龄段给付保险金的倍数，保险公司将合同约定的保险金额一次性给付被保险人。当被保险人部分残疾时，保险公司一般根据被保险人的残疾程度及其对应的给付比例支付保险金。

（2）分期给付。按月或按周给付，根据给付期限的不同可以分为短期和长期两种。短期通常为1～2年；长期可给付至被保险人年满60周岁或退休。按推迟期给付，即指当被保险人残疾后超过一定时期（一般为90天或半年）仍不能正常工作时，保险人才开始承担保险金给付责任。

在维护被保险人利益方面，失能收入损失保险合同还有保费免缴条款、生活指数调整给付等规定。

相关链接

某人寿保险公司的住院收入保障保险简介

（1）保险责任：

1）疾病收入损失保障金：首次投保本保险或非连续投保本保险时，被保险人因疾病住院治疗的，等待期为 3 个月；续保无等待期。

被保险人因疾病经医院诊断必须住院治疗，保险公司从被保险人每次住院的第四天开始按住院天数给付住院日额保险金，即：每次疾病住院日额保险金给付天数＝实际住院天数－3 天。

2）意外伤害收入损失保障金：被保险人因意外伤害住院治疗的，无等待期。对在保险期限内发生且延续至本附加合同到期日后 1 个月内的住院治疗，保险公司负给付保险金责任。在本附加合同保险责任有效期内，保险公司承担如下保险责任：被保险人因意外伤害经医院诊断必须住院治疗，保险公司从被保险人住院第一天开始给付住院日额保险金，即：每次意外伤害住院日额保险金给付天数＝实际住院天数。

(2) 除外责任：与一般住院医疗保险的除外责任类似，一般收入保障损失保险对于被保险人因非属于住院医疗保险承担的风险事故或事件造成的住院治疗，保险人不承担保险金给付责任。详细规定可参见各保险公司的条款规定。

(3) 保险金额与保费：本附加合同的住院日额保险金为每份每天人民币 10 元。投保份数由投保人和本公司约定并于保单上载明，一经确定，该保单年度内不得变更。

本附加合同的保费根据投保人与保险公司约定的投保份数确定，并于保单上载明。

投保人按照本附加合同约定向保险公司支付保费。分期支付保费的，投保人支付首期保费后，应当按约定的缴费日期支付其余各期的保费。

(4) 保险期间和续保：本附加合同的保险期限为 2 年，自保险公司同意承保、签发保单并收取保费的次日零时起至约定的终止日 24 时止。

若保险公司同意，投保人可于每个保险期间届满时，按续保时的保险费率向本公司缴纳续保保费，则本附加合同将延续有效 1 年。

四、护理保险

（一）护理保险的概念

根据我国《健康保险管理办法》第 2 条的规定，护理保险是指以因保险合同约定的日常生活能力障碍引发护理需要为给付保险金条件，为被保险人的护理支出提供保障的保险。

国外习惯上将护理保险称为长期护理健康保险，或称老年看护健康保险，是保险人对于那些因年老、疾病或伤残生活无法自理或不能完全自理，而需要他人辅助全部或部分日常生活的被保险人（老人或伤残者）提供护理服务或经济保障的一种保险。

目前在国外，护理保险已成为健康保险市场上最为重要的产品之一。此类保险对被保险人的年龄一般限制在 50～84 岁。

（二）护理保险的承保范围

护理保险主要是为满足被保险人在老年护理中心和其他一些康复机构，甚至是被保险人的家中因各种护理需要或者接受各类护理服务所需的费用而提供的保险保障。

按照保险人对被保险人承担的护理费用划分，护理保险可以分为专门护理或家庭护理两大类。专门护理是指在康复机构由专业护理人员，如注册护士或有执照的护士，或在他们指导下进行的护理；家庭护理是指在病人家中为病人提供日常生活照顾，如帮助其洗澡、吃饭等。按照护理服务性质不同划分，可分为治疗性护理服务和非治疗性护理服务，前者有诊断、预防、康复等，后者有家庭护理、成人日常护理等。按照服务时间不同划分，可分为全天特别护理和非全天一般性护理。

（三）护理保险的保险金给付

对于独立签发的护理保单，有以下三种给付方式可供选择：

(1) 规定保险人对被保险人的护理费用补偿不能超过规定的给付额——最高给付额。

(2) 由被保险人在规定的 1 年、数年、终身等几种不同的给付期中自行选择给付期。

(3) 从被保险人开始接受承保范围内的护理服务之日算起，规定 30 天至 180 天不等的多种免责期。

（四）护理保险的除外责任

护理保险的除外责任一般包括各种精神疾病导致的护理服务，但老年人中常见的老年性痴呆症不属于除外责任，如投保前已患有此病，则属于除外责任。

护理保险合同中涉及被保险人权益保护规定的条款有保费豁免条款、不丧失价值条款、通货膨胀保护条款。

本章小结

健康保险是指以被保险人身体为保险标的，保险人对被保险人在保险期限内因患疾病、生育或发生意外事故受到伤害时所导致的医疗费用或收入损失进行补偿的一种保险。健康保险具有承保风险事故多样、损失赔偿难以预测、保险费率影响因素复杂等特点。

疾病保险是指被保险人罹患合同约定的疾病时，保险人按合同约定的保险金额给付保险金，以弥补被保险人损失的保险。它以特定人群的特种疾病发生为保险金给付条件向被保险人提供经济保障。

医疗保险是健康保险的主要险种，它是以被保险人发生的合同中所约定的医疗费用开支为保险金给付条件，保险人为被保险人提供医疗费用保障的保险。它可以分为普通医疗保险、住院医疗保险、手术医疗保险、高额医疗保险、综合医疗保险等。

失能收入损失保险又被称为丧失工作能力保险，是指在保险合同有效期内，因疾病或意外事故的发生导致被保险人残疾，部分或全部丧失工作能力，短期或永久丧失工作能力而造成其正常收入损失时，由保险人按合同约定的方式定期给付保险金的保险。

护理保险是指以因保险合同约定的日常生活能力障碍引发护理需要为给付保险金条件，为被保险人的护理支出提供保障的保险。

重点概念

健康保险　　疾病保险　　医疗保险　　失能收入损失保险　　护理保险

复习思考题

1. 思考题

(1) 简述健康保险的主要特点及业务分类。

(2) 健康保险合同有哪些特殊条款?

(3) 疾病保险承保的“疾病”应具备的基本条件是什么?

(4) 护理保险的主要承保内容是什么?

(5) 失能收入损失保险的全残界定标准有哪几种?

2. 案例分析题

(1) 2011年6月，39岁的贾某因胃痛入院治疗，被确诊患了胃癌，家属未将实情告诉他，假称是胃病。实施胃癌手术后，贾某出院。8月17日，贾某向某保险公司投保重大疾病保险，填写投保单时没有告知曾经因病住院的事实。2012年4月，贾某胃癌复发，医治无效死亡。之后，贾某的妻子以指定受益人的身份，到保险公司索赔。保险公司通过到医院调查并调阅贾某病历档案，发现其投保前就已患胃癌并做过手术，于是拒绝赔付。贾某的妻子以丈夫投保时不知自己患胃癌，因此没有违反告知义务为由，要求保险公司支付保险金。

问题：保险公司是否应该承担给付保险金的责任?为什么?

(2) 年初，王某为其子投保了某保险公司的1年期学生、幼儿保险附加意外伤害医疗及附加住院医疗保险。保险有效期间，其子在院中玩耍时被一辆小轿车撞伤，发生医疗费用1万多元，该医疗费用全部由汽车司机给予了赔偿。王某虽然获得了赔偿，但想起其子还投保了意外伤害医疗保险，遂以其子受伤住院治疗为由，向保险公司申请理赔，保险公司经调查核实被保险人住院治疗费用已经得到补偿，遂拒赔。

问题：这起医疗费用保险的赔偿案应该如何处理?

3. 实训题

瑞士再保险公司在《健康保险与医学统计》一书中预测，到2020年，中国的人均GDP将达到3 000美元以上，老年人口占总人口的11%左右，卫生总费用占GDP的比重可能高达6%～7%，商业医疗保险市场份额可达到600亿美元以上。统计数据还显示：中国的自付额（即病人自己负担的费用在医疗费用的比重）为53%，明显高于其他国家，这意味着中国对于保险的需求相对较高；在最近一次的市场调查中，有77%的被访者表示将会考虑购买商业健康保险。巨大的市场需求意味着保险公司的获利空间巨大。从国际市场上看，商业健康保险的需求仅次于死亡保障，多数商业健康保险是每年一续保，因此，在提供有竞争力的保险责任与报价的基础上，保险公司将获得更多业务机会；从市场利润上看，中国的商业健康保险个险赔付率为30%～70%，低于英国和德国等国家的保险市场。因此，只要有好的市场结构与风险管理，保险公司获利空间很大。

要求：(1) 了解目前我国健康保险市场的需求情况。

(2) 专业健康保险的主要险种有哪些？

(3) 按照疾病保险、医疗保险、失能收入损失保险和护理保险四类，列举各人寿保险公司的主要产品，并进行比较。

第八章　团体人身保险

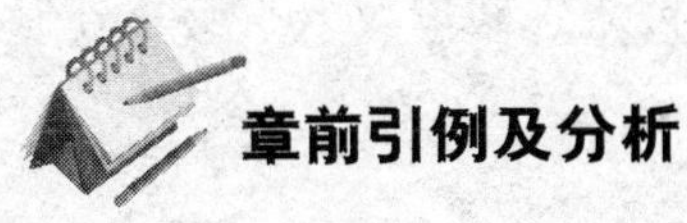

章前引例及分析

现代企业经营之道——员工福利保障计划

某公司是北京一家汽车制造企业，公司领导在搞好企业生产、技术创新的同时也不忘为员工做好福利保障计划，为员工创造一个良好的生活环境。2012 年 1 月，经过业务员多次详细介绍，该公司购买了一系列保险产品，包括团体人身保险、城镇补充医疗保险、团体补充养老保险。

2012 年 11 月 22 日，该公司市场部经理黄某因一个销售项目，连续通宵工作 3 天，精疲力竭，突发脑淤血，于次日不幸去世，留下了悲痛万分、倍感无助的妻子和不满 8 岁却永失父爱的幼子。黄某所在公司的领导在不断安慰黄某家属的同时，想到了保险。经保险公司核实，黄某此次出险属于保险责任，随后以最快的速度将 20 万元疾病身故保险金送至黄某的妻儿手中。

专家分析

本案中的某公司选择了一系列的保险，涵盖了很多方面。对因意外或疾病身故的保障，使员工在去世之后仍然可以通过保险来照顾和报答身边所爱的人，承担起对他们的责任；对意外伤害医疗及住院医疗的补偿，在城镇职工医疗体制之外为员工减少了许多医疗费用的支出；补充养老金，使员工在为公司奋斗了几十年之后能拿到更为丰厚的养老金，过上舒适的生活。这一切都是公司以较少的费用通过保险为员工创造的，为员工提供了很好的福利，消除了员工的后顾之忧，让员工感受到公司对他们的重视与爱护，使他们能安心工作，更大地激发了员工的工作热情，提高了公司的凝聚力与员工的工作效率。

本章学习目标

通过本章的学习，你应该能够：

1. 了解团体人身保险的发展历程。
2. 掌握团体人身保险的特征。
3. 熟悉团体人身保险的主要种类。
4. 掌握企业年金的概念、特征和类型。
5. 了解国际上的企业年金计划和我国的企业年金制度、职业年金制度。

企事业单位的员工面临着早亡、疾病、残疾、工伤、失业、意外事故、养老等风险。企事业单位为了吸引人才，增强员工的归属感和认同感，常常自愿为员工提供一些保险福利。最常见的形式有团体保险和补充养老金计划（又称企业年金计划和职业年金计划）。团体保险使企事业单位以较低的成本为员工提供人寿保险、健康保险以及残疾与意外保险。企业年金、职业年金为员工提供补充养老保险。

第一节　团体人身保险概述

一、团体人身保险的含义及发展历程

（一）团体人身保险的含义

团体人身保险简称团体保险，即“一张保单保团体”。根据我国 2015 年 1 月 29 日颁布实施的《中国保监会关于促进团体保险健康发展有关问题的通知》的监管规定，团体保险是指投保人为特定团体成员投保，由保险公司以一份保险合同提供保险保障的人身保险。特定团体是指法人、非法人组织以及其他不以购买保险为目的而组成的团体。特定团体属于法人或非法人组织的，投保人应为该法人或非法人组织；特定团体属于其他不以购买保险为目的而组成的团体的，投保人可以是特定团体中的自然人。

在上述规定中，监管机关同时规定我国团体保险的被保险人在合同签发时不得少于 3 人，特定团体成员的配偶、子女、父母可以作为被保险人。根据该规定，目前我国团体保险最低人数要求从该规定颁布前的 5 人降低至 3 人，并且取消了被保险人的人数不低于团体成员人数 75%的比例限制。该规定将使购买团体保险的主体更加广泛，特别是将其他不以购买保险为目的而组成的团体加入投保团体范畴内，因而家庭保单形式的团体保险可能获得一定发展，同时团险业务与个险家庭保单之间的界限可能被打通，并且该规定消除了非法人团体中由自然人购买团体保险的障碍，合理放宽了投保限制，扩大了团体保险的购买便利和主体，使得条款、费率的使用及变更更加规范化，可使我国团险市场秩序得到进一步改善并健康发展。

在团体保险概念中，需要注意以下几点：

第一，“团体”主要包括各类机关、社会团体、企事业单位等正式的机构组织，有特定的业务活动，并进行独立核算，也包括不以购买保险为目的而组成的临时性、流动性团体，如旅游团体、乘客团体等，甚至还包括家庭团体。

第二，团体成员在对正式机构组织提供保障时，主要承保对象为在职员工。“在职员工”是指在投保单位领取工资的正常工作人员，一般退休职工、病休职工不应参加团体保险，临时工、合同工虽然不是投保单位的正式职工，但若单位要求投保，保险公司也可接受。

第三，“一张保单保团体”意味着团体保险只有一张总的保单，保险人不需要与每个被保险人都签订保单。

总之，团体保险是相对于个人保险而言的，个人保险以一张保单为一个人或一个家庭提供保障，团体保险则是以一张保单为某一团体的所有成员或其中的部分成员提供保障。保险人只与团体保单的所有人发生合同关系，向其收取保费，与团体内部的个人不发生关系。团体保险不是一个具体的险种，而是一种承保方式。

参考案例

团体人身保险＝团购保险？

新年期间是网络购物的火热期，在网络销售被保险公司广泛应用之后，时下流行的团购风也刮了进来，不少网站打出了网购保险的价格优惠牌，但团购保险的可信度究竟有多高值得商榷。此外，团购产品在使用时，可能会出现质量差或者售后服务不好的问题，类似的投诉经常见诸报端，这些风险在团购保险产品时是否也会出现呢？

在某些普通的消费者看来，团购保险就类似于购买团体保险，这种理解主要基于很多消费者所在的就业单位给员工购买的医保补充团体保险，因此，消费者会认为团体人身保险的保费比个人购买要便宜，而自己购买的团购保险应该与医保补充团体保险一样，具有相同的投保方式并享受相同的优惠。

实际上，这样的理解并不正确。团体人身保险和团购保险完全不同。所谓团体人身保险，是以一张总保单为某个团体的所有成员或部分员工提供保障的保险。通常是公司为员工投保团体人身保险，其价格比较优惠，而且公司也可以跟保险公司协商部分条款。我国保险监督管理委员会规定：保险公司不得为以购买保险为目的组织起来的团体承保团体保险。因此，自发组织的团购保险是不允许以团体保险方式承保的。

团购保险其实是一种营销策略，大多数是保险代理公司与保险公司签订代理合同后组织团购，相当于批发保险产品。例如保险公司把意外险等简单的保险产品交给代理公司销售，给予其较高的佣金，这样代理公司就有比较大的运作空间，把代理的保险产品以团购的形式进行销售，消费者会感觉获得了一些保费优惠，而保险公司则把更多的精力放在其他营销渠道上。如果是个人直接去保险公司投保，可能得不到相应的优惠价格，但这与团体人身保险是完全不同的，实质上团购保险仍属于个险业务。而目前在网络上销售的保险产品主要集中在责任简单、保费不高的产品上，一般为车险、家财险、意外险等。设计复杂、保障期限长的保险产品，如养老险、健康医疗险等保险产品，主要还是依靠代理人进行销售，面对面地详细讲解才能有助于消费者充分理解以选择投保。所以，团购保险通常并不能满足消费者全面的保障需求，并且，在团购保险中还要注意销售机构的资质和服务水平，以切实保证自己的权益。

（二）团体人身保险的发展历程

20世纪初，美国工业及社会发展促使雇主逐渐了解到其对员工的法律责任，同时雇主也对员工由于工作能力丧失所导致的收入损失逐渐重视，这种对员工福利的认识孕育了团体人身保险有利的发展因素。1907年，美国哥伦比亚大学教授海勒・锡格提出，雇员在面临疾病、残疾、衰老、丧失工作能力、伤残、死亡、失业等问题时，雇主应承担一定的责任，而最好的方式就是为雇员购买人身保险。1911年，公平人寿保险公司承保了美国第一笔雇员团体人寿保险业务。1925年，大都会人寿保险公司签发了美国第一份团体养老金保单。第二次世界大战期间，由于美国对物价和工资的管制，许多企业为了提高员工福利，纷纷购买团体人身保险，1940—1945年，团体保单的保险金额增加了50%。

第二次世界大战以后，由于劳资关系的改善、工会力量的日益强大，团体保险的需求日益旺盛，各国保险公司纷纷推出团险产品，团体保险有了很大的发展。到20世纪90年代，美国有约56%的雇员通过雇主或工会参加了团体养老保险，近58%的美国公民获得了团体健康保险计划的保障。美国大约有40%的人寿保险、加拿大有50%以上的人寿保险属于团体保险，美国和加拿大的大部分补充医疗保险也属于团体保险。团体保险之所以迅速成长，是因为它有助于社会福利事业的施行，对国家和个人都有利。

我国从1982年开始恢复人身保险业务，20世纪90年代中期之前，我国人身保险市场一直是以个人保险为主，20世纪90年代中期以后，随着社会养老保障体制和医疗保障体制改革的深入，团体保险有了巨大的发展。1982年，团体寿险保费收入为159亿元，占全部保费收入的0.2%；1993年，团体寿险保费收入达到200亿元，占全部保费收入的37.3%；到2003年，团体寿险保费收入超过了580.38亿元。1993—2003年，团体保险保费收入年均增长34.5%。但随着2004年企业年金政策的出台以及对团体保险业务的监督加强，团体保险业务开展难度加大。团体保险保费收入占人身保险保费收入的比重从2002年的21.33%下降至2010年的1.13%。2011年后，虽然团体保险市场规模小幅扩大，2014年中国团体保险市场规模为750亿元，同比增长11.41%，但是市场占比仍仅为6%左右水平。

二、团体人身保险的特征

（一）风险选择的对象是团体而不是个人

在保险实务中，投保团体人身保险一般不需要体检或提供其他可保证明。这并不是说团体人身保险承保可以不进行任何风险选择与控制，只是其方法与个人投保的风险选择与控制方法不同。

为了保证团体人身保险的承保质量及保险公司的财务稳定性，防止团体投保过程中可能发生的逆选择倾向，团体人身保险对风险的控制与选择主要采取以下手段：

（1）投保的团体不得是以单纯购买保险为目的而临时组合而成的团体。这一原则旨在减少逆选择。如果团体是以取得保险这一特定目的而组织起来的，那么这个组织中就会集聚众多“最愿意参加保险的人”，即该团体中健康状况不佳的人所占的比例就会过大，他们的死亡率会超过社会平均死亡率，这样的团体对保险人来讲是不可承保的。同时需要注意，由于在我国死亡保险合同必须经被保险人同意才有效，因此团体保险合同中死亡保险合同一般也应获得被保险人的同意。

（2）投保团体保险的组织机构里的被保险人必须是能够参加正常工作的在职人员。退休人员、长期因病全休及半休人员，不能成为团体保险的被保险人。这就保证了团体中的成员富有流动性。团体中不断有年轻人参加和老年人退出，这样就会使团体的平均年龄始终保持稳定，死亡率和发病率也能保持相对稳定。

（3）对投保人数的限制。团体人身保险对投保人数有两个方面的要求：一是对投保团体总人数的要求，即规定一个投保团体内参加保险的人数要有一个最低的标准。中国保监会规定，团体投保人数最低不少于3人；公司核保时，根据行业不同费率不同也可以对最低人数规定更高人数要求。二是公司核保中一般对投保团体参加保险人数占总员工人数的比例要求。如规定参加保障计划的员工人数应不低于全体员工的75%。

（4）保额的限制。保险金额不能由企业和员工任意选择。团体人身保险对每个被保险人的保险金额按照统一的规定计算，其具体做法有两种：一是整个团体中的所有被保险人的保险金额相同；二是按照被保险人的工资、职位、工龄等因素分别制定每个被保险人的保险金额。雇主或雇员无权自己增减保险金额，其目的在于消除逆选择行为。

（二）使用团体保单

团体人身保险使用一张总的保单为整个团体提供保险保障。这份保单详细规定了保险条款内容，并包括被保险人名单等。投保团体是保单的持有人，而每个被保险人则仅持有一张保险凭证，保险凭证可以是纸质凭证也可以是电子凭证，并且投保人同时应向被保险人提供网络、电话和柜面等保险凭证查询渠道。保险凭证上并不包括全部保险条款，但应当载明保险期间、保险责任范围和被保险人在该团体保险合同项下享有的各项权利，以及被保险人和受益人的基本信息（包括姓名、性别、身份证件类型及其号码、联系方式）。

但是，考虑到某些特定团体的流动性和人员复杂性，我国规定在下列特殊情形下，保险公司承保团体保险合同，无须应要求提供被保险人同意为其投保团体保险合同的有效证明和被保险人名单，也无须对每个被保险人提供保险凭证：

（1）政府作为投保人为城镇职工、城镇居民、新农合参保人群、计生家庭和老年人等特殊群体投保的具有公益性质的团体保险。

（2）投保时因客观原因无法确定被保险人，或承保后被保险人变动频繁，但是可以通过客观条件明确区分被保险人的团体保险，如建筑工程意外险、乘客意外伤害保险和游客意外伤害保险等。

（3）被保险人所属特定团体属于国家保密单位，或被保险人身份信息属于国家秘密的。

适用上述特殊情形承保团体保险必须经保险公司总公司审核同意，并每季度向承保机构所在地保监局报告。

（三）成本低，保障性高

团体人身保险的保险费率低于个人保险的费率，这是因为：一是单证印制和管理成本低。团体人身保险一般采取用一张总保单承保一个群体的做法，节省了大量的单证印制成本和管理成本。二是佣金比例较低。许多大型团体的投保人常常直接与保险人洽谈，免除了高额的代理佣金支出，降低了保险公司的经营成本。三是核保成本低。团体中参保人员所占的比例较高，逆选择的风险较小，并且团体人身保险一般免体检，节约了保险公司的体检费用。

（四）团体保险计划具有灵活性

与普通个人保险的保单不同，团体保险的保单并非事先印制不可更改，较大规模的投保团体，可以就保险条款的设计和保险内容的制定与保险公司进行协商。当然，团体保险的保单也应遵循一定的格式，包括一些特定的标准条款，但与个人保险合同相比明显具有灵活性。

（五）保费以经验费率为基础

团体保险确定理赔成本或索赔金额的基本原理与个人保险相同，只是团体保险在厘定保险费率后，还要根据团体的规模和以前的索赔经验进行调整。

1. 不同团体的保险费率厘定方法

对于不同的团体，保险费率厘定的方法有手册费率法、经验费率法和混合费率法。

（1）手册费率法。手册费率法是在不考虑特定团体以往的赔付和费用经验的情况下，保险公司利用自己的经验数据或其他保险公司的经验数据来统计投保团体的预期赔付和费用，并厘定团体保险费率的一种方法。手册费率法主要适用于新投保团体首期费率和小团体的保险费率的厘定。

（2）经验费率法。经验费率法是保险公司以特定团体的历史赔付和费用经验为基础来厘定团体保险费率的方法。这种方法主要适用于大型团体的续期保险费率的厘定。

（3）混合费率法。混合费率法是指对于中等规模的团体，保险公司将手册费率法和经验费率法相结合来确定团体保险的保险费率的厘定方法。

2. 同一团体的保险费率厘定方法

对于同一团体的不同被保险人，保险费率的厘定方法有同一费率法和差别费率法。

（1）同一费率法。同一费率法是指对同一团体内所有的被保险人采用相同费率的方法。适用同一费率法通常有两种情况：一是团体内被保险人的年龄和工种比较接近，面临的风险状况类似；二是为了方便投保人或满足投保人的特殊需要，保险公司在分别计算出每一被保险人的保险费率后加总换算成平均保险费率，然后按平均保险费率收取保费。

（2）差别费率法。差别费率法是指对同一团体的不同被保险人，根据其年龄、性别、工种、健康状况采用不同的保险费率的方法。该方法体现了保险的公平原则和权利义务对等原则。

个人保险费率厘定时以生命表为依据，考虑被保险人的死亡率、预期的利息率和保险公司的营业费用率。团体保险费率厘定是一个相当复杂的过程，除了考虑选用恰当的费率厘定方法外，还要考虑投保险种所确定的基本费率，团体的规模，团体的历史赔付经验，团体的管理制度和管理水平，团体成员的年龄结构、性别结构、平均年龄、健康状况、工种分布、具体保险金额、连带被保险人情况以及团体的行业性质等。在实务中，对于规模较大、风险程度较低、索赔记录较少的团体，在计算保费时，保险公司往往给予一定比例的保费优惠比例；反之，则酌情进行加费处理。

（六）服务管理专业化

团体保险的投保人是团体，其对保险的要求往往要高于个人。因此，在团体保险市场的激烈竞争中，若要获得更多的客户，就要求从业人员必须具有相关的社保、法律、财税、医疗、金融、管理等方面的知识，具备前瞻性、创造性的思维优势。团体保险的专业服务人员应成为投保团体的员工福利顾问，从保障、福利、法律、财税等方面向投保团体提出保险建议，为投保团体提供设计科学的员工福利计划、保险计划等专业服务。因此，保险公司一般都设有专门的团体保险部门，对团体保险进行专门化的管理，科学设计团体保险经营流程；同时，针对团体保险的特点，配备和培养具有较高专业素质的营销队伍，专门从事团体保险的销售和管理工作。

三、团体人身保险的种类

大部分人身保险都可以团体保险的方式承保，按照保险责任的不同，团体保险可以划分为团体人寿保险、团体年金保险、团体意外伤害保险、团体健康保险等。

（一）团体人寿保险

团体人寿保险是以团体方式投保的定期或终身死亡保险。它通常包括团体定期人寿保险、团体终身保险等险种。

1. 团体定期人寿保险

团体定期人寿保险通常简称为团体定期保险，是以团体中的员工为被保险人，团体或团体雇主为投保人，保险期限为1年的死亡保险。绝大部分的团体定期人寿保险是以每年更新的定期保单方式承保的，主要为团体所属员工提供工作期间的死亡保障。

投保团体定期人寿保险的最初以及续保时无须体检。每年更新合同时，需要剔除已脱离企业的员工，增加新雇员，保险人有权根据投保团体的年龄结构、性别等方面的变化调整保险费率。由于保险期限只有1年，所以采用自然保费形式，保单没有现金价值。该种保险不具有储蓄性，因而对长期的保障有限，对老年退休生活的准备也没有多大用处，其主要目的是避免被保险人因死亡导致经济上的困难。

相关链接

某寿险公司团体定期寿险

(1) 保险责任。在合同有效期内，保险责任如下：

1) 被保险人在本合同保险期限内因疾病身故或全残，本公司按约定的该被保险人的保险金额给付保险金，本合同对该被保险人的保险责任终止。

2) 被保险人在本合同保险期限内遭受意外伤害，并自意外伤害发生之日起180日内，因该意外伤害身故或全残，本公司按约定的该被保险人的保险金额给付保险金，本合同对该被保险人的保险责任终止。

（2）产品特点。保障齐全，不论是因疾病还是意外身故或全残都能获得赔付；团体投保，享受团体保险的优惠费率，费用低廉，保障额度高；客户单位人数众多，可以按平均年龄投保；单位可以根据员工的变动情况对投保员工数量在规定的范围内增加或减少；员工家属可以作为附属被保险人。

（3）产品价格。该产品的价格如下表所示。

团体定期寿险费率表（每千元保额）

单位：元

年龄（岁）	男	女
25	1.2	0.7
30	1.3	0.7
35	1.7	1
40	2.7	1.6

（4）承保对象。按团体投保；最低人数不低于5人；年龄在16～65周岁，身体健康，能够正常工作的机关、企业、事业单位和社会团体的在职人员，可作为被保险人。

2. 团体终身保险

团体终身保险是相对于团体定期保险而言的。后者主要提供团体所属员工在工作期间的死亡保障，团体终身保险则是以团体或其雇主为投保人，团体所属员工为被保险人，一旦被保险人死亡，由保险人负责给付死亡保险金的一种保险产品。因此，团体终身保险可以为团体所属员工提供退休后的死亡保障，以弥补团体定期保险期限较短的不足。

相关链接

某寿险公司团体终身寿险

（1）投保范围。凡机关、团体、企事业单位的在职人员，年满16～65周岁，身体健康并能正常从事工作或劳动的，均可作为被保险人，由其所在单位作为投保人向本公司投保本保险。

在职人员年龄不超过65周岁，身体健康的配偶也可以作为被保险人参加本保险。

（2）保险期限。保险期限为终身。

（3）保险金额。保险金额由投保人和本公司约定并于保单上载明。在职人员配偶的保险金额不得超过在职人员保险金额的10%。

（4）保费。保费缴纳方式为趸缴、3年年缴两种，由投保人在投保时选择。

（5）被保险人变动。投保人因所属人员变动需要增加或减少被保险人的，应书面通知本公司。

（6）保障范围。该产品的保障范围如下表所示。

保障	因意外伤害身故	身故保险金＝保险金额
	因疾病身故	身故保险金＝保险金额
	因意外伤害身体高度残疾	身体高度残疾保险金＝保险金额
	因疾病身体高度残疾	身体高度残疾保险金＝保险金额

（二）团体年金保险

团体年金保险是以团体方式投保的年金保险，简称团体年金。团体年金主要用于员工退休后的生活补助，是员工福利计划的重要组成部分。从产品设计形态来看，我国团体年金保险包括普通型（传统型）团体年金和新型团体年金（分红型、变额型和万能型）两种。传统型团体年金有几类产品，如团体延期年金保险、预存管理年金保险和即期参与保证年金保险。其中最主流的是团体延期年金保险，该产品是由雇主为在职的雇员投保的年金保险，当雇员年老退休后从保险公司领取年金。2005 年以后，由于我国对企业补充养老保险建立了独立的税优企业年金制度，在企业年金制度逐步实施后，商业团体养老年金保险的市场缩小，因此该部分内容不进行展开，我们将在本章第二节中专门论述企业年金。

（三）团体意外伤害保险

团体意外伤害保险是团体保险最早的形式之一，是指当被保险人遭遇意外伤害导致死亡或残疾时，由保险人负责给付死亡保险金或残疾保险金的一种团体保险。其保险费率按行业、工种类别确定，通常划分为若干类，每一类使用一个费率，对特殊行业、工种要按危险程度加收保费。此外，团体意外伤害保险与个人意外伤害保险在保险责任、给付方式方面相同，只是承保方式不同。

与人寿保险、健康保险相比，意外伤害保险是最有条件、最适合采用团体方式投保的。其原因在于，人寿保险和健康保险的保险费率都和被保险人的年龄有关，而意外伤害保险的保险费率则不然，它主要取决于被保险人的职业。在一个团体内部，通常团体成员从事的工作风险性质大致相同，可以采用相同的费率，而且意外伤害保险的保险期限多是 1 年或更短。

相关链接

某保险公司团体意外伤害保险费率表

团体意外伤害保险金额（万元）	5	10	15	20	25	30	35	40
1～2 类	30	60	90	120	150	180	210	240
3 类	75	150	225	300	375	450	525	600
4 类	110	220	330	440	550	660	770	880

续前表

团体意外伤害医疗保险金额（万元）	0.5	1	1.5	2	2.5	3	3.5	4
1～2 类	23	30	45	60	75	90	105	120
3 类	42	56	84	112	140	168	196	224
4 类	60	80	120	160	200	240	280	320
团体意外住院津贴（元/天）	30	50	100	200				
1～2 类	3.6	6	12	24				
3 类	8.4	14	28	56				
4 类	12	20	40	—				
团体公共交通工具意外伤害（万元）	5	10	15	20	25	30	35	40
1～4 类	6	12	18	24	30	36	42	48

（四）团体健康保险

近几年来，我国商业保险公司和社会保障部门的合作日益加强，这种合作特别表现在健康保险领域。商业保险公司针对各地社保经办机构，以经办管理、共保联办和协议承保等不同方式，接受政府委托或者与政府部门签订保险合同，为社会基本医疗保险的参保人提供医疗保险理赔、医疗保险基金管理和大病保险运作等服务项目。除了与社会保障部门合同之外，商业保险公司销售的传统商业团体健康保险是团体健康保险业务中的主流，下文中我们主要对具有商业性质的团体健康保险进行介绍。

团体健康保险是指以团体或其雇主作为投保人，以其所属员工作为被保险人，当被保险人因意外事故或疾病而花费医疗费用时，由保险人负责给付其治疗、住院、护理等费用，当被保险人由于意外事故或疾病导致健康损失，从而引起经济需求或收入损失时，由保险人负责给付或补偿保险金的一种团体保险。由于团体人寿和意外伤害保险仅对被保险人的死亡及残疾进行补偿，但在实际工作中，员工因为健康原因而丧失工作能力或需要接受医疗服务的概率要远远大于死亡的概率。在医疗卫生费用不断提高的今天，人们面临的医疗费用支出压力将会日趋增大。从这个角度而言，相较于团体寿险，团体健康保险对员工及其家属的意义更为重要。因而，目前，团体健康保险已逐渐成为员工福利计划的重要组成部分。

团体健康保险的种类与个人健康保险的种类相同，主要包括团体疾病保险、团体医疗保险、团体失能收入损失保险和团体护理保险四类产品。

1. 团体疾病保险

团体疾病保险是以投保团体的成员确诊罹患合同约定的疾病为给付条件的保险。只要被保险人患上保险条款中所列出的某种疾病，无论其是否支出医疗费用，都可以获得保险金。常见的团体疾病保险包括团体重大疾病保险和团体特种疾病保险两类，两类疾病保险除保障范围外，给付标准、给付期限基本相同。

2. 团体医疗保险

团体医疗保险是以团体中的成员作为被保险人，对其因合同约定的疾病或意外事故而发生的医疗费用给予保障的团体保险。这种保险的保险责任包括被保险人因病治疗发生的各项费用，主要有药费、检查费、手术费、住院费等。根据保障内容的不同，团体医疗保险又可以分为普通医疗保险、住院医疗保险、手术保险和高额医疗保险等产品。在团体医疗保险里，在一个保险期限内，不论是一次还是多次产生医疗费用，保险人都按规定分别计算给付保险金，但累计给付的保险金不得超过总保险金额。

3. 团体失能收入损失保险

团体失能收入损失保险是指当团体被保险人因合同约定的疾病或意外事故而丧失工作能力导致收入损失时，保险人承担保险金给付责任的团体健康保险。团体失能收入损失保险可以分为短期失能收入损失保险与长期失能收入损失保险。

4. 团体护理保险

团体护理保险是指当团体被保险人因保险合同约定的日常生活能力障碍引发护理需要时，保险人为被保险人的护理支出提供保障的团体健康保险。保险人为因年老、疾病或伤残而需要长期照顾的被保险人提供护理服务费用补偿。护理保险的主要产品是长期护理保险，除此之外，还有少儿看护保险和全残护理保险等。

相关链接

某寿险公司团体补充医疗保险（基金型）

团体补充医疗保险（基金型）是某寿险公司推出的新型团体健康保险产品，具有“资金委托管理”的性质。它只收取一定比例的管理费，待保险期限结束，账户余额将全部返还投保单位。该产品经营灵活，可以针对企业中的特定人群、特殊的需求提供保障，还能与其他团体补充医疗保险类条款互相配合，形成多层次、系列化的保障方案。尤其是考虑到财政部规定企业为职工购买补充医疗保险，工资总额4%以内的部分可以在成本中列支，基金型险种更有其独特优势。

(1) 保险责任。该产品的保险责任如下表所示。

保障	门诊、急诊医疗费用（以下简称门诊医疗费用）	本公司按门诊医疗费用的给付比例给付门诊保险金，但以该被保险人个人账户余额为限。
	住院、急诊观察室医疗费用（以下简称住院医疗费用）	本公司按住院医疗费用的给付比例给付住院保险金，但以该被保险人个人账户余额为限。
	附带被保险人医疗费用	本公司按50%的比例给付保险金，但以与该附带被保险人相关的被保险人个人账户余额为限。
	投保人建立公共账户（可选择项目）	当本公司累计给付的保险金达到被保险人个人账户余额时，经投保人同意，本公司按照规定在公共账户余额内给付保险金，但以公共账户余额为限。

注：本公司对于被保险人及附带被保险人在本公司指定或者认可的医疗服务提供单位就医或者配药所支出的，并在当地社会医疗保险部门规定的基本医疗保险范围内应由被保险人自理的医疗费用，按照合同约定给付保险金。

（2）投保范围。凡机关、团体、企事业单位的员工，在参加当地城镇职工基本医疗保险后，均可作为被保险人，由其所在单位作为投保人向本公司投保本保险。投保时，投保人的在职人员必须有75%以上投保且被保险人人数不低于8人。

出生满两个月至18周岁未参加工作的被保险人子女，经本公司同意，可作为附带被保险人，由投保人统一向本公司投保本保险。附带被保险人须与被保险人同时投保，在本合同有效期内，不得单独增加附带被保险人（出生满两个月的新生儿除外）。

除非本合同有特别说明，本合同中所指的被保险人均不含附带被保险人。

（3）保险期限。本产品保险期限为3年，自本公司同意承保、收取保费并签发保单的次日起至期满日止。

（4）账户。本公司为每一被保险人建立个人补充医疗保险账户。如果投保人要求，本公司也可以为投保人建立公共账户。

（5）保费。在本合同有效期内，投保人可以定期或不定期地向本公司缴纳保费。

（6）被保险人变动。因所属人员变动而需要增加或减少被保险人的，投保人应书面通知本公司。

四、团体人身保险的特殊条款

团体保险的特征决定了团体保险合同在条款设置方面具有一定的特殊性。这些条款的设置，旨在降低团体或其成员的逆选择程度，提高团体经验数据的可靠性，有效控制经营风险，保证团体保险的经营稳定性。

（一）团体最低投保人数及比例条款

团体保险最低投保人数及比例是团体保险风险控制的重要手段。在早期经营团体保险时，对投保人数的要求相对较高。随着保险公司承保技术和风险管理技术的提高，以及中小企业的大量出现，团体保险市场竞争加剧，对投保人数的要求不断降低。根据目前我国保险监督管理委员会对于团体保险业务的规定，投保人为3人以上特定团体成员（可包括成员配偶、子女和父母）时才可投保团体保险。而具体产品的参保条件则由保险公司与投保人在保险合同中约定，如约定特定团体的参保成员应占团体中符合参保条件成员总数的75%以上（含75%）等。

（二）个人适保资格认定条款

团体保险虽然不对单个成员进行保险选择，但是为了合理地控制理赔成本和管理费用，避免逆选择，通常对团体成员的参保资格也有一定的限制。个人适保资格认定条款则界定了团体保险中哪些团体成员有资格获得团体保险保障。一般情况下，只有身体健康且能正常工作或学习的在职员工（或在校学生）才能获得保障资格。

（三）观察期条款

观察期条款规定了新团体成员获得保障必须满足的条件。一般观察期条款规定：新的团体成员在有资格参加团体保险之前必须等待一段时间，通常是6个月，如果是非分担型的团体保险，满足其他资格要求的新团体成员在观察期满将自动获得该团体保险保障。如果是分担型的团体保险，观察期满之后还有一段适任期，通常是 31 天，在适任期内，新团体成员可以申请参加团体保险，但是新团体成员必须签署授权书，允许企业（或雇主）从其工资中扣除部分薪金以交付保费分担额。只有新团体成员完成这种授权后，其团体保险保障才能生效。

（四）受益人的指定

团体保险业务的意外伤害给付、疾病给付、医疗给付和年金给付，应直接向被保险人支付。团体保单中的死亡保险金给付受益人的指定与个人保单死亡保险金给付受益人的指定的规则和要求相同。团体保单中指定和变更受益人是团体被保险人特有的权利，而不是团体保单持有人的权利。在我国团体保险中，对于指定受益人的范围受《保险法》第 39 条规定的限制，即投保人为与其有劳动关系的劳动者投保人身保险，不得指定被保险人及其近亲属以外的人为受益人。

（五）合同转换权利条款

当雇佣关系终止或团体总保单终止时，大多数团体保单通过合同转换权利条款，规定被保险人可以将团体保险转换为个人保险以继续享有保障，而无须提出可保证明。当然，转换权利必须在团体保单终止的一段时间之内（一般是 31 天）行使，并且保险金额以原团体保单的金额为限。此期间内，团体保单还提供展延死亡给付的保障。但转换之后，被保险人通常要缴纳较高的保费，有关保险金的给付也有更多的限制。

（六）协调给付条款

协调给付条款在美国和加拿大的团体健康保险中较常见，因为在这些国家，有资格享受多种团体医疗保险的被保险人较普遍，如双职工家庭可能享有双重团体医疗费用保险。该条款主要是为解决享有双重团体医疗费用保险的团体被保险人获得的双重保险金给付问题，而将两份保单分别规定为优先给付计划和第二给付计划。优先给付计划必须给付其所承诺的全额保险金；若其给付的保险金额不足被保险人所应花费的全部合理医疗费用，被保险人就可要求履行第二给付计划以赔付差额部分保险金的责任，同时告知保险人优先给付计划的给付金额，第二给付计划根据协调给付条款支付保险金。

第二节　企业年金计划

现代企业之间的竞争从根本上说是人才的竞争。一家企业提供的福利待遇必须比它的竞争对手更有吸引力，才可以把最优秀的、企业最需要的人网罗到本企业中来。因此除了工资以外，企业通常会为员工提供一定的福利。可以说，员工福利正在成为企业吸引人才、留住人才和整合人才资源强有力的工具。最常见的福利形式包含团体人身保险和企业年金计划。作为基本养老保险补充的养老三支柱中的第二支柱，企业年金计划一直是全球各国重要的发展项目。上一节我们介绍了团体人身保险，这一节将介绍企业年金计划。

一、国际上的企业年金计划介绍

（一）企业年金计划简介

1. 企业年金计划的概念

企业年金计划也称退休规划，是在政府强制实施的公共养老金或国家养老金之外，企业根据自身经济实力和经济状况建立的，为本企业职工提供一定程度退休收入保障的补充养老金制度。企业在其经营期间，根据经营状况，由企业缴纳或由企业和员工共同缴纳部分资金，交由专业机构进行投资和管理，并在员工退休时以及特定情况下领取。一项完整的企业年金计划应该包括缴费（资金的归集）、投资运作（资金的增值）和领取（资金的分配）三个环节。

企业年金计划的实质是以延期支付方式存在的职工劳动报酬的一部分或者是职工分享企业利润的一部分，是企业雇主自愿建立的员工福利计划。

2. 企业年金计划的特点

企业年金计划主要具有以下特点：第一，非营利性。企业年金计划是经济效益较好的企业为员工退休以后的生活提供一定程度的保障；企业建立企业年金计划不是为了从中赚取直接的经济利益。第二，企业自愿。企业年金计划是企业自愿建立的，是企业为员工提供的一种额外福利。第三，政府支持。因为企业年金计划承担了一部分社会保障的责任，减轻国家在养老保险金方面的支出，所以政府一般对这一制度都给予一定的税收优惠政策。第四，市场化运作。企业年金计划建立后，无论采用哪种方式进行管理，都必须实行市场化经营和运作，即交由专业机构进行投资和管理。

3. 企业年金计划的两种基本类型

企业年金计划可以分为确定给付型（defined benefit，DB）计划和确定缴费型（defined contribution，DC）计划两种基本类型。

（1）确定给付型计划。

确定给付型计划又称以支定收型计划，是企业首先确定职工在满足一定条件的基础上，退休时所能够享受的待遇，待遇通常是根据最后工资和工作年限精算出来的，然后根据事先的职工当时的工资水平、工作年限、企业预期人员变动、工资增长率、死亡率、预定利率等的预测，依照精算原理确定各年的缴费水平，即企业根据将来需要支出的养老金来确定企业现在应该缴纳的企业年金费用。确定待遇的方式主要有以下两种：

第一种：企业直接确定职工退休领取的金额。例如，企业可以规定职工的企业年金退休金由两部分组成：一部分与职工退休前的岗位挂钩，如普通职员为 1 000 元，部门经理为 2 000 元，依此类推；另一部分与工龄挂钩，如工龄每满一年，该职工每月可以领取 50 元的退休金。如果一名普通职工，工龄为 10 年，则该职工每月的退休金为 1 500 元（1 000 元+50 元×10=1 500 元）。

第二种：企业通过确定替代率（退休后每月领取的金额占职工退休前月工资的比例）来间接确定职工退休领取金额。企业可以同样规定职工的企业年金退休金由两部分组成：一部分与职工退休前的岗位挂钩，普通职员为其退休前月工资的 5%（即替代率为 5%），部门经理替代率为 10%，依此类推；另一部分与司龄挂钩，司龄每满一年，职工每月可以领取的金额为该职工退休前月工资的 1.5%（即替代率为 1.5%）。如果一名普通职工，司龄为 10 年，退休前月工资为 7 500 元，则该职工每月的退休金为 1 500 元(7 500 元×5%+7 500 元×1.5%×10=1 500 元)。

DB 计划为企业内参加计划的雇员设立一个统一账户，采取养老信托基金或者购买团体养老年金保险方式，雇员养老基金的缴纳和基金投资运作的风险都由雇主承担，如果企业养老基金不能足额支付，由企业补齐差额部分。确定给付型计划筹资有两种基本方式：一是完全由雇主定期向基金注资；二是雇主和雇员共同向基金注资。多数企业采取的是雇主单方注资方式。

(2) 确定缴费型计划。

确定缴费型计划又称以收定支型计划，是企业首先确定缴费水平，由企业和职工按规定比例出资，计入个人账户。企业年金缴费可以交给某一金融机构，如投资基金或单位信托基金，由该机构向职工提供投资工具，由职工决定如何在各种基金中分布投资组合；也可以购买已建立个人账户的团体年金保险，由人寿保险公司提供不同风格的投资账户，由职工决定在不同投资风格账户中的基金单位数。

在 DC 计划下，雇员退休时根据个人账户基金积累值领取退休金，投资风险全部由职工个人承担。如果退休时个人账户基金积累值不能提供足够的退休金，企业一般也不会另行缴费。对于 DC 计划而言，只有当资本交易市场完善，有多样化的投资产品可供选择时，年金资产管理公司才能从投资中获取既定的收益，保证对年金持有人给付养老金和投资收益的兑现。根据我国出台的相关企业年金法规，我国的企业年金采用信托的方式运作，是 DC 计划。

知识库

企业年金计划与基本养老保险有什么区别?

企业年金计划是企业和职工在依法参加基本养老保险的基础上，自愿建立的补充养老保险制度，是养老保障体系中的第二支柱，其作用是提高职工退休后的生活水平，满足职工较高的养老保障要求，从而有效弥补第一支柱（即基本养老保险）的不足。也就是说，建立企业年金计划的企业，其职工在退休后可以领到“双份”养老金。

与基本养老保险相比，企业年金计划不是强制性的社会保险，是企业根据国家政策自愿实施的制度。

然而，企业年金计划虽然可以为退休职工多建立一重养老保障，但也并非人人都能享受得起。按照规定，建立企业年金计划的企业，必须依法参加养老保险并履行缴费义务，具有相应的经济负担能力并已建立集体协商机制。如果非在职职工比例较高，那么对企业来说企业年金计划是一个沉重的包袱，因而大部分企业出于自身的考虑，不愿意为职工缴纳“多余”的费用。

(二) 国际上的企业年金计划

企业年金计划对于企业建立完备的薪酬福利体系、留住关键人才以及提高企业整体市场竞争力具有十分关键的作用。目前，世界上大多数发达国家和地区基本上已经建立起完善的企业年金计划。

1. 美国的退休金计划

美国的养老保险体系采用的是“三支柱”模式，联邦政府以征收社会保障税的形式为社会保障（即第一支柱）进行筹资，对符合条件的退休金计划（即第二支柱）实行税收优惠政策，同时政府鼓励雇员购买个人储蓄性养老保险（即第三支柱）。根据美国《国内税收法案》的规定，美国政府对多种退休储蓄提供税收优惠，其中符合美国《国内税收法案》第401节规定的一类退休金计划具有三个共同特征，即雇主资助、完全自愿、税收优惠。这类符合第401节规定的退休金计划通常被称为美国的企业年金计划，也称为401（k）计划，401（k）计划作为美国养老保险体系的第二支柱，已成为美国养老保险体系最重要的组成部分。下面主要介绍一下401（k）计划。

雇主是401（k）计划的发起人，负责计划和管理。只要有5人以上的雇员参与，就可以实施401（k）计划。雇员将税前工资的一部分存入个人的401（k）账户，这个金额不能超过一定的标准，政府部门会按期进行与生活费用挂钩的调整。401（k）计划成员在59.5岁以前不能随意提取401（k）账户中的资金，只有计划参加者被解雇、生病、伤残、退休、去世时才能够从账户中提款。

雇主通常要建立一个委员会来管理401（k）计划，委员会的成员就是受托人，对计划的实施和管理负主要责任。

401（k）计划是建立在个人账户基础上的长期资金积累计划，投入多少资金、如何进行投资、承担什么样的风险都由投资者个人自行决定。较为流行的方式是：由受托人借助咨询机构选择一些具有合适风险、收益特征的基金产品，编制成投资目录，供401（k）计划成员投资，该计划成员可以在目录产品中自行选择和更换。

凡是参加401（k）计划的企业，政府允许雇主和雇员从他们的税前收入中扣除养老金缴费额，并减免养老金投资收益所得税，只在养老金领取时征收个人所得税（退休后所处的征税等级往往较低），即享受延税优惠。

401（k）计划是“便携式”的。如果一个人更换雇主，他可以有多种选择处理自己的个人账户，既可以将账户余额转入个人退休计划，也可以转入新雇主提供的401（k）计划，或者提走全部账户余额。401（k）计划受到政府严密的监管。

2. 日本的企业年金制度

日本的退休养老制度主要由三大支柱构建而成：一是公共年金制度；二是企业年金制度；三是个人储蓄养老金制度。企业年金由各企业自主设立，属于企业福利的范畴，目的是供职工退休后养老之用。

日本的企业年金制度主要有三种：厚生年金基金、税收合格年金、非合格年金。厚生年金基金一般由大企业发起建立，其雇员人数往往在500名以上，它可以由单个企业或多个企业联合发起。税收合格年金多为中小企业采用，其资金运用者往往是信托银行或保险公司。非合格年金也称为社内年金，年金的组织和运用只限于企业内部。

2001年10月，日本对原有的退休养老制度进行了改革，在充分借鉴美国的401（k）计划的基础上，通过了“确定缴费年金法案”［即日本的401（k）年金计划］（见表8-1）。该年金计划允许建立个人账户，从而方便了劳动者的职业流动，把资金运营的责任从企业转向了个人。日本的401（k）年金计划分为企业型和个人型两种。企业型主要面向工薪族，个人型主要面向20岁至60岁的农民和个体工商户。

表8-1　　日本的401（k）年金计划

<table>
<tr><th></th><th>企业型</th><th>个人型</th></tr>
<tr><td>合格签约人</td><td>公司雇员</td><td>自雇人员或者公司没有任何年金计划</td></tr>
<tr><td>签约人年龄限制</td><td colspan="2">60岁以下</td></tr>
<tr><td>资金来源</td><td>雇主</td><td>个人</td></tr>
<tr><td rowspan="2">资金上限</td><td>没有年金：每年43.2万日元</td><td>自雇人员：81.6万日元</td></tr>
<tr><td>有年金：每年21.6万日元</td><td>没有年金的雇员：18万日元</td></tr>
<tr><td>将年金资产转入新雇主年金</td><td colspan="2">可以</td></tr>
<tr><td>资产配置</td><td colspan="2">受托人负责</td></tr>
<tr><td>投资工具</td><td colspan="2">邮政储蓄账户、上市证券（公债、股票、共同基金）、信托、保险，每三个月必须至少调整一次投资组合</td></tr>
<tr><td>收益支付</td><td colspan="2">60～70岁，按年进行支付或者集中付清</td></tr>
<tr><td>税收</td><td colspan="2">资金收集阶段：税前列支
投资阶段：特殊的公司税收
收益支付阶段：分年支付不收税，集中支付收税</td></tr>
</table>

日本的401（k）年金计划具有以下特征：按照“预先积累方式”筹集，即制度建立初期多收保费，积累起一笔资金，待达到一定积累额之后，再进行支付；企业年金的水平有一定的限制；企业年金的大部分费用由企业承担，企业年金与厚生年金相加不能超过公务员共济年金的水平（共济年金的水平相当于退休时工资的70%），并且可以列入成本开支；企业年金由信托银行和人寿保险公司管理和支付。

3. 瑞典的企业年金制度

瑞典作为福利国家的典范，是世界上最早建立全民养老金体系的国家之一。瑞典养老金制度由国家养老金、企业年金两部分组成。国家养老金包括基本养老金和辅助养老金，主要提供基本生活保障；企业年金则保障退休者的生活质量得到提高。

国家养老金由国家个人账户和完全积累的个人实账账户构成。政府按工资总额的16%设立个人账户，职工按工资总额的2.5%建立个人账户。企业年金是企业为职工提供的基本养老金之外的养老金。瑞典政府规定，企业可按工资的2.0%～4.5%为职工建立年金，企业年金存入职工的个人账户，由专门的保险机构运作并进行实账管理，按年累计。

瑞典企业年金制度的主要特点包括：一是设立企业年金既不是政府强制的结果，也非企业完全自愿，而是瑞典总工会与雇主联合会通过集体谈判决定；二是没有法律强制性，是劳资双方谈判的结果；三是资金由企业支付，不需要职工个人缴纳费用；四是企业年金管理和运营自由，但政府通过法律和政策手段对企业年金的投资运营实施严格的监督和管理，以确保缴费人和受益人的利益；五是企业年金的支付形式由职工本人自由选择。

4. 中国香港地区的强积金制度

中国香港地区的强积金制度是一套强制执行、市场化运营的企业年金制度。强积金制度运行办法很简单，就是受雇人员和雇主每个月都拿出5%的免税收入，将这些钱放在一个信托受托人的专门独立账户，由受雇人员选择账户的投资方式，决定投资哪个基金或保险，然后一直积累到退休，受雇人员便可将存入账户的钱连同收益一起取回。该制度涵盖18岁至65岁的雇员和自雇人员（个体户），还包括各类临时雇员。除强制性供款之外，政府还鼓励雇员进行自愿性供款以提高退休保障。在税收政策上，除了有较高比例的税收优惠外，强积金制度还规定供款的投资收益及员工领取强积金时均免缴所得税。在投资方面，强积金投资运作的对象均为基金，基金品种的发行必须报告强积金局，并经过香港证监会的核准。具体的投资比例由受益人根据自己的风险偏好自行选定。

总体来看，中国香港地区强积金制度有三个主要特点：第一，涵盖范围广泛；第二，账户由独立受托人管理；第三，账户投资完全由个人自主决定。中国香港地区强积金制度从2000年开始正式实施，发展迅速，至今已覆盖应参加雇主的93.8%和雇员的95.7%。

二、我国的企业年金制度

（一）我国的企业年金制度发展历程

我国的企业年金制度产生于20世纪90年代初，至今经历了三个阶段，即补充养老保险阶段、企业年金探索阶段和企业年金规范阶段。

1. 补充养老保险阶段

补充养老保险阶段是从1991年开始到2000年结束，这个阶段的企业年金被称为企业补充养老保险。1991年，《国务院关于企业职工养老保险制度改革的决定》中第一次明确提出提倡、鼓励企业实行补充养老保险，文件规定："企业补充养老保险由企业根据自身经济能力，为本企业职工建立"。这一阶段的补充养老保险基本上是由地方社会保险经办机构和行业经办机构管理。具体方法为企业委托社会保险经办机构或行业经办机构代管本企业的补充养老保险，企业每月向经办机构缴纳补充养老保险费用，经办机构向企业的离退休人员按月或一次性发放补充养老保险。大部分补充养老保险基金被存入银行、用于购买国债，投资收益率较低。补充养老保险运营呈现显著的非市场化特征，同时缺乏相应的税收优惠政策。

2. 企业年金探索阶段

企业年金探索阶段是从2000年底开始到2006年9月结束。2000年，《国务院关于印发完善城镇社会保障体系试点方案的通知》确定了四项新的政策：一是将补充养老保险名称规范为企业年金，以示与保险的区别；二是确定采取个人账户管理方式，即采用国外的主流模式和缴费确定型计划；三是明确税收优惠政策，规定企业缴费在职工工资总额4%以内的部分可以纳入企业成本，允许在税前列支；四是实行市场化管理和运营，即企业年金运营采用信托模式，企业年金基金受托人、账户管理人、投资管理人和托管人共同管理企业年金基金，打破了原来由政府一手包揽和行业自行经办的传统企业年金运行模式，取而代之的是市场化运行模式。

2005年8月，劳动和社会保障部公布了第一批认定的37家企业年金基金管理机构，并规定各地企业年金必须交由有资格的机构管理。但是这一阶段的相关法规中没有明确规定地方社会保险经办机构及行业经办机构管理的存量年金移交具备资格的机构管理的时间，因此，这一阶段既有由有资格的机构管理的企业年金计划，也有由地方社会保险经办机构和行业经办机构管理的传统的企业年金计划，基金实行“双轨制”管理。

随着我国企业年金制度的完善和税收优惠政策的落实，我国的企业年金市场快速发展，一些大型企业相继建立企业年金计划。

2006 年 4 月，马鞍山钢铁与南方基金正式签订委托投资管理合同，年金合作标的 1.5 亿元，标志着我国第一家规范的企业年金计划开始“完整”投入运作。2006 年 7 月，联想集团携手平安养老保险公司、嘉实基金公司和招商银行共同启动了联想集团企业年金计划，宣布开始为 7 000 多名联想员工建立企业年金账户，成为我国目前规模最大的民营企业的企业年金计划。

3. 企业年金规范阶段

2006 年 9 月后，我国企业年金发展进入规范阶段。这一阶段的企业年金制度具有两个特点：税收优惠政策逐步明确；企业年金由“双轨制”管理向市场化规范管理过渡。

2006 年 9 月 1 日，劳动和社会保障部正式对外发布了《关于进一步加强社会保险基金管理监督工作的通知》，通知明确规定：社会保险经办机构不再接收新的企业年金计划，新建立的企业年金计划要由具备企业年金基金管理资格的机构管理运营；由社会保险经办机构或行业经办机构管理的企业年金计划，要在 2007 年年底之前移交给具备资格的机构管理运营。这标志着我国企业年金制度开始进入规范化阶段。

2009 年 6 月，财政部、国家税务总局发布《关于补充养老保险费、补充医疗保险费有关企业所得税政策问题的通知》，规定自 2008 年 1 月 1 日起，企业根据国家有关政策规定，为在本企业任职或者受雇的全体员工支付的补充养老保险费、补充医疗保险费，分别在不超过职工工资总额 5%标准内的部分，在计算应纳税所得额时准予扣除；超过的部分，不予扣除。

2013 年年底，财政部、人力资源和社会保障部、国家税务总局联合出台了《关于企业年金　职业年金个人所得税有关问题的通知》，对企业年金和职业年金确定给予个税递延优惠政策，即企业（及事业单位）缴费和个人工资计税基数的 4%以内部分的个人缴费，个人所得税递延至领取年金时缴纳。

随着我国企业年金相关管理和税优制度的逐步确定，企业年金市场规模不断扩大，截至 2015 年年底，总共有 7.5 万家企业建立企业年金，2 316 万名职工参保，2015 年年底积累的基金金额为 9 525.51 亿元，规模增速为 23.9%。而同期，2015 年底职工基本养老保险参保人数为 3.54 亿人，其中在职职工 2.62 亿人。也就是说，在职职工中拥有企业年金的人数比例仍不足十分之一。

总体来看，作为一种确定缴费计划，企业年金是我国养老三支柱的重要组成部分。我国的企业年金在很大程度上借鉴了美国 401（k）计划和我国香港地区强积金制度的经验，同样是在企业自主的基础上，由企业和员工共同缴费，并由受托人、账户管理人、托管人和投资管理人共同运作。

知识库

企业年金的受托人、托管人、账户管理人和投资管理人

1. 企业年金的受托人

企业年金的受托人是指受托管理企业年金基金的企业年金理事会或符合国家规定的养老金管理公司等法人受托机构（以下简称法人受托机构）。一个企业年金计划应当仅有一个受托人。企业年金理事会由企业代表和职工代表以及企业外专业人员等组成，依法管理本企业的企业年金事务，不得从事任何形式的营业性活动。

受托人应当履行的职责主要有：选择、监督、更换账户管理人、托管人、投资管理人以及中介服务机构；制定企业年金基金投资策略；编制企业年金基金管理报告和财务会计报告；根据合同对企业年金基金的管理进行监督；根据合同收取企业和职工的缴费，并向受益人提供企业年金待遇；接受委托人、受益人查询，定期向委托人、受益人和有关监管部门提供企业年金基金管理报告。

2. 企业年金的托管人

企业年金的托管人是指受托人委托保管企业年金基金财产的商业银行，并且只能由一家商业银行担任。托管人应当履行的职责主要有：安全保管企业年金基金财产；以企业年金基金名义开设基金财产的资金账户和证券账户；对所托管的不同企业年金基金财产分别设置账户，确保基金财产的完整和独立；根据受托人指令，向投资管理人分配企业年金基金财产；根据投资管理人的投资指令，及时办理清算、交割事宜；负责企业年金基金会计核算和估值，复核、审查投资管理人计算的基金财产净值；定期与账户管理人、投资管理人核对有关数据，按照规定监督投资管理人的投资运作；定期向受托人提交企业年金基金托管和财务会计报告；定期向有关监管部门提交企业年金基金托管报告。

3. 企业年金的账户管理人

企业年金的账户管理人是指受托人委托管理企业年金基金账户的专业机构，一个企业年金计划应当仅有一个账户管理人。账户管理人应当履行的职责主要有：建立企业年金基金企业账户和个人账户；记录企业、职工缴费情况以及企业年金基金的投资收益；定期与托管人核对缴费数据以及企业年金基金账户财产变化状况；计算企业年金待遇；提供企业年金基金企业账户和个人账户信息查询服务；定期向受托人和有关监管部门提交企业年金基金账户管理报告。

4. 企业年金的投资管理人

企业年金的投资管理人是指受托人委托投资管理企业年金基金财产的专业机构。投资管理人的主要职责有：对企业年金基金财产进行投资；及时与托管人核对企业年金基金会计核算和估值结果；建立企业年金基金投资管理风险准备金；定期向受托人和有关监管部门提交投资管理报告。

资料来源：企业年金基金管理办法（2015）.

（二）保险公司经营企业年金的优势

从国际上来看，保险公司在养老保险及企业年金市场中一直处于主力军的地位，这种地位的确立源于保险公司在经营企业年金方面的核心优势：

第一，保险公司在企业年金计划的方案设计和产品销售上具有独到的优势。在方案设计方面，由于我国的企业年金计划没有赋予职工投资选择权，这就意味着年金计划的风险在相当程度上要由建立计划的企业承担。精算方法根据个人账户的缴款率、预测未来退休收入的替代率或目标收入替代率来确定个人账户在缴款率方面能够发挥的重要作用，保险公司的精算能力有助于针对不同企业的需求设计不同的养老金产品。在产品销售方面，相对于其他金融机构而言，保险公司经营了多年的商业补充养老保险业务，积累了丰富的经验。同时，保险公司具有丰富的团体销售经验，有能够与客户进行良好沟通的销售队伍。

第二，保险公司可以通过建立金融集团，成立专门的养老金管理公司参与企业年金的管理。养老金管理公司在资产上与保险公司相分离，企业年金账户独立，完全可以避免来自保险公司其他业务的不良影响。

第三，在企业年金投资的管理上，保险公司在管理小型企业的年金资产方面占有一定的优势。原因在于保险公司能够承揽企业年金缴费、投资和发放的全过程，小型企业由于资金有限，往往乐于选择能够提供一揽子服务的保险公司，以降低运作成本。

（三）我国保险公司的企业年金业务开展情况

在国际上，保险公司始终是企业年金市场的主要运作者；在国内，保险公司也逐步成为我国企业年金市场的中坚力量。2004 年 12 月，中国保监会核准国内首家专业养老保险公司——平安养老保险股份有限公司开业，标志着国内企业年金市场的首家专业机构诞生。平安养老保险股份有限公司是中国平安集团首次在上海注册的专业子公司，该公司的建立标志着企业年金有了专业运作机构。同月，由太平人寿发起设立的专业养老保险公司——太平养老保险股份有限公司正式获准开业。平安、太平两家养老保险公司相继获准开业，市场反应非常积极，一些专业养老保险公司也抓紧时间进入市场。2006 年 12 月，中国人寿养老保险公司获保监会批准开业，成为继平安、太平两家公司后的第三家专业养老保险公司。2007 年 5 月，由 11 家中央及上海的大企业共同发起设立了长江养老保险公司，该养老保险公司是由中央及上海国有大型企业共同发起设立的，成立后将受托管理 7 000多家企业的年金基金资产，成为国内目前最大的专司企业年金基金业务的养老保险公司。同月，泰康养老保险公司获得批准筹建，成为我国第五家专业养老保险公司。

目前，全国共有五家专业养老保险公司，2015 年五家专业养老保险公司企业年金业务情况如表 8 - 2 所示。

表 8 - 2　　2015 年养老保险公司企业年金业务情况表　　单位：万元

公司名称	企业年金缴费	受托管理资产	投资管理资产
太平养老	907 753.92	4 543 303.38	5 081 383.41
平安养老	3 338 551.99	12 722 620.44	13 548 041.96
人寿养老	3 466 498.12	17 156 114.06	11 052 850.57
长江养老	574 094.8	5 235 824.31	5 572 835.81
泰康养老	455 138.15	2 030 110.67	—
合计	8 742 036.99	41 687 972.86	35 255 111.75

资料来源：http：//www.circ.gov.cn/web/site 01，2016-01-28.

保险业是企业年金运作的核心环节，在年金的设计与销售、年金账户的管理、年金的投资运营以及支付等方面具有专业优势。专业养老保险公司的成立是市场细分的结果，它在年金产品设计与提供、投资设计等方面均有先天优势，能够给客户提供各种类型的企业年金产品，符合企业和个人不同养老保险的需求。专业化经营将有助于养老保险市场的健康发展。

知识库

什么是“职业年金”？

对于机关和事业单位员工而言，在基本养老保险保障之外的养老第二支柱被称为“职业年金”。

根据我国相关法规的规定，职业年金是指机关事业单位及其工作人员在参加机关事业单位基本养老保险的基础上，建立的补充养老保险制度。自2014年10月起，我国各地政府机关和事业单位养老保险逐步实施与企业养老保险“并轨”后，事业单位和政府机关员工也参加社会基本养老保险，同时单位机关需要为员工提供基本养老保险以外的补充养老保障——职业年金制度，将其作为补充，从而提高养老待遇。

目前，我国职业年金强制实施，职业年金所需费用由单位和工作人员个人共同承担。单位缴纳职业年金费用的比例为本单位工资总额的8%，个人缴费比例为本人缴费工资的4%，由单位代扣。单位和个人缴费基数与机关事业单位工作人员基本养老保险缴费基数一致。职业年金基金采用个人账户方式管理。个人缴费实行实账积累。对财政全额供款的单位，单位缴费根据单位提供的信息采取记账方式，每年按照国家统一公布的记账利率计算利息，工作人员退休前，本人职业年金账户的累计储存额由同级财政拨付资金。对非财政全额供款的单位，单位缴费实行实账积累。实账积累形成的职业年金基金，实行市场化投资运营，按实际收益计息。职业年金基金投资管理应当遵循谨慎、分散风险的原则，保证职业年金基金的安全性、收益性和流动性。

本章小结

企事业员工面临着死亡、疾病、残疾、工伤、失业、意外、养老等风险。除了工资，企事业通常会为员工提供一定的福利。最常见的福利形式是团体保险、企业年金以及职业计划。团体保险是指投保人为特定团体成员投保，由保险公司以一份保险合同提供保险保障的人身保险。特定团体是指法人、非法人组织以及其他不以购买保险为目的而组成的团体。企业年金计划是企业自愿为员工提供的补充养老金计划。它具有非营利性、企业自愿、政府支持、市场化运作等特点。在国际上，保险公司在企业年金市场一直处于主力军的地位，这种地位的确立源于保险公司在经营企业年金方面的核心优势。

重点概念

团体保险　团体人寿保险　团体意外伤害保险　团体健康保险　企业年金计划

复习思考题

1. 思考题

(1) 团体人身保险和个人人身保险相比有什么特点?

(2) 为什么团体人身保险不要求提供可保证明？团体人身保险中如何防止逆选择?

(3) 为什么说保险公司在经营企业年金方面具有核心优势?

2. 案例分析题

(1) 2012 年 8 月，A 大学与 Y 保险公司签订学生团体保险合同一份，投保险种包括学生意外伤害保险、附加学生意外伤害医疗保险和学生住院医疗保险三个险种，被保险人为该大学 7 000 余名在校学生，保险期限为 1 年。

A 大学与 Y 保险公司订立保险合同时，Y 保险公司未要求学校为参保学生进行保前体检，没有向每名参保的被保险人提供书面合同条款说明及询问其健康状况的询问单，也未要求 A 大学提供参加保险学生包括既往病史在内的健康告知状况明细。A 大学在投保人声明栏盖章，并向 Y 保险公司出具一份声明，称其已向保险公司“如实告知”。投保单中投保人声明栏注明，告知声明书中填“√”，即作为投保人“是”的答复，但该告知声明书的“被保险人健康告知栏”及“其他告知事项”的每一询问事项后的方框中均为空白，Y 保险公司并未就告知栏中的事项对 A 大学的学生一一提出询问。

同年 10 月 13 日，该校学生王某突发疾病住院，经诊断为左小脑动静脉畸形，王某 3 年前有左小脑动静脉畸形手术史。王某住院治疗共支付医疗费合计 36 000 元。

问题：1) 保险公司是否应支付保险金给王某？为什么?

2) 如果你是保险公司的承保人员，对于学生团体保险中存在的上述风险应如何防范?

(2) 某企业为其员工投保了保险金额为 20 万元的人身保险。在执行合同过程中，员工张某意外死亡。张某属因公死亡，其家属得到抚恤金 1 万元。该企业当初为其员工投保时，只征得被保险人同意，并没有指定受益人。由于张某家属较多，因此产生了如何进行保险金分配的问题。该企业也提出了因为其投保而应成为受益人的问题，并提出，既然张某家属已经得到了抚恤金，从保险公司得到的赔偿应当有一部分是企业的。

问题：该保险金应如何分配？张某单位的要求合理吗？为什么?

3. 实训题

实训题一

将全班分为若干组，向每组发放一套某家保险公司的团体保险产品。

针对该团体保险产品进行分组讨论，要求：

(1) 熟悉该保险公司主要的团体保险产品，包括产品名称及重要条款。

(2) 比较不同的团体保险产品，说出它们分别属于什么种类，找出特征并进行比较。

（3）根据每种产品的条款和费率表，为具体的客户设计投保方案。

实训题二

周先生和朋友合伙开了一家主要在各个生活社区设点出售直饮水的公司。该公司现有员工 10 人，其中 4 名为机修工人，其他的是销售及财务人员。周先生在保险公司的朋友推荐他购买团体意外险，说机修人员及销售人员经常在外面，购买意外险后，若员工出事可以获得赔偿，发生医疗费用也可以理赔，会减轻小企业的负担。

要求：（1）请根据实训题一中给的保险公司团体保险产品资料，分析周先生的需求，设计一份能满足其保障需要的保险计划。

（2）假如投保后 1 个月，机修工人小李出外作业时，遭遇了交通意外。通过保险公司，该员工获得了伤残赔偿。然而，由于身体伤残，小李需要静养，不能继续在公司工作，于是周先生就招聘了一名新员工顶替他，此时仍在原保险期内。请分析，周先生为了使新员工享有保险保障，应该完成什么手续？

第九章　人身保险市场营销

章前引例及分析

保险公司存放保险代理人档案是否应承担缴纳社会保险等义务？

某年11月，王某应聘成为某保险公司的业务员，双方签订了合同书。不久，王某将档案调入该保险公司，保险公司向其原单位函发了干部商调函，但此后未函发正式调令。次年6月，王某通过了保险代理人资格考试，并获得了该保险公司的保险代理人展业证书。之后，王某与该保险公司签订了保险代理合同，该合同明确规定了王某的代理范围、权限及权利、义务。该合同中还规定王某有权获得医疗、养老、意外保障，而且明确说明是根据公司规定为代理人办理的人身意外伤害保险、团体一年定期寿险、团体住院医疗保险和增值养老保险四项保险，保险公司按照合同约定办理了以上保险。一年后，王某与保险公司重新签订人寿保险代理合同，新合同删掉了原来规定的“有权获得医疗、养老、意外保障”这一条文。又过了半年，保险公司将王某的档案委托人才交流中心保存并通知王某，王某以保险公司调转其档案为由，要求保险公司承担其社会保险等费用的缴纳义务，要求为其补缴社会保险、住房公积金4万余元。保险公司不同意，王某遂向法院提起诉讼。

保险代理人是保险销售的主力军，为保险公司拓展市场、增加营业收入做出巨大贡献，但是保险代理人与保险公司之间究竟为何种关系？法院会如何处理？

专家分析

法院经一审、二审最终驳回王某的请求。法院认为，王某的人事档案是否由保险公司接收并管理，不是双方存在劳动关系的唯一条件，据此认为双方之间已形成劳动关系，缺乏合法依据。根据《中华人民共和国劳动法》的规定：对于与单位建立劳动关系的劳动者来说，不管是否签订了劳动合同，用人单位均应依法为其员工办理社会保险。但是档案关系并不等同于劳动关系，没有任何法律规定保险公司存放了保险代理人的档案，就必须承担为其缴纳社会保险等费用的义务。而且，保险公司在代理关系续存期间已依据代理合同约定，为其办理了人身意外伤害保险、团体一年定期寿险、团体住院医疗保险和增值养老保险等商业保险，没有任何违规行为。

所以，由于保险公司与原告为保险代理关系，保险公司没有法定的义务为原告提供基于劳动合同关系所产生的社会保险等福利待遇。

本章学习目标

通过本章的学习，你应该能够：

1. 了解人身保险营销的含义。
2. 了解影响人身保险营销的环境。
3. 了解我国现行寿险营销体制的现状、弊端及创新。
4. 了解几种寿险创新营销渠道。

第一节　人身保险市场营销概述

一、人身保险营销的定义

市场营销的思想起始于20世纪初的美国，它从诞生以来就不断发展，与经济学、社会学、心理学和管理学等结合在一起，形成一个新的学科。市场营销有两层含义：首先，市场营销是一种理念、一种态度、一种观点、一种管理方式，它把客户满意度放在首位；其次，市场营销是一系列的活动，是对上述理念的实施。美国市场营销协会在1985年提出了一个较权威的定义：所谓市场营销，是对一种观念的策划和实施的过程，还是对一种思想（或是一件商品、一项服务）进行定价、促销并将其传递到个人或组织手中进行交换，使该个人或组织得到满足的过程。

人身保险属于服务业，作为服务产品，当然也需要进行产品的营销。人身保险营销是保险公司为实现其经营目标，满足人们对人身风险保障的需求，依据市场环境，利用各种营销技术和策略，与保险营销对象进行沟通并达到说服保险营销对象投保的目的的运作过程。其中，包括对保险市场的开发、费率的合理厘定、保险营销渠道的选择、相关信息的收集和整理、保险产品的推广以及相应的售后服务等一系列活动。当代社会，市场产品极大丰富，对人身保险产品的要求程度也越来越高，要不断地对人身保险进行产品设计、对新险种进行开发、拓展营销渠道、扩大销售途径。只有拥有良好的营销体系，保险公司才能扩展其业务量，同时增加收益。人身保险营销，不再是以个险销售为重要活动，而是逐渐成为一个体系、一个系统，它确立了公司经营目标下的总体销售战略，建立了比较完善的销售组织，衍生出更细化的销售部门和相关辅助部门，并借助各种辅助系统促进最终的销售。人身保险营销逐渐形成了这样一种理念：以客户为中心，以整合营销活动为手段，以客户最终满意为活动目标，保证客户、公司和社会的三位一体。

二、人身保险营销的环境

因为人身保险企业市场营销活动的成败不仅受外部环境的影响，还受内部因素的制约。因此，人身保险企业的市场营销环境是企业外部与市场营销活动有关的因素和企业内部影响市场营销的因素的总和，人身保险营销就是要把外部因素与内部因素结合起来协调发展，取得动态平衡。

（一）人身保险营销的外部环境

1. 基础环境

（1）经济环境。主要是指经济发展水平、宏观经济政策和经济体制。

1）经济发展水平。寿险是经济发展的产物，并随着商品经济的发展而不断发展。经济繁荣时，社会对寿险商品的消费水平相对提高，人身保险市场需求增加，通过市场机制的作用，人身保险企业经营规模就会扩大，经济效益就会提高；反之，情况则相反。因此，经济发展水平对人身保险企业的发展速度和规模起着决定性作用。

经济发展水平是一个综合指标，人身保险企业在进行经济发展水平分析时，应着重考察以下因素：社会购买力、消费者收入和消费者支出模式的变化。

2）宏观经济政策和经济体制。经济体制是一切经济活动的前提，宏观经济政策则体现着宏观经济发展的方向，它们必然影响和制约着人身保险企业的市场营销活动。一方面，我国的经济体制由传统的计划经济向市场经济转变，这就给人身保险企业带来了巨大的机遇。另一方面，我国人身保险企业应当尽快改变原有计划经济体制下的一套运作模式，提高服务质量和工作效率，以适应市场经济的要求。

（2）社会政治环境。主要包括那些能够强制和影响社会上各种组织和个人行为的政治体制、法律、政府机构、公众团体。人身保险企业，作为社会经济的一个微观主体，其营销活动必定受到政治环境的影响和制约。

1）政治体制。它制约和规范着各种组织的行为，不管是寿险业还是非寿险业。

2）各种法令法规。尤其是《保险法》和相关经济法规，不仅规范人身保险企业的行为，而且影响着人身保险企业内部险种结构的变化、新险种的开发以及发展速度等各个方面。

3）政府的政策。法律法规一般来说相对稳定，但政府的政策，特别是与人身保险企业密切相关的税收政策、产业政策、金融政策等是对许多重大政治、经济问题做出的适时、适当的反映，因而对人身保险企业市场营销活动的影响更为频繁。

4）主管政府机构。包括对人身保险企业某些业务活动进行管理的政府机构，如工商局、税务局、财政部、保监会等。

5）公众。这里的公众不是指一般的老百姓，而是指所有实际或潜在地关注、影响着人身保险企业达到其经营目标的公众。主要包括媒介公众和公众团体。媒介公众主要是报纸、杂志、广播和电视等影响广泛的大众媒介。公众团体在西方常被称为“压力集团”，是指为维持某些社会成员利益而组织起来的会对立法、政策和社会舆论产生重大影响的各种社会团体，例如消费者协会。

（3）人口环境。由于人身保险市场是由具有购买欲望且有购买能力的人所构成的，因此，人口的数量、地理分布、年龄构成、受教育程度、家庭规模、家庭类型、家庭职能、流动范围以及这些因素的发展动向及变化就构成了人身保险企业市场营销活动的人口环境。人口环境对市场需求的影响是深刻的，也是整体性的和长远性的，因而影响着人身保险企业市场营销机会的形成和目标市场的选择。

（4）社会文化环境。人身保险企业进行市场营销时需要考虑文化环境，同时应注意以下几个方面的差异，并采用不同的营销方式：

1）民风习俗、礼仪交往的不同，影响着营销方式的选择。

2）不同的民族有不同的文化传统、民风习俗和礼仪。

3）宗教信仰的不同，会导致文化倾向、禁忌的不同。

4）不同的职业、不同的阅历，在购买倾向上会产生不同的态度。

（5）科技环境。科学技术深刻影响着人类历史的进程和社会经济生活的各个方面，其中包括人身保险企业的市场营销活动。科技进步给人身保险企业市场营销活动带来的巨大影响表现在：

1）日新月异的科学技术在社会生产中的广泛应用，使灾害事故可能造成的人身损害的程度不断扩大。

2）科学技术的不断发展，使人身保险企业控制风险的能力显著增强。

3）新技术的发展会使人们的消费习惯、行为方式等发生变化，同时会带来新的交易方式与销售手段。

2. 相关环境

（1）消费者的风险和寿险意识。消费者包括已购买寿险产品的顾客（投保人）和尚未购买寿险产品的潜在顾客。如果消费者具有明确且积极的风险和保险意识，不仅可以为人身保险企业经营提供良好的心理气氛，而且可促使保户积极配合人身保险企业的工作，提高人身保险企业经营的经济效益和社会效益。同时，消费者还可以根据自身的风险特点和对寿险的需求，向人身保险企业申请特殊种类寿险，或为人身保险企业的经营提出各种建议和意见，推动人身保险业的发展。此外，消费者若具有较强的风险和保险意识，还能够监督人身保险企业的经营活动，从而促使人身保险企业提高经营管理水平。因此，人身保险经营者应因势利导，提高消费者认识、估计、处理风险和妥善利用寿险手段管理风险的能力，进而为人身保险企业经营创造一个良好的心理环境。

（2）竞争对手的状况。人身保险市场的竞争主要包括两个方面：一是同业竞争，即人身保险企业之间在经营规模、险种、信息、服务质量和价格水平上展开竞争；二是行业间竞争，即人身保险企业同其他行业相互渗透，乃至引起资金转移而产生的竞争。目前，我国人身保险市场竞争的格局已初步形成。人身保险企业中既有国有独资企业，又有股份制企业；既有中资企业，又有合资、外商独资企业。人身保险市场竞争日益激烈，这就要求人身保险企业增强竞争意识，敢于竞争，重视对人身保险市场竞争状态的研究，掌握竞争对手的情况，据此确定经营对策，充分发挥自己的竞争优势，做到出奇制胜。

（3）人身保险营销中介人。人身保险营销中介人是指帮助人身保险企业推销寿险产品给最终消费者以及提供其他服务的机构及人员，具体包括保险代理人、保险经纪人、营销服务机构（如广告商、寿险咨询机构）及金融机构等。营销中介人为人身保险企业推销产品，并提供咨询、广告等种种便利营销活动的服务。人身保险企业在开展营销活动时，要综合考虑营销中介人的实力、服务及其他变化，并且在分析营销环境时，要深入考虑这些因素，与这些力量建立起密切、有效的联系，以提高营销活动的适应性。

（二）人身保险营销的内部环境

人身保险营销的内部环境实际上是人身保险企业的内部与营销活动有关系的因素。换言之，市场营销是企业各个方面工作的综合反映，是企业内部实力的综合体现。人身保险企业内部各个部门、各种管理层次之间的分工是否合理、合作是否协调、目标是否一致、是否团结等直接影响着企业整体的工作效率，影响着营销决策和营销方案的实施。

1. 人身保险的经营目标

人身保险的经营目标是指人身保险企业在充分利用现有经营条件的基础上，经过努力所要达到的经营目的和标准。人身保险企业作为市场经济中的一个经济主体，其经营目标就是通过人身保险服务，保障社会公众经济生活的安定，实现企业自身利润最大化。上述目标是人身保险经营活动的最终目的和行为标准，是人身保险企业经营决策的前提和企业经营的指南。

2. 人身保险的经营策略

（1）市场开发策略。市场开发策略既包括原有市场的扩张，也包括新市场的开拓。具体来说，包括市场浸透策略、市场开拓策略、新产品开发策略以及混合策略等内容。人身保险企业在选择市场开发策略时，应根据具体的经营战略、市场及其他因素来决定是选择其中的一种策略还是同时采用多种策略。

（2）促销策略。促销就是向消费者介绍和宣传人身保险产品和服务以促进和影响人们的购买行为及消费方式。具体包括广告、人员推销、销售促进、宣传和公共关系引导五种促销方式。每种促销方式都有其长处和不足，人身保险企业应将各种促销方式有机地结合起来，形成不同的促销策略，以更好地推进人身保险产品的销售。

（3）盈利策略。盈利策略是指为实现人身保险企业经营的利润目标所采取的行动方案。它主要包括低成本策略、高收入策略和多角化经营策略。人身保险企业根据自身实际情况采用降低业务费用、节约开支、开展新业务、扩大经营规模或多方位经营等方式来实现企业的利润目标。

3. 人身保险企业的经营管理水平

人身保险企业的经营管理是指对人身保险企业经营的各个环节（即展业、承保、理赔、投资）、保险代理与人身保险信息等进行计划、组织、协调和控制的活动。

人身保险企业通过对人身保险经营各个环节的计划和调控，掌握市场对寿险的需求和变化，设计相应的险种和费率标准，正确运用寿险资金以增强企业的偿付能力，促进人身保险企业业务管理技术和经营管理水平的提高，实现人身保险企业经营的预期目标；通过对保险代理的管理，完善寿险代理环节，从而拓宽承保范围和保证代理业务的质量；通过寿险信息管理，及时掌握国内外寿险市场的动态和行情，为制定人身保险企业经营战略提供参考依据，保证人身保险企业展业、承保、理赔和投资决策的科学性。

总之，人身保险营销环境是由外部环境和内部环境构成的，它们之间相互作用、相互制约。从本质上说，外部环境是不可控的，而内部环境则可以控制。因此，人身保险企业的市场营销活动、人身保险企业的内部环境要顺应外部环境的变化，使其构成一个协调、统一的有机系统，共同促进人身保险业的良性发展。

第二节　寿险营销体制

一、寿险营销体制概述

（一）寿险营销体制的含义及种类

1. 寿险营销体制的含义

寿险营销体制是一个国家或地区在长期寿险营销实践中形成的，被依法认可并广泛运用的寿险销售、公司形象宣传及营销队伍管理的制度。它对寿险企业的市场营销活动以及整个保险业的稳健发展都有着重大而深远的影响。

2. 寿险营销体制的种类

国外传统的寿险营销体制主要分为三类：一是以日本为代表的雇佣制，营销员与公司为雇佣关系，其收入由底薪加佣金构成；二是以美国和韩国为代表的代理制，营销员与公司为代理关系，其收入由佣金加津贴构成；三是以英国和荷兰为代表的经纪制，从法律上来看，这种体制较代理制更为独立，经纪人一般仅有佣金收入。三种体制各有优缺点，各有其地区适应性和针对性。

（二）我国寿险营销体制的现状

自1980年我国恢复国内保险业以来，寿险营销经历了两个发展阶段。第一个阶段是计划经济体制下的寿险营销阶段。时间为从保险业开始恢复至1992年美国友邦寿险公司在上海开业。这一时期我国寿险业务以团体保险为主，销售方式主要是保险公司员工直销和行业代理，销售手段则大量依靠行政命令，并至今还在产生影响。这一时期的寿险营销带有强烈的计划经济色彩，我国的寿险没有真正意义上的营销，也没有个人寿险的概念。第二个阶段是转轨时期的寿险营销阶段。1992年美国友邦寿险公司在上海开业，带来了全新的个人代理的营销模式，并很快抢占了上海的寿险市场，随着中国平安、中国人寿和太平洋保险公司在全国推行个人代理人制度，这一销售方式发展迅猛，并成为国内寿险营销的主要渠道。总体来看，目前的寿险营销已经形成个人保险业务以个人代理人为主导，团体保险业务以业务员直销和兼业代理为主导的营销体制，各保险公司没有明确的市场区隔目标，以圈地为主；产品没有本质区别；营销以产品为中心而不是以客户为中心。现有寿险营销体制的形成有其客观基础，对推动我国尚处于初级阶段的寿险业的发展、普及保险意识等都起到了不可估量的作用，而且在相当长的时期内现有营销体制还将继续占据主导地位。

个人寿险营销制度的引进开辟了我国人寿保险业发展的新纪元，对国内寿险市场的开拓、销售队伍的壮大和保险观念的普及发挥了重要的作用。在中国尚未引进营销体制之前，全国保费规模中财险占四分之三，寿险占四分之一，各家保险公司将主要精力放在财险上。另外，寿险业务当中有95%是团险。这种业务结构受政策的影响很大，保费能不能计入企业成本，是否设有奖励资金都未明确规定，只要财政部一有文件发布，保险业就有可能产生波动，而正是个人营销体制把中国寿险的保费结构彻底翻转过来了。1992年友邦把个人代理制引入中国后，在不到两年的时间里接收营销员近5 000人，业务规模超过亿元。1995 年，在上海 77 万张个人寿险保单中，友邦寿险就占了 70 万张，当时在保险业界引起了剧烈的振荡，由此引发了国内寿险公司的竞相效仿，从此个人代理制成为国内寿险营销的主渠道，并得到了保险业界的普遍认同和推崇，极大地促进了保险业的快速发展。在推动寿险业快速发展的同时，保险营销队伍也迅速壮大。根据保监会披露的信息，2014 年保险个人代理渠道实现保费收入 7 662.9 亿元，占 2014 年全国总保费收入的 37.9%，其中财险保费收入 1 488.4 亿元，人身险保费收入 6 174.5 亿元，营销员贡献 37%的保费。2015 年保险营销员达 378.30 万人，较年初增加 53.01 万人，创下 2009 至 2014 年六年来的保险代理人员的增量新高，随着营销员人数的大幅增长，营销员渠道对于保费的贡献或将进一步提升。

（三）现有寿险营销体制存在的主要问题

从 1992 年到 2012 年，中国保险营销制度在“成也营销、败也营销”的种种议论之中走过了 20 年。现有寿险营销体制发挥了它的积极作用，但也存在着一定的问题，并面临许多新的挑战，尤其是寿险营销管理体制中最核心的个人代理制在组织管理和佣金支付上已日益暴露出诸多弊端和缺陷。

1. 组织管理

我国寿险营销体制以个人代理制为主，在组织管理上，保险公司与保险营销员之间为委托与代理关系，他们之间是一种松散的经济利益关系，这种组织形式使保险公司无法对代理人进行有效的培训、约束和激励，导致代理人偏离委托人的目标，为追求自身利益而产生各种有损于委托人和投保人利益的行为。具体来说，组织管理上的问题主要表现在代理人的三大地位上：

（1）法律地位不明确，难以实行有效管理。从法律定位来讲，保险公司与代理人为委托代理关系而不是劳动合同关系，但由于代理人的特殊性，在现实生活中，代理人的社会地位非常尴尬。一方面，代理人接受保险公司管理但又不属于保险公司的员工，他们无法要求保险公司为其提供养老、医疗等保障福利。另一方面，他们虽然不是保险公司的员工，但受到保险公司严格的类似员工的管理，如业绩考核、出勤管理等。有的公司为了留住特别优秀的代理人，还采取了代为办理养老保险的措施。这使得大众对代理人的定位产生误解，他们与保险公司之间是代理关系还是劳动关系是各地普遍存在争议的问题，这加大了保险企业对代理人的管理难度。法律地位的不明确直接导致了代理人的权利和义务难以界定：代理人作为劳动者签订的却是代理合同，劳动者的合法权益无法保障，降低了其忠诚度和社会认同度；当纠纷发生时，代理人和公司互相推诿，责任难以落实，无法形成有效的约束；代理人不是公司的正式员工，委托人和代理人目标不同，这使得他们为了各自的利益而行事，结果引发了大量的问题。

（2）社会地位极低，致使代理人缺乏归属感。代理人在法律地位、劳动关系等问题上得不到明确的保障，在社会上又缺乏认知度，造成了其无职业归属感的“边缘”处境，这对代理人的长期稳定发展构成了制度上的缺陷。在社会上，消费者由于保险意识的薄弱，对代理人信任度低，媒体大肆宣扬的负面报道使代理人的形象受到严重影响。不少人只将代理人作为一种职业上的过渡，待机会成熟时再另谋他业。我国保险代理人在现有的制度和环境下已经成为一种荣誉感高度缺失的职业，这种缺失导致了代理人队伍的高脱落率，进而各种后续服务和续保业务难以跟进，使得委托人的品牌和形象以及代理人的社会形象都受到影响。

（3）经济地位极不稳定，致使诚信严重缺失。根据法律，代理人不是保险公司的正式员工，无法享受基本的医疗、养老保障，没有固定底薪，得不到劳动法的保障；在代理合同下，委托人无法实现对代理人合理、有效的激励和约束，市场的法则是“有保单则留，无保单则去”。这种管理方式使得代理人的经济地位极不稳定，不仅让代理人时刻承受着巨大的精神压力，而且强烈地冲击着代理人的社会行为观念。由于缺乏职业归属感，代理人难以把个人代理作为一种稳定的职业长期经营与规划，因此他们缺乏团队意识与集体精神，只顾追求保单销售的数量，提升自己的业绩与佣金，从而导致保险市场上诚信严重缺失。多数代理人自然也就不关心保险公司的形象以及未来发展等情况，也不会考虑对保险公司影响深远的诚信问题，从而引发了各种骗保、欺诈等不诚信行为的发生。

2. 佣金支付

代理人对保险公司的权利主要体现在按协议取得约定的佣金。在当前的佣金制度下，保险公司根据代理人业务量完成的多少来发放佣金。佣金发放实行首期业务佣金和续期业务佣金相结合的方式，一般都是“期初迅速递减制”，首期业务佣金较高，通常可达到保费的30％，续期佣金则逐年递减，一般支取3～6年后，低至按1％的保费比例支付。这种佣金提取机制虽然有利于调动代理人拓展新业务的积极性，但它只注重激励代理人收取保费，由此导致了以下诸多不利后果：

（1）诱发代理人的道德风险。在一般的委托—代理模型中，只要激励足够强，道德风险就可以避免。而在我国则正好相反，激励越强，道德风险越大（如图9－1所示）。

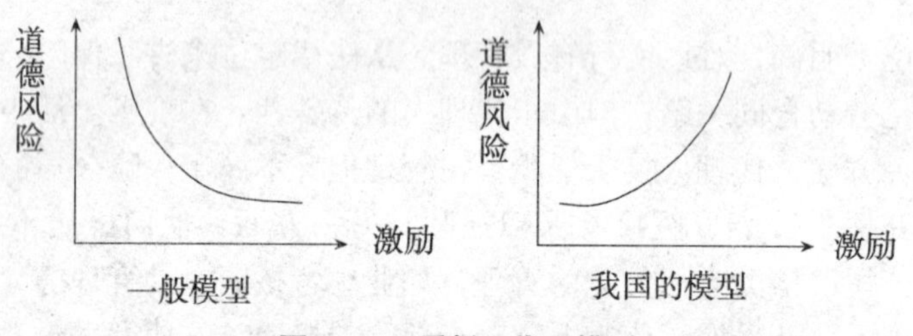

图9－1　委托—代理模型

这主要是信息不够透明所致，当然也和激励的不合理有关，过高的激励并不一定是合理的，只有在与之相匹配的社会条件下才会合理。一般模型主要适用于发达国家，这些国家有与之相适应的环境和社会文明程度。而在我国，保险业发展的历史并不长，大众的保险知识也还很不够，正是这些差距导致了结果的完全相反。鉴于此，在我国目前的营销环境下，这种只看保费的激励制度是存在问题的。

（2）助长代理人的短期行为。在上述佣金支付制度下，保险公司重视首期佣金的激励，过于注重“短期利益”，使代理人对收入没有安全感，他们就会不择手段地促成新保单。有的保险公司对代理人的管理也只重业绩轻服务，凭其销售保单取得的保费收入支付佣金，凭其业绩晋升与奖励，即使是有误导行为的代理人，照样可以得到佣金、奖金和晋升。这种唯业绩论成败的做法，致使少数代理人只顾追求业绩、不顾展业手段而发生误导、欺诈客户的行为，而且导致了代理人大量流失，营销队伍不稳定，最终形成了大量的“孤儿保单”，被保险人的权益难以得到保障。同时，保险公司作为委托人对代理人的违规违纪行为缺乏有效的经济约束手段，保险代理人市场退出的机会成本很小，这在客观上也诱发了代理人片面追求保费收入，并且频繁在保险公司间跳槽和随意进行职业转换的行为。

（3）加大保险公司的经营风险。一些个人代理人为了获得更多的佣金，往往会有一些不利于保户、不利于保险公司的短期行为，如招揽一些明知风险很大的保险业务，使保险公司的经营风险增大。而我国保险业，通常只对代理人的业绩进行考核，却很少对代理人的市场行为进行考核，忽略了代理人理应承担的由其行为导致的误导、退保、投诉等不确定风险，使得保险公司对代理人应承担的法律责任的追究乏力。近年来，我国保险市场的消费者开始以集体诉讼的方式控告代理人的误导行为，这种误导消费者的市场行为将可能给保险公司和保险市场带来严重不利后果。

（4）使得原有的成本优势不复存在。在个人代理制发展初期，正逢市场大举开拓之时，保险公司仅按业绩支付佣金，不提供底薪、保障和福利，并且只需投入少量的管理人员来管理代理人队伍，具有明显的成本优势。然而，随着市场增员难度和竞争度的增加，保险公司开始对新代理人提供底薪以及各种奖金和津贴，对所有代理人提供不同程度的福利和保障，从而营销激励成本越来越高，新公司、新机构的“挖角”费用成倍增加，所有这些因素均使得保险公司的费用急剧上升。这种制度还使得保险公司内部目标难以达到一致。保险公司经营的目标是利润最大化及财务的稳定性，而在营销部门，其主要目标是实现保费收入最大化，从某个角度上讲，这是要以费用最大化换取的。这样，营销部门主管不会积极、主动地节约费用，有时甚至追求“费用最大化”，导致营销部门的费用缺乏控制，这必然会影响保险公司的利润。

（四）寿险营销体制的创新

我国现行寿险营销体制暴露的弊端愈演愈烈，对现行寿险营销体制改革与创新的呼声越来越高，目前倡导寿险营销体制创新的主流做法有下述几种。

1. 雇佣制

日本较早的保险公司在创业的初始阶段，通常是委托地方上有势力的乡绅作为代理店推销保险。随着日本经济的发展和国民收入的增加，公众对保险的需求日益加大，保险知识逐步普及，这使得依赖地方势力和人缘的代理店销售变得十分困难。针对此种情况，20世纪20年代，保险公司普遍引进了外务员推销制度，此时的外务员与保险公司既非雇佣关系又非委托关系。1947年日本《劳动基准法》出台后，保险公司将外务员的责任提上了议事日程，为解决这一问题，寿险业采取了“雇佣关系的营销员”和“委托关系的代理人”制度。此时的代理制度与中国现行的个人代理制度相同，实行的都是佣金制。到了20世纪50年代，日本寿险市场发展迅速，依靠增加营销员的数量来扩大市场份额的粗放型经营占主导，营销员的大量使用和大量离开，致使服务质量下降，一时骗术盛行，寿险市场秩序混乱，寿险业遭到了社会舆论的谴责。在这种背景下，日本生命保险公司率先对营销制度和营销员的工资规定进行了大幅度修改：废除保险代理人制度；改善录用新人及培训制度；增加固定工资比例。此次修改基本形成了日本现行的寿险营销员制度，即公司在正式与营销员签订雇佣合同之前，先与其签订委托合同，经培训后再成为有雇佣关系的职员。

总结日本寿险营销体制的发展历程可以看出，在其进行大规模增员和追求营销业绩的初期，采用的也是代理制度，但是，随着各种问题的暴露，为了促进整个保险业的发展以及维护社会责任，日本主要采取了改代理制为雇佣制的方法，使营销员成为保险公司的一员，这样在责任、归属等方面就大大不同于以前。作为公司的固定职员，营销员有了固定的工资，就不必为了生计而只顾保单的销售，而是要考虑到公司的整体利益，因为这些都关系到他们自身的发展与前途，所以，雇佣制使得营销员与保险公司的联系更为紧密。

2. 代理—雇佣混合制

我国保险业目前也已认识到人海战术的弊端，然而面对几百万名保险代理人，全面将其吸收为公司员工自然不太现实，而裁员保质也会面临着丢失大量保单的问题，因此在现阶段，我国不可能完全实施雇佣制。据报道，个别公司尝试将代理人纳入员工管理，但第一家试点的公司不到一年就失败了，实践证明目前在我国实行雇佣制还不具备条件。但是想要提高员工素质，彻底解决目前我国寿险营销中的问题，又必须要改变现行的代理人制度，为此，代理制与雇佣制相结合的制度即“代理—雇佣混合制”应运而生。

所谓“代理—雇佣混合制”，是指为经过筛选的代理人设计一个职业转型期的过渡方案，即实行 24～36 个月的底薪加成佣金制，在满足代理人基本生活保障的基础上，不断提升其从业意愿与专业能力，逐步将代理人培养为合格的财务规划专业人才，并将其身份由公司代理人转换为保险公司的正式员工。这样，他们的归属感会得到强化，从而形成保险公司销售高端产品与服务高端客户的专业的、高绩效的销售队伍，这有利于提升保险公司持续经营和风险控制能力，为股东及客户创造长期价值。

3. 代理公司制

既然将代理人纳入员工管理风险很大，于是有人提出了代理公司制，由代理公司化整为零来实施雇佣制。这种主张是寄希望于中介公司来分流代理人，从而改变代理人的身份，也有专家建议，由保险公司控股来设立代理公司，再由代理公司管理代理人。

但是，这种建议首先就没有充分考虑到市场的透明化。寿险营销体制发展已有十多年了，不仅营销人员非常了解各个产品的佣金标准，而且客户也能算个大概。代理公司制，势必凭空增加了一个环节，代理人首先就不乐意，精明的客户也不乐意。

4. 职业化、专业化寿险营销体制

这种体制主张跳出身份的圈子，倡导职业化和专业化。直接收编也好，通过中介公司分流也好，至少在目前都欠成熟。于是有专家转换思路，提出代理人还是代理人，但是要更加职业化和专业化。所谓职业化，就是不管保险公司采取什么形式，公司的销售队伍是以寿险销售或者保险销售作为他们固定的甚至是终身的职业，这样他们就能将营销当成一项长期工作和主要工作，不兼职、不中途退场，只有这样才能避免现存的误导问题；所谓专业化，就是代理人要具备一定的专业水平，因为保险是一种专业化的服务，很多代理人希望得到社会的承认，这就要求代理人首先要成为专业人士，精通寿险营销，能为客户提供高品质的服务。如果代理人能够提供高水平的专业化服务，自然可以获得社会的尊重与认可。

在实现代理人职业化与专业化的道路上，同时要将代理人销售业务品质纳入全国诚信体系进行管理，从制度上有效防范与化解保险经营中代理人个体消费误导的不诚信行为，有效预防保险违法犯罪。

小资料

32家险企保额销售前十营销员出炉

近日，中国保险协会公布了32家寿险公司2015年度个险营销渠道保额销售前十名的销售人员。保额前十名的营销员中，保额最高的，销售保额3.88亿元；保费最高为1 542亿元；长期寿险新单件数最多为479件。

引人注意的是，此次公布的保额销售前十名保险营销员，多数为寿险公司明星保险营销员，部分营销员也兼任寿险公司管理层。另外，保额销售前十名营销员中，有7位女性，仅3位男性，在高额保险营销领域，女性营销员的优势可见一斑。

公布的数据显示，保额销售前十名的营销员中，人保寿险占3席，太平洋寿险占4席，中国人寿、平安人寿、中意人寿各占1席。

从保额来看，有3名营销员销售保额超过3亿元，其他7名销售保额均超2亿元。销售件数方面，保额销售前十名的营销员长期寿险新单件数均超50件。

这些明星保险营销员不仅销售件数多、保额高，而且他们保单的保费继续率也比较高。前十名中，有3名13个月保费继续率为100%，其余7名13个月保费继续率也均在94%以上。

泰康与胡润研究院发布的《中国高净值人群医养白皮书》显示，95%的千万高净值人群拥有商业寿险，平均每人年交保费约3.7万元，这一人群年交保费规模高达470亿元。高净值人群购买商业养老保险的比例从2015年的74%上升至2016年的82%，购买商业健康保险的比例也从2015年的80%上升至2016年的94%。

调查结果显示，95%的高净值人群选择购买社保以外的商业寿险，主要原因为高净值人群与社会保障本身并无太大关系，高净值人群的生活品质并不因社会保障而影响或改变，购买商业保险则可以很好地弥补社保的缺点和不足，使他们获取更全面、更完善的保障。随着高净值人群对寿险认知的重要性和了解程度的提高，他们对保险公司以及保险产品本身有着更高的基本服务需求和增值需求。

资料来源：苏向果．32家险企保额销售前十营销员出炉．证券报，2016-09-01.

二、寿险营销流程

寿险产品需要寿险营销员运用各种营销技巧，通过大量的说服、解释工作，激发投保人的投保需求和购买欲望以完成销售，这样一个过程我们称为寿险营销。

寿险营销因其销售对象不同可分为个人寿险营销和团体寿险营销，其营销流程也有所不同。

（一）个人寿险营销流程

1. 售前准备

在营销之前做好各种准备是非常必要的，这往往能起到事半功倍的效果。售前准备可以使营销员信心十足、成竹在胸，并且能够锻炼其应对突发事件的能力，从而少走弯路、少犯错误。售前准备得越充分，销售效果就越明显。

必要的准备工作包括：第一，物质资料准备。主要包括身份证明、寿险产品资料、宣传资料、相关政策资料、空白单证以及计算和演示工具。第二，知识准备。丰富而广博的知识是营销获取成功的关键，营销员不仅要对所销售的产品了如指掌，而且要掌握系统的保险专业知识，相关的金融、理财、政策、法律、医疗保健知识，甚至各种社会知识和新闻。第三，心理准备。寿险营销员常常会遭到拒绝，面临各种尴尬与困境，没有健全的心理素质和坚定的信心，营销工作是很难取得成功的。

2. 寻求客户

保险人员营销的过程不仅是不断满足现有投保人需求的过程，更重要的是不断寻找新的客户来挖掘并满足其需求的过程。寻找准保户是保险营销工作的基础，“寻”就是要找到潜在投保人使其成为准保户，“求”就是通过拜访准保户以求成交，使其变为现实投保人。

在保险营销活动中，寻找准保户是营销工作非常重要的一个环节。开拓准保户的方法一般有陌生拜访法、缘故开拓法、推荐介绍法等。

知识库

接触准客户的技巧

1. 开门见山法

开门见山法，顾名思义，就是一经与准客户接触，直接就引入寿险话题。该法适用于通过缘故开拓法开拓来的准客户，即准客户和自己十分熟悉。

2. 拜师讨教法

假如准客户是某一方面的专家，我们可以通过以学生名义向老师讨教的方式来接触准客户。例如，准客户是股票专家，可以以向客户请教股票知识为由与客户接触。

3. 故作神秘法

故作神秘法是指与准客户接触时，先抛开寿险主题，以故事或生活事件导入的方法。例如，先与准客户就“玉树泥石流事件”进行交谈，使客户意识到风险的突发性和破坏性，然后切入保险主题。

4. 朋友介绍法

通过某一位朋友介绍准客户，由于大家关系良好，有利于营造一个良好的接触氛围，能很快地消除陌生感。

5. 主动帮助法

通过主动帮助准客户，解决准客户除寿险外的其他问题，赢得准客户的信任后，再适时导入寿险话题。

6. 问卷调查法

以调查社会大众对寿险的认识、对寿险商品的需求、对寿险公司的满意度为题，征询社会大众对这些问题的看法，从而引发寿险话题。

3. 接近客户

通过寻求客户有了目标，下一步就是如何接近这些准保户。接近客户是营销成功的第一步，营销员经过一定的专业培训，掌握了一定的专业知识及技巧以后，就要跨入市场接触客户了。接近客户的主要目的是让客户接受你，激发起客户的兴趣，寻找机会与客户约定进一步的正式面谈。

4. 销售晤谈

销售晤谈是与准保户进行面对面的商谈，这种晤谈是销售过程中非常重要且异常艰辛的阶段，而且可能要反复多次。通过销售晤谈，营销员可以向客户详细介绍寿险产品，帮助客户全面而正确地分析其寿险需求点，与客户建立起良好的关系，激发起客户的寿险需求和购买欲望，并最终取得客户的信赖，为其做出销售建议与计划。

知识库

处理拒绝的技巧

1. 直接法

针对问题直接解说，这种方法多用于解答专业问题。比如，客户担心寿险公司倒闭，我们可以运用《保险法》的规定告诉客户："经营人寿保险业务的保险公司，除分立、合并外，不得解散。"

2. 间接法

间接法就是先认同客户的观点、再予以解说。比如：

客户："别人都说，投保容易，理赔难。"

营销员："您说得有一定道理，但这只是个别现象，只要您的索赔资料齐全，符合条件，我保证在最短时间内给您办好。"

3. 询问法

以刺探客户真正拒绝的理由为目的，然后进行拒绝处理。比如，"请问您是对我介绍的商品不满意，还是不相信我本人，或是因为别的原因?"

4. 举例法

以实例来打动客户，消除客户疑虑。例如，客户认为不需要保险时，可以举一些生活中的保险案例来说服客户，特别要注意通过强调投保和没投保在事故发生后的反差来触动客户。

5. 转移法

不做正面解释，转移客户注意力，以商品利益吸引客户。

5. 促成签约

经过一系列的营销努力之后，营销员在条件成熟的情况下可以建议和引导客户投保，即促成签约。促成签约是最紧张、最刺激、最关键的环节，也是最令人兴奋的时刻。这表明营销员通过有效的面谈，使客户接受了销售建议与计划，做出了购买的决定，销售工作获得了圆满的成功。

知识库

保单促成的一般方法

1. 激将法

在客户已接受了你的建议书，就是下不了最后的决心时，可以适时运用激将法，激发客户的购买欲望。例如："您的朋友都购买了，以您目前的能力，相信不会有什么问题吧？而且像您这么顾家的人，相信您不会为一笔小钱而放弃对家庭的责任吧？"

2. 默认法

假定准客户已认同购买了，不必再探寻其意见，只要确定促成时机已到来，即可主动拿出投保单，边询问边辅助其填写。

3. 二择一法

根据准客户的需求，为准客户制作两套寿险方案，让准客户从中选择一套，使其不知不觉地成为你的客户。特别要注意的是给出的两个答案，无论准客户选择哪一个都应有利于促成。例如："您是选择 20 年交还是选择 10 年交？您是选择交支票还是付现金？收益人是写您爱人还是您儿子？"

4. 说明利益法

通过强调保障利益和及早投保获得的保障优惠来促使客户下决心投保。例如："先生，您这份保障计划在缴费期内有充足的身故保障金，期满后又有一笔养老祝寿金，根据您的保障额度，现在投保可以免体检……"

5. 风险对比法

运用保险故事、生活中的实例或有关的新闻报道，让客户体会到不投保的危险和损失，增加客户的紧迫感。

6. 售后服务

人身保险是一种长期的服务性商品，它为客户提供的是长久的生活保障，因此，销售签约完成之后并非意味着营销工作的结束，实质上是营销服务的真正开始，接下来的售后服务环节则更为重要。营销员通过各种售后服务工作，可以使客户真切地感受到购买保险的好处与实惠，使寿险公司树立起良好的企业形象。

（二）团体寿险营销流程

团体寿险营销与个人寿险营销有很大的不同，但其营销流程与个人寿险的营销流程差别并不是很大，也需要从寻求客户开始到促成签约，并提供售后服务的全过程。但因为团体寿险营销对象不同于个人寿险营销，它面对的不是个人而是各种企事业团体，所以在寻求到准客户之后，拟定与哪个具体人员进行晤谈至关重要。

三、寿险营销队伍的管理与考核

（一）招聘和挑选营销人员

1. 招聘原则

在招聘保险营销员时，必须遵循以下原则：

（1）能力优先的原则。在众多的应试者中，应首先考虑和选拔那些在开拓能力、交际能力、理解能力、沟通能力、表达能力等方面表现较为突出的人员。

（2）人品至上的原则。在各种能力突出的前提下，应对应试者的价值观、道德修养、对事物的认识及态度等进行考察，以保证所招聘的人员品行正、作风好、工作踏实。

（3）量才适用的原则。按实际工作的需要，选择不同类型的人，用其专长，充分发挥每个人的能力。

2. 招聘方法

一般来说，在招聘人员方面所采用的方法大致有公开招聘、相关人员推荐、上级安排和自荐等。

3. 招聘及选拔步骤

在招聘保险营销员时，大致分为八个阶段：第一，产生人员需求；第二，人事部门根据需求组织实施招聘工作；第三，发布招聘信息及广告或推荐方法；第四，筛选测试与面谈；第五，对录用人员进行岗前培训；第六，进行试用期考察；第七，试用期满进行任职考察；第八，人员考察合格，正式聘用。

4. 选择营销队伍应考虑的因素

（1）市场需求的类型与特点。这决定了保险公司所要选择营销队伍的规模和结构。如果在一定时期内，投保人的需求具有同质性，则可以将营销队伍控制在一定的规模内；反之，则应适当扩大规模。

（2）业务性质与范围。如果保险经营者的业务性质较为明确，并且经营范围较为集中，则可选择少而精的营销队伍。

（3）企业经营实力。能否对营销队伍的规模进行合理控制，并实施有效的监督与管理，主要取决于保险经营者的经营实力。

（4）竞争状况。保险企业应根据市场竞争状况选择规模适中的营销队伍。

（二）培训营销人员

从一定意义上说，保险营销员是保险公司的“形象大使”，是保险公司服务与形象的体现。因此，加强对营销员的培训，提高其素质和修养关系着保险企业的发展。

1. 培训类型

培训类型基本有两种：保险企业内部培训与外部培训。内部培训主要包括对保险公司的基本概况、经营理念、组织结构、业务流程、营销技巧以及企业文化等项目的培训。外部培训主要包括对营销员的知识结构、道德修养、综合能力等的培训。

2. 培训方式

培训的方式可以采用在职培训、在岗培训和脱产培训等。在职培训可以通过到相关学校、国家进修学习、考察等方式进行。在岗培训可以通过邀请保险及相关方面的专家举办各种讲座、短期培训班或相关人士座谈会等形式提高营销员的业务水平与实战能力。脱产培训主要是对那些需要系统学习和掌握相关知识及技能的人员进行全脱产或半脱产式的培训，使他们能在一个较为完整和充裕的时间内掌握相关知识和技能。

3. 建立、健全培训机制

建立、健全培训机制关键要做到：

(1) 提高培训的规划性和系统性，将培训目标从提高实际操作转移到提高整体素质上。

(2) 在培训体系中要体现出专业性和灵活性的特点，既要在培训中导入专业和规范要求，又要面对市场，注重实际效果。

(3) 培训机制应引进效果评价体系，及时发现问题，采取纠正措施。

(4) 强化职业道德教育，将行业观念、事业观念贯穿于培训之中。

（三）激励营销人员

激励制度是保险公司为拓展业务所经常使用的挖掘和刺激营销员潜力的一种制度。主要有两种方式：一种是物质刺激，主要通过开展业务竞赛、建立晋升制度、给予物质奖励等方法来实现业务目标；另一种是精神激励，主要通过关怀激励法、榜样激励法、荣誉激励法等方式来达到目标。

（四）考评营销人员

寿险公司通常要建立起一套较为系统的考核办法来评价每个营销员和不同层次的营销队伍。

考核营销员的具体指标有：新增保费件数达成率、新增保费金额达成率、增员率、客户拜访率、客户回访率、续期保费达成率、客户投诉率等。

考核营销队伍的具体指标有：人员定着率、举绩率、实动率、团队增员率、团队保费达成率等。其中：

$$\text{人员定着率}=\frac{\text{实际人数}}{(\text{月初人数}+\text{月末人数})/2}$$

$$\text{举绩率}=\frac{\text{实际出单人数}}{\text{营销团队总人数}}$$

$$\text{实动率}=\frac{\text{保费在某标准金额以上的出单人数}}{\text{营销团队总人数}}$$

第三节　寿险公司其他创新销售渠道

保险市场的激烈竞争使传统的寿险营销模式面临极大的挑战。随着越来越多的外资保险巨头进入中国，各种形式新颖的保险营销渠道被带入中国市场，不但给保险公司带来新的业务增长点，也给广大的消费者带来更多的服务和选择。目前，寿险市场上营销渠道丰富多样，不仅有传统的个人营销、直复营销、团险等渠道，银行保险、保险中介机构营销、电话营销、网络营销等新兴渠道也不断涌现。这里我们只重点介绍几大创新渠道。

一、银行保险

小资料

银行保险成为各国普遍的经济现象

经济的全球化、自由化，催生了金融市场的一体化，发达国家金融领域内部严格分业经营的界限已经被打破，金融业务综合化趋势不断加强，传统意义上的保险公司和商业银行，由各自独立并行发展转变为相互渗透、相互融合的发展模式。这样的背景推动了银行保险的产生，并且发展迅速，引人注目，成为各国普遍的经济现象。现今银行保险已由当初保险公司的产品流向银行这一单向渠道发展成为银行与保险公司相互交融的双向流动。银行保险所包含的内容越来越广泛，形成银行和保险公司“你中有我、我中有你”的局面。人们形象地把这样的银行称为“万能银行”“金融百货”“金融超市”。正是由于银行业务与保险的相互交融，传统意义上的“银行”“保险”已经不足以表达这一新兴行业的内涵与特点，符合时代要求的银行保险应运而生。

（一）银行保险的含义

随着竞争的加剧和金融一体化的推进，金融业内三大支柱——银行业、证券业、保险业联手合作、相互渗透的趋势日渐明显。其中，银行业与保险业的混业经营发展迅速，引人注目。在西方国家出现了一个新词语：bank insurance，即银行保险。

银行保险是指利用银行、邮政储蓄等众多网点优势销售保险产品的一种营销渠道。这种方式采用行业联营，利用了银行、邮政等传统行业具有低成本渠道的特点来销售保险产品，是一种典型的打破传统的渠道创新。银行借助自有业务渠道（有时也通过与人寿保险公司的联盟）开发并推销许多简单的寿险险种。

银行保险是在欧洲金融、税收和立法产生巨大变化的背景下诞生的。在20世纪80年代萌芽时期，银行保险只意味着在银行的柜台销售人寿保险商品；随着欧洲经济一体化进程的加快与市场竞争的日益激烈，银行保险所包含的内容越来越广泛。如今，人们把寿险公司通过银行出售寿险产品、年金及其他投资产品界定为银行保险的狭义概念，广义的银行保险还包括：银行通过其寿险分公司向自己的客户出售寿险产品与年金；银行的寿险分公司向不属于该银行的客户出售寿险产品与年金；寿险公司向自己的客户出售其下属银行的银行产品；寿险公司下属的银行向不属于寿险公司的客户出售银行产品。

（二）银行保险的模式

从银行保险的形成和发展过程来看，国外银行保险的实现模式可以分为下述几种。

1. 协议合作

银行与保险公司通过一系列的协议，建立合作关系，保险公司仅为银行提供保险产品以及相应的技术支持，如风险调查、承保技巧、保险投资管理等。在这种协议安排下，银行通过其众多的分支机构、信用消费体系、邮件或电话销售网络等多样化销售渠道，代销保险产品，并从中收取一定的佣金，这是最低层次的银行保险，但是体现了银行保险最本质的特点。其主要特征是：

（1）合作双方的自由度最大。

（2）简便易行，一旦双方达成合作，保险公司可以立即面向银行的客户推销产品或由银行直接推销保险公司的产品。

（3）成本最低，但也最不稳定。

目前，协议合作模式是我国银行保险所处的经营阶段，主要形式有代收代付、代销保险产品等。这种方式是银行介入保险领域的最初形式，在很多情况下，银行首先通过这种方式作为进一步介入保险领域的“试金石”。

2. 战略联盟

建立战略联盟是银行和保险公司双方一种现实的选择，通过建立战略联盟，双方可以实现在产品开发、服务供给和销售渠道的管理方面更为深入地合作，并且可能共享客户数据库。在这一模式下，银行与保险公司之间的强强合作构成了一种新型的、更为有效的保险营销模式。二者的合作使双方集中了诸如高效的销售网络、销售技巧、产品开发经验等各类资源，做到优势互补。银行与保险公司平等地分配经营所得，使得双方资源利用程度提高了。

3. 成立合资金融机构

银行与保险公司可以合资建立新的公司，双方共同承担管理责任，共享客户数据库，在产品和客户方面拥有明确的相互所有权，但这要求双方做出坚定且长期的承诺。此种模式可以显著提高保险公司的产品开发能力以及银保双方的资源利用程度，对于新公司而言，这还是迅速提升市场开发能力的一种理想选择。但该模式会导致经营成本显著增加，同时，新公司与原保险公司的业务在一定程度上形成了竞争。

4. 新建

新建是指银行通过单独设立一家保险公司从而进入保险领域。采取这种模式的优点主要体现在两个方面：一是银行可以完全控制新设立的保险公司，可以按照自己的经验开展保险业务；二是这种方式避免了银行与保险公司之间不同企业文化的冲突。这种模式存在以下缺点：新建保险公司通常需要较大的投资，同时可能缺乏经营保险业务必需的专业人才与经验。因此，银行通常在取得一定的经营保险业务的经验之后才会采取这一方式。

5. 收购或成立相互控股的金融集团

收购或成立相互控股的金融集团是一体化程度最高的银行保险模式。银行或保险公司成立自己的子公司，组建金融服务集团，实现经营和组织体系的完全一体化。此模式可以充分利用银行现有的客户和其他服务，发挥产品完全一体化的潜力，向客户提供一站式金融服务，体现了银行服务与保险服务的联系。这种一体化模式可以充分发挥银保融合的规模经济和范围经济优势，能够降低银行的系统性风险以及收益的波动性，实现银行的价值增值，在一定程度上还可以提升银行获取客户信息的能力。在理论上，这些优势被描述为四种效应，即规模经济、范围经济、信息以及多元化。

在实践中，上述五种银行保险模式不是相互替代的关系，而是并存的。至于具体选择何种运作模式，还要视监管条件、文化因素、制度建设等而定。但一般而言，一体化程度越高，资源利用程度就越高，合理使用费用的空间就越大，经营绩效提升的空间也就越大，对于银行和保险公司来说收益也就更大。

小资料

银行代理成为人身保险业务新的增长点

我国的银行自2001年开始代理人身保险业务，增长十分迅猛，仅一年时间，保费规模就达到388亿元，占当年人身保险保费收入的17%，增长速度高达940%，增速列各销售渠道之首。2015年，全国保险兼业代理实现保费收入7 008.9亿元，占全国总保费收入的34.6%，其中财产险保费收入1 898.6亿元，人身险保费收入5 110.3亿元。银行代理占整个兼业代理市场份额的85%，全国共有保险兼业代理机构网点210 108个，其中，金融类179 061个，非金融类31 047个。银行代理、个人代理、团体直销已成为人身保险销售的三大支柱，在人身保险业务中的地位日益重要。

二、保险中介机构营销

众所周知，保险中介人包括保险代理人、保险经纪人和保险公估人，但从营销渠道的角度来看，保险中介机构营销包括保险代理营销和保险经纪营销。其中，保险代理营销又包括专业代理分销渠道、兼业代理分销渠道和个人代理分销渠道。在中国，保险中介并不是一个全新的事物，因为以兼业代理和营销员为代表的保险中介营销渠道早已在中国生根发芽，但专业保险中介机构的出现和发展还是最近十几年的事情。

（一）保险中介机构的主要形式

这里仅从目前在我国新兴的保险中介机构营销的角度，介绍保险专业代理公司营销和保险经纪公司营销。

1. 保险专业代理公司营销——公司险种的超市

保险专业代理分销渠道是指保险公司通过保险专业代理公司向准保户推销保险产品，代理公司靠保险公司支付中介费盈利，目前并不向投保者收费。保险专业代理公司是保险业发展的必然趋势，产销分工是为提升行业的专业化与精致化。在欧美发达国家，保险公司专注市场调研，设计更优良的险种；保险专业代理公司向投保人提供个别而专业的各项精致、贴心的服务。保险专业代理公司的优势是做“保险超市”，把各家公司的险种、投保规则、核保水平、核赔水平放在一起比较，使客户找到真正适合自己的险种，或者取各家之长，即“组合投保”。

保险专业代理公司以大众的需求为最高经营原则，同时与保险公司是事业合作伙伴，由于每一位投保人都希望拥有完善且适合自己的保险，保险专业代理公司就像超市一样向投保人尽其所能地介绍、分析、挑选各家保险公司的各种保险产品，这种“一站式”的套餐服务，使投保人能够对各家保险公司的产品进行全面了解。保险专业代理公司经营范围宽、品种多、选择余地大，能适应各层次客户的需求，这正是保险代理的优势所在。从本质上分析，保险专业代理公司是代理销售保险，但比保险公司的代理人更客观。在中国与国际接轨的发展过程中，保险专业代理公司扮演着重要的角色。

2. 保险经纪公司营销——为投保人提供风险管理

保险经纪公司是站在客户的立场上，为客户提供专业化的风险管理服务、设计投保方案、办理投保手续并具有法人资格的中介机构。经纪公司的理念是从客户的利益出发，协助投保人做好风险管理，将投保人的风险控制到最低限度，同时使其获得最大的保障。保险经纪人就是投保人的风险管理顾问。经纪公司其实也帮保险公司节省了一笔人员培训费、管理费和代理费，所以保险公司会给予经纪公司中介费，目前，国内投保人不用向经纪公司支付服务费。

保险经纪公司的一般运作模式分为五步：第一步，保险经纪公司针对投保人的情况分析其需求，了解其需要什么险种；第二步，经纪公司与客户沟通，进一步了解客户是否真正需要这种产品，能否确实解决问题；第三步，根据险种挑选保险公司；第四步，根据客户的具体想法设计方案；第五步，额度测算。最后的方案确立后，投保人通过经纪公司与保险公司签订保险合同，其间各种手续由经纪公司代办。若投保人发生保险纠纷，经纪公司还会帮助投保人理赔。

保险经纪公司作为中介渠道中的新进入者，对提高保险营销服务的专业化进程具有重要的意义。大多数欧盟国家的保险就是通过保险中介机构，特别是保险经纪人来拓展业务的。比如：在英国，保险经纪公司是保险销售的主要渠道，招揽的业务约占总保费收入的60%；在美国，大型商业保险的70%左右是经纪公司销售的。保险经纪人利用专业的保险知识，为客户提供增值服务，拉近保险公司与投保人的距离，促进保险市场的协调发展。更成熟的经纪公司以后会跟保险公司进行战略合作，共同设计险种、开发产品，共同盈利。

（二）保险中介机构兴起的原因

保险中介机构的发展对保险公司和投保人双方都有利，保险公司可以降低自身经营成本，把主要精力集中于产品开发和服务，而投保人可以得到相对客观的保险服务，不至于偏信一家保险公司。在市场化程度较高的发达国家的保险市场上，保险公司主要从事产品开发、核保核赔等核心业务的经营，而将产品的销售、承保、售后服务交由保险经纪公司或保险专业代理公司办理，将理赔案件中的估损及理算外包给保险公估人办理。因为“老王卖瓜，自卖自夸”的行为最终会破坏整个市场，而且不利于产品的优化，而“自己做被告，同时又做法官”的行为也早晚会被市场淘汰，所以保险公司最终都会按照国外保险市场发展的规律，把销售权交给保险中介公司。

（三）我国保险中介机构的发展状况

我国保险中介包括专业代理、兼业代理、营销员三大渠道。2014 年，这三大中介渠道对总保费的贡献分别为 7.3%、34.6%、37.9%，个人代理渠道保费收入超越兼业代理渠道。

2014 年度，全国保险公司通过保险中介渠道实现保费收入 16 144.2 亿元，其中，财产险 4 721.7 亿元，人身险 11 422.5 亿元。这已经是自 2012 年以来，中介渠道保费收入占比连续第 3 年出现下滑。

与中介渠道相对的保险公司直接营销（电话直销、网络直销等）渠道，近年来保费贡献比例逐年增加。

截至 2014 年底，全国共有保险专业中介机构 2 546 家，同比增加 21 家。其中，保险专业代理机构 1 764 家，保险经纪机构 445 家，保险公估机构 337 家。全国保险专业中介机构注册资本 261.6 亿元，同比增长 16.8%。

虽然新进入市场的专业中介主体不多，但专业中介的保费增速较快。从专业中介渠道的保费收入来看，2014 年专业中介渠道实现保费收入 1 472.4 亿元，同比增长 28.2%。

保险代理机构方面，2014 实现保费收入 967.9 亿元，占当年全国总保费收入的 4.8%，其中财产险保费收入 893 亿元，人身险保费收入 74.9 亿元。2014 年实现佣金收入 184.8 亿元，其中财产险佣金收入 156.6 亿元，人身险佣金收入 28.2 亿元。财产险保费与佣金比为 5.7∶1，寿险保费与佣金比为 2.65∶1。

2014 年，保险经纪机构实现保费收入 504.5 亿元，其中财产险保费收入 441.7 亿元，人身险保费收入 62.8 亿元。保险公估机构 2014 年实现业务收入 22.6 亿元。

2014 年，全国共有保险兼业代理机构网点 210 108 个，其中，金融类 179 061 个，非金融类 31 047 个。银行等金融机构占所有兼业机构的 85%。

从保费收入来看，全国保险兼业代理渠道 2014 年实现保费收入 7 008.9 亿元，占全国总保费收入的 34.6%，其中财产险保费收入 1 898.6 亿元，人身险保费收入 5 110.3 亿元。

三、直复营销

（一）直复营销的内涵

直复营销最初是在零售业、通信业的快速发展和激烈竞争中产生的，由于其具有成本低廉、针对性强以及监控有效的特点，故逐渐成为被广泛推行的销售模式。国外寿险业开展直复营销是从直邮开始的，随着媒体的多元化、成熟化以及电子商务时代的到来，多渠道营销逐渐成为各家保险公司的营销策略焦点。

据美国直复营销协会的定义，直复营销是指一种为了在任何地方产生可度量反应和（或）达成交易而使用一种或多种广告媒体的市场营销体系，营销者通过报纸、杂志、电视、互联网等媒体直接向顾客提供信息，通过获得顾客的回复信息达成交易。其基本精神是“广告信息的双向交流”，即通过双向交流将营销者与目标顾客连接成一个有机整体，使二者相互作用，具有成本低、便于管理、战略具有隐蔽性以及互动性等特性，并能提高营销效率。因此，直复营销也常常被称为互动营销。

直复营销可以较好地满足寿险产品所具有的非实体性与信息基础性特征，是传统的以代理人为主体的个人寿险营销方式的有益补充，对于拓展销售渠道、占领中高端市场、提升公司业绩与专业化服务形象均有重要意义，已成为国外保险公司拓展业务的重要手段之一。国内诸如太平人寿、海康人寿、深圳招商信诺等保险公司已经在此方面先行一步，进行了一些有益的实践。

（二）寿险直复营销的主要形式

随着电信、网络等高新技术的飞速发展，直复营销已被认为是增长最快的销售方式之一。目前，国际上主流的寿险直复营销方式包括下述几种。

1. 电话营销

电话营销在国外发展较为成熟，也是目前我国各家保险公司重点考虑借鉴的寿险直销方式。发展电话营销，一般需要考虑做好如下几方面的工作：

（1）建立专业电话营销团队。电话营销团队的建立有两种选择方式：一种是通过委托外部专业呼叫中心运营商的专业团队来实现，例如，太平人寿保险公司北京分公司就是通过与九五资讯产业有限公司的呼出团队合作尝试用电话营销模式推销寿险的；另一种是建立保险公司自己的电话营销部门与营销队伍。国外以后一种方式为主。

（2）制定电话营销人员管理办法。因为电话营销人员的工作场所相对固定，日常培训和管理相对规范，可以采取员工制的人员管理办法，采取较少比例的固定薪资与较高比例的绩效奖金相结合的方式，并综合考虑呼出量、通话时间、成交率等因素制定销售人员薪资晋升制度。

（3）搭建电话营销操作平台。目前，各家保险公司电话呼叫中心的操作平台已经比较完善，电话营销可以在此基础上开发呼出业务操作系统平台。系统应该包括电话查询、电话拨出、通话时间和内容记录、销售话术提示、险种查询等标准化操作功能，为达成交易与人员管理创造必要的硬件条件。

（4）确定电话营销目标受众。从国外经验来看，电话营销的主要目标受众以买过公司保单的老客户资源或合作伙伴如银行、邮政的客户资源为主，这样容易取得较为理想的销售成绩。可以考虑由客户服务部门提供公司老保单客户资料给电话营销团队使用，或者与银行、邮政部门合作，交换共享客户资源。

（5）开发电话营销专用产品。考虑到电话营销人员一般属于公司职工，与相对较为独立的代理人不同，如发生误导事件，易对公司造成更为重大的不利影响。因此，电话营销初期，专门产品的设计应当以保障类为主，客户较为容易接受，销售难度小，没有投资风险，不容易发生误导事件。待团队成熟、人员稳定、制度健全后，可再考虑销售投资类寿险产品。

2. 广告信函营销与网络营销

通过手机短信与电子邮件等进行的现代寿险营销方式有着自身独有的特点：高到达率，低成本，互动性强；发布时间灵活，没有时间和空间限制；直接影响最具消费力的客户群；具有极强的传播性。例如，新华人寿、中国人保等公司已经开发了手机短信投保航意险的直销方式。发展广告信函营销和网络营销，可以考虑开展如下工作：

（1）与中国移动、中国联通等电信运营商合作。例如，开发手机短信投保航意险的直销操作平台，向某一区号、某一使用年限的手机用户群体统一发送某些险种的销售广告等。

（2）与新浪、搜狐等知名门户网站合作。在门户网站上投放有关具体产品的销售广告、向收费网络信箱用户发送统一制作的产品广告等。

（3）与电话营销相互配合。广告信函或网络广告发布后，再通过电话营销人员，进一步与有兴趣的客户联系，对客户的需求进行分析与确认，使客户最终达成投保意向。

（4）与发卡银行合作。即不定期邮寄信函广告给信用卡持有人，有意购买的消费者再透过电话咨询，直接与保险公司接触和购买。

小资料

保险网络销售势不可挡

近年来，由保险网络销售、电话销售等新渠道产生的保费收入相当可观，业内人士普遍认为其潜力无限，并且势不可挡。目前，已经有多个网上平台开售保险，包括淘宝、苏宁易购、京东商城等。其中，淘宝网保险频道于2011年10月上线，开设有中国人保财险、中国平安、阳光人寿保险等多家旗舰店，险种涵盖车险、旅行险、意外险、健康险、少儿险、财产险等。苏宁易购的保险频道与中国平安、太平洋保险、泰康人寿、阳光保险等都有合作。

除了这些网购平台，门户网站如网易也有专门的保险销售平台，并与自家的网易邮箱捆绑，还时常推出一些用邮箱积分换保险产品或抽奖送礼的活动，以扩大其卖保险的知名度。

众多保险公司大多已推出在线销售平台，并推出网上独有的优惠，如人保财险的官网上就有“网上买车险、商业险立省15%”的优惠活动。业内的普遍共识是，相较于普通的线下投保和电话投保模式，网上投保更为方便、灵活、高效，可以覆盖到更广阔的人群。

3. 电视营销

电视营销是指以电视为主要媒体进行寿险产品的推荐和宣传，并配合电话营销提供咨询服务的销售模式。其销售过程分为两个阶段：第一阶段是通过电视平台将产品介绍给观众，并想办法吸引观众拨打热线电话；第二阶段是电话营销人员根据观众留下的联系方式，回拨并详细解答问题。这种方式符合现代人的购物观念和生活方式，为客户节约了时间。电视营销较传统的销售渠道有更广泛的受众，这就对保险公司的品牌、营销水平提出了更高的要求。

在销售保险方面，电视营销具有渠道优势：一是利用电视直播的高公信力、立体呈现和全景展示等优势，进行保险等专业性较强的产品的售卖，更为直观、可信，更为形象、生动，对潜在投保人吸引力更大，对于保险业的业务拓展有着正面的意义；二是电视购物采取直播的形式，能够同步覆盖本省甚至全国的电视用户，这相比传统的一对一、点对点，既浪费成本又不稳定的保险销售模式而言，更加有利于克服营销员销售的弊端，使产品更全面、直观地得以展示。

4. 店头营销

传统观念上，寿险营销往往采取无店铺的营销方式。事实上，管理规范、场所固定的营销店面方式更易于被潜在客户所接受。店头营销在某些地方已经有所发展，比如，美国大都会人寿保险公司即宣称将店头营销与电话营销作为其主要的寿险营销方式，类似的“设摊销售”形式已成为中国人寿上海分公司个人保险销售的重要方式之一。保险公司应该做的工作是将其整合、规范并加以推广；同时，在客户服务部、营销场所增设客户直接投保接待服务柜台，与城市市政部门合作，设立类似报刊亭的保险咨询台等。

本章小结

保险营销活动是保险公司的生命源泉，而且其离不开所处的环境。人身保险市场营销环境是由外部环境和内部环境构成的，它们相互作用、相互制约。从本质上说，外部环境是不可控的，而内部环境则可以控制。

寿险营销体制对保险企业的市场营销活动以及整个保险业的稳健发展都有着重大且深远的影响。1992年友邦公司把个人代理制引入中国，个人代理制开辟了我国人寿保险业发展的新纪元，并成为主流。但随着我国寿险市场的发展，现有营销体制也暴露出一定的问题，并面临许多新的挑战，尤其是寿险营销管理体制中最核心的个人代理制度在组织管理和佣金支付方面已日益暴露出诸多弊端和缺陷，对现行营销体制改革的呼声越来越高。

保险市场的激烈竞争使传统的寿险营销模式面临极大的挑战。随着越来越多的外资保险巨头进入中国，各种形式新颖的保险营销渠道被带入中国市场，不但给保险公司带来新的业务增长点，也为广大的消费者带来更多的服务和选择。

重点概念

市场营销	人身保险市场营销	人身保险市场营销环境
寿险营销体制	雇佣制	寿险营销专业化
寿险营销职业化	银行保险	直复营销
电话营销	广告信函营销	网络营销
电视营销	店头营销	

复习思考题

1. 思考题

（1）试分析影响人身保险市场营销环境的因素。

（2）我国现行的寿险营销体制是什么？

（3）分析我国寿险营销体制的现状及所取得的成就。

（4）分析我国现行的寿险营销体制的弊端。

（5）试分析如何对我国现行的寿险营销体制进行改革。

（6）概述直复营销的主要类型。

2. 实训题

一对夫妇、一个孩子、两位老人，是我国社会最典型的“3＋2家庭”。此类家庭的男女主人一般在30岁到45岁，已有了自己事业明确的发展方向，正处于事业发展的成长阶段、财富的积累阶段；孩子则多处于幼年或中小学教育阶段；老人已经退休，生活可以自理，和子女生活在一起，还可帮助料理家务。如果家庭收入能够持续、稳定，一家五口都能健康、平安，教育、养老等将来的一切支出也都尽在掌握之中。但是，此类家庭最大的问题是不具备很强的抗风险能力。因此，购买保险成为提高该类家庭保障水平最为普遍的方法。“3+2 家庭”应如何利用保险规划未来？

李先生，33 岁，某公司中层领导，年收入 10 万元；李太太，30 岁，企业出纳，年收入 5 万元，两人都有社保；女儿 3 岁，正上幼儿园；李先生父母已经退休，目前和李先生一家住在一起，身体状况一般。家庭尚有存款 20 万元，每月需还房贷 2 000 元，还有 15 年还清。李先生夫妻都是职业人士，收入处于中等水平。上有老，下有小，使他们进入了责任感最强的时期，因此，他们对于提高家庭保障水平的要求非常迫切。只有进行恰当的人寿保险投保设计，才能更大地发挥保险的保障作用。

要求：学生可以分组分别扮演寿险营销员和客户，演示联系接洽、准备保险计划及说明、签单等营销各流程。

第十章　寿险公司业务管理

章前引例及分析

保险公司并非见到患病就拒保，同一种病核保结果可能不同

典型案例一：姜先生25岁，身体健康，除了患有多发性胆囊结石外，身体再无其他异常。在某保险公司投保定期重大疾病保险和住院费用津贴保险时，保险公司给出的核保结果是：重大疾病保险正常承保，住院费用津贴保险对胆囊结石及其引发的胆囊疾病作除外责任处理。多发性胆囊结石是纯粹的胆道疾病，住院手术概率较大，因此在医疗险核保时，对此疾病及其并发症做除外责任处理。而姜先生年龄较小，身体健康，患重大疾病的概率并未发生明显变化，因此可以正常承保。

典型案例二：王女士患糖尿病，和病友聊起投保寿险时发现，跟自己患病情况差不多的病友加费30%，而自己却加费50%，为此她非常不解。

为什么同一个人得到不同的保险，同一种疾病却有不一样的收费标准呢？

专家分析

这是因为投保不能单纯地看患病情况。一方面，病情有轻有重，看似相同，实则不同；另一方面，像糖尿病这样风险高的慢性疾病，还要综合考虑其他方面的因素。举例说明，即使两位被保险人所患疾病完全相同，一个被保险人有家族糖尿病史，并且双亲均因此早亡，而另一位被保险人没有家族病史，相比之下，前者的核保结果肯定更为严格。类似的，比如一个年轻人和一个老年人，同样是高血压，但对保险公司来说，风险程度是不同的，因为老年人血压偏高比较正常，而年轻人则可能因此容易患上其他疾病。

面对健康状况告知书，很多带病者选择了隐瞒。究其缘由，是担心将自己身体不健康的情况如实告知后，会导致保险公司给出对自己不利的结果。但有数据显示，90%以上的被保险人都是可以被承保的。只不过对这些带病者，保险公司在核保时将其称为“非标准体”或“次健康体”，核保时的程序更为严格，比如会要求出示被保险人的病历、体检结果，填写专项健康问卷，甚至会要求被保险人参加保险公司组织的体检等，最后的核保结果可能也与标准体不同。

投保险种不同，结果也可能不同。在同样情况下，储蓄型险种较保障型险种加费低，定期寿险较终身寿险加费低。

在投保时需要做到如实告知。而隐瞒重要事实，违反如实告知义务，即使现在能按标准费率买到保险，将来在最需要保障时反而难以得到赔付。

资料来源：http：//www. finance. ce. cn，2008-03-19.

本章学习目标

通过本章的学习，你应该能够：

1. 了解人身保险核保、承保、理赔的概念。
2. 掌握人身保险核保、承保、理赔的流程。
3. 熟悉人身保险欺诈的形式。
4. 了解保全服务的必然性。
5. 掌握保全服务的内容。

在寿险公司的业务管理过程中，核保、理赔和保全是核心环节。核保的本质是保险公司依据一定的标准对保险标的进行评估和筛选的过程，是一个风险选择的过程，是保险公司控制业务风险的第一关。核保工作对标的的选择及对承保条件的制定直接影响到保险企业业务质量的高低和盈利的多少，是保险企业防范经营风险的第一关，也是最重要的一关。理赔是受理报案、现场查勘、责任判定、损失核定以及赔案缮制、赔款支付的过程，具体体现为保险合同的履行。保全是保险公司根据投保人或被保险人的要求对保险合同的有关内容进行变更或补全的过程，保全的目的就是在未来保证保险合同的完整性和有效性。从风险控制角度来讲，它是对保险标的在承保后理赔前的风险进行管理的过程。

第一节　寿险公司核保

在人身保险经营过程中，为了实现收益安全，维护公平、合理的原则，寿险公司不仅需要拥有大量的被保险人群体，同时需要对被保险人群体存在的风险种类、程度有一定的认识，对风险所在及风险大小做出正确的评估和分类，以满足风险被最佳分散的需要，并收取合理的费率。

一、人身保险核保

（一）人身保险核保的概念

核保又称风险选择或风险评估，是指寿险公司对被保险人风险的性质、程度进行分类和评估，并根据核保原则，做出接受或者拒绝承保的决定。核保是寿险公司在承保前，根据被保险人的死亡、伤残概率决定其风险程度，并据此确认公平保费的过程。若超过寿险公司的承保条件范围，则风险程度过高，寿险公司予以拒保。

人身保险核保的目的在于有效地控制承保合同质量，使公司承保合同中保险事故实际发生率维持在精算预定的范围内。人身保险经营的原理是根据以往被保险人死亡、伤残的程度等数据编制保险费率表来确定保险费率，是互助共济制度。如果有身体健康状况不良，或者从事危险职业的人以相同的保险费率投保，那么对多数健康状况良好的被保险人来说，就有失公平，同时增加了保险公司的赔款，影响了保险公司的经济效益。所以，保险公司必须对这些死亡率和残疾率比预期高的被保险人收取较高的保费或拒保，而不能按照正常的标准体承保。

（二）人身保险核保的意义

核保最主要的出发点就是使投保的客户能享有公平、合理的保险费率。目前，我国保险市场竞争日益激烈，人身保险的核保显得尤为重要。

首先，它有利于维护公平、合理的保险经营原则。具体体现在依危险程度的大小缴付相应的保费。由于被保险人的身体状况、生活环境及职业不同，他们的寿命、患病率及意外事故的发生率亦不相同，即表现为他们获得理赔的概率不同。对于保险公司来说，其所承担的风险大小不同。因此，保险人必须将被保险人按危险程度加以分类，依据风险大小收取相应的保费，使得风险高的被保险人多缴纳保费，风险低的被保险人按较低的标准缴纳保费，对风险太高者则予以拒保。如果风险大小不同的被保险人缴纳相同的保费，而获得的理赔不同，也就是同等的保费没得到同等的风险保障，这样做的结果显然违反公平、合理的保险经营原则。

其次，它有利于维护保险公司经营的安全性。保费的收取是保险公司的资金来源，保险金的给付是保险公司支出的主要内容之一，如果没有良好的核保，不良的理赔案件就会频频发生。保险公司的支出大增，势必给公司的稳定经营带来困难。因此，对保险申请进行核保是必不可少的。

小资料

核保师资格认证

核保师的学历要求为本科以上，因为核保涉及保险、医学、金融、统计、法律等多方面的知识，因此核保师除了要懂保险、法律等知识外，还应有2～4年相关领域的从业背景。另外，对于保险精算原理以及财务管理等方面的知识也要有一定的了解和掌握。对于没有核保经验的新手来说，一般都要从出单、接报案等初级工作做起。核保师的资格认证有以下两种。

1. 国际认证：北美核保师资格证书

北美核保师协会（ALU）作为一个国际性的核保教育和研究机构，在全球核保界享有极高的地位和声誉，2005年，全球仅38人通过北美核保师资格考试。2005年

6 月，我国保险业内出现首位获得此证书的国际核保师。

2. 国内认证：中国人身险核保师、核赔师

资格主要要求为：连续从事核保、核赔专业工作 5 年以上，原则上应该获得所在公司首席或首席助理核保、核赔作业授权。已获得北美核保师协会核保师或国际理赔师资格的人员，可由所在公司直接申请核保师、核赔师候选人资格。参加考试者考试合格后，由资格考试评审委员会进行评审并报保监会备案、审批，合格人员将由中国保险行业协会颁发资格证书。

二、人身保险核保的流程及要素

（一）人身保险核保的流程

人身保险的核保是一个非常复杂的过程，自投保人填写投保单开始到签约出单为止，一般经过下述四个阶段。

1. 销售人员核保（第一次核保）

销售人员在整个核保过程中占有最重要的地位，肩负着重要使命。因为在业务拓展过程中，销售人员直接与投保人和被保险人接触，对其情况最了解，尤其是免体检业务，销售人员扮演尤为重要的角色。通过良好的一线核保，保险公司可获得大量良质契约，达到稳健经营的目的；遇到劣质客户，保险公司可在第一次核保时就将其拒之门外，避免浪费时间和人力，从而提高效率；通过销售人员核保，保险公司可以规范经营，减少合同纠纷，提高公司的声誉，创立品牌，拓展市场。

销售人员的核保内容主要包括：投保人的投保动机，被保险人的保险标的情况，投保人和被保险人的性别、年龄、职业、收入、家族遗传病史等投保单要求如实填写的内容等。

在进行第一次核保时，销售人员要特别注意以下几个方面：第一，要亲自见被保险人，了解投保动机及被保险人的职业、经济能力、生活习惯与环境因素等，以排除道德风险。第二，了解被保险人的健康状况，如体形、脸色、精神状态、步态等，对不正常的状况都应注意。第三，需如实向客户解说条款，履行如实告知义务，并要求投保人、被保险人亲自签名，不得相互代签。第四，销售人员要亲自、完整、及时地完成报告书，如实说明风险选择的结果，为专职核保人员进行书面审核提供准确的依据。第五，检视整个投保书、投保单内容有无遗漏，投保人、被保险人、法定代理人、销售人员有无签章等。注意有无不实告知情况，声明栏是否签名等。

2. 体检医师核保（第二次核保）

销售人员核保之后，必须对保额较高或有潜在风险因素的被保险人进行身体检查，即由体检医师对客户进行健康状况方面的检查。

在这一阶段，体检医师一是听取被保险人的告知，即被保险人对自己的年龄、职业、生活状况、病史、现有疾病等问题的介绍。在听取告知的同时，体检医师还要适当地进行询问，以加深对信息的了解程度。二是进行身体检查，即通过对被保险人的身体状况进行检查，准确掌握被保险人的健康状况。在检查当中，必须确定被检查者是否为被保险人本

人，必须客观地填写体检结果，不能敷衍了事。此外，还要注意保守被保险人的秘密等。三是完成体检报告，提出核保建议。

3. 生存调查核保（第三次核保）

由于部分被保险人对重大的告知事项有可能予以隐瞒，故保险公司应对被保险人所提供的情况，如既往病史、职业、经济状况等进行核实，其主要功能是辅助核保，防止逆选择和道德风险。

在核保调查中，首先要检查保单填写情况，看是否真实、准确、完整，以及是否有签名；其次是了解被保险人的基本情况，主要包括被保险人的年龄、性别、职业、健康等状况；最后是收集被保险人的有关投保资料，看是否有拒保、骗保等情况。

4. 核保人员核保（第四次核保）

核保人员核保是由保险公司的核保人员根据前面的各种报告书，判断是否可以承保及以何种条件承保。核保人员进行判断的资料来源于以下途径：(1) 投保书，里面包含投保人、被保险人的基本资料，被保险人的健康、财务告知，业务员报告等。(2) 体检报告书、被保险人告知及健康声明、医师健康检查的结果及体检医师的评估建议。(3) 病历。(4) 特别问卷。通过各种核保资料，核保人员主要从两大方面进行核保，即医务核保和财务核保。医务核保主要考虑的是被保险人的不健康因素对于死亡率的影响，例如：一般肥胖症，医生可能认为客户是健康的，无须治疗，而保险公司却要加费。又如一般的胃炎，医院要进行治疗，而保险公司认为该病对死亡率不产生影响，所以正常承保。财务核保是指对投保人、被保险人的财务状况进行核实。保险的最终目的是经济补偿，即在保险事故发生时，避免投保人、受益人因为被保险人的死亡导致生活水平下降，所以，核保人员会注意投保人、被保险人年收入与保险金额的倍数关系，以及所缴保费与年收入的比例等。然后，核保人员会根据各种情况，将被保险人进行分类，按不同条件将其划分为标准体、次标准体、延期承保体、拒保体等。

在保险公司核保过程中，一般先由计算机系统筛选出符合条件的投保单予以承保，生成保单。对不符合条件的保单进行人工核保，做出拒保、加费、限制保额等决定。

（二）人身保险核保的要素

1. 年龄

被保险人在达到一定年龄之后，随着年龄的增加，死亡率越来越高，因此，保险公司一般都规定每一险种的最高承保年龄，超过这个年龄的人不接受其投保。同时，年龄与发病率也息息相关，年龄越大，被保险人的发病率越高。如癌症、高血压、心脏病、慢性支气管炎等疾病在老年人中多发，而麻疹、百日咳、白喉等疾病主要威胁儿童。

2. 性别

性别不同，死亡率也有区别。从我国的情况来看，女性的死亡率低于男性，所以按精算的要求，女性的人寿保险费率应该低于男性。同时，性别与某些疾病的发病率相关。核保时性别应作为一个因素加以考虑。与此相适应，大多数保险公司分别采用男性生命表和女性生命表，以性别为基础赋予不同的保险费率，力求使成本更准确地反映风险。

3. 体格

体格是遗传所致的先天性体质与后天各种因素的综合表现，所以在核保时，要注意被保险人的身高、体重、胸围等是否正常，身材是否匀称，还要注意被保险人的有关机能是否正常，特别是神经系统、心血管系统和消化系统有无异常。对病态肥胖者或体重过轻者通常要做出延期承保、拒保或加费承保的决定。

4. 现症和既往症

现症是指准保户目前身体的异常状况，这种异常不仅限于疾病。对正患有某种重大疾病或对其身体状况有重大怀疑者，保险公司一般不予承保。对患有一般性疾病的准保户，保险公司通常延期承保或加费承保。既往症是指过去曾患过的疾病，它与现在和将来的健康有着密切的关系。有些既往症虽然可以治愈，但仍有复发的可能，并可能导致其他的重大疾病。例如，肺结核当年已经治愈，但遇过度劳累或接触到传染源，就会复发；精神分裂症往往会反复发作。显然，对过去曾经患过此类疾病的准保户，保险公司应在核保中给予充分关注。

5. 家族病史

家族病史，包括准保户家庭成员中有无血液病、变态性疾病、糖尿病、原发性高血压症、精神疾病等。在人身保险的风险选择中，对家族病史方面的了解主要是准保户的父母及兄弟姐妹的健康状况，其病名、死因等，甚至还要了解准保户祖父母和外祖父母的相关情况。之所以这样做，是因为一个人的寿命和健康状况往往与遗传有关。

6. 职业

职业是影响死亡率的重要因素，与发病率关系密切。在对残疾收入保险的准保户的核保中，职业因素更为重要。保险公司应充分分析准保户因职业致残的可能性。那些工作环境中潜在较大的疾病或意外事故风险，或者从事季节性工作者，通常被认为是不受欢迎的准保户。

7. 生活习惯

不良的生活习惯如吸烟、酗酒等，也会给准保户带来较高的意外伤害和患病的风险。吸烟的危害已为大家所熟知，不论以何种形式吸烟，每一年龄的吸烟者都比不吸烟者有更高的死亡率和发病率。大量饮用含酒精的饮料或酒精长期积累，则会加大准保户的风险。药物滥用是指过度使用一种或几种药物，包括麻醉剂、幻觉剂、兴奋剂以及其他药物，药物滥用者可能会面临额外风险，导致身体对药物的依赖性。

8. 爱好

热衷于某项运动或爱好的人会明显增加伤残和发病的概率。比如，一个登山爱好者发生意外伤害事故的概率大大高于其他人。保险公司对业余爱好进行审查时，应注意对以其为职业（职业人员）和仅仅将其作为业余爱好加以区别。赛车、拳击等运动既可以作为一种职业，也可以作为一种业余爱好，但以其为职业的风险显然高于以其为业余爱好的风险。

9. 道德品质

投保人和被保险人的道德品质关系到他们的行为的善恶。如果投保人的道德品质不好，在投保过程中可能虚报年龄、带病投保，在保险期限内可能以欺诈的手段骗赔。考察投保人或被保险人的道德品质的一项重要工作，是看其有无犯罪史或违法行为，以及是否有骗保、骗赔记录。

10. 现行收入

现行收入包括工资、奖金、兼职收入、股票期权、各种投资收入、继承的遗产等。现行收入是确定准被保险人死亡或残疾时发生的经济损失的重要依据。例如，在残疾收入保险中，无论被保险人残疾程度如何，保险公司所支付给被保险人的保险金都不会超过其原工作所得。现行收入也是保险公司确定可承保保险金额的重要依据。在分析现行收入时，应注意哪些是固定（稳定）的收入，哪些是临时性的、偶然性的收入，对于后者，最好不要将其计入预算。在注重现行收入的同时，也应关注到潜在收入。

三、人身保险的承保

（一）人身保险承保的含义

人身保险承保是指保险人在投保人提出投保请求后，经审核认为符合承保条件，即同意接受投保人申请，承担保单规定的保险责任的行为。从严格意义上讲，保险业务中的接洽、协商、投保、审核、配证、收取保费、建卡都属于承保工作。可见，承保是保险经营的重要环节，承保工作的好坏直接关系到保险合同能否顺利履行，关系到保险企业财务的稳定性，是衡量保险企业经营管理水平高低的一个重要标志。其基本目标是为保险公司安排一个安全和盈利的业务分布与组合。承保工作中最主要的环节为核保，核保的目的是避免风险的逆选择，实现企业有效益地发展。核保活动包括选择被保险人、对危险活动进行分类、决定适当的承保范围、确定适当的费率或价格、为展业人员和客户提供服务等方面。

（二）人身保险承保的程序

寿险公司的承保工作主要包括业务争取、承保选择、承保控制、核保结论和承保管理五方面的内容。

1. 业务争取

开展业务，扩大承保范围，增加市场份额，获得更多的盈利是商业保险公司经营的客观要求，也是发挥保险保障作用、提供社会服务的必要条件。保险费率制定的依据之一就是大数法则，承保范围越大，风险就越小，保险公司的经营就越稳定。

保险公司为了获得更多的保险业务，一方面要积极开展保险宣传，另一方面要开拓广泛的营销渠道，扩大保险的影响，从而扩大投保范围，争取更多的保险业务。

2. 承保选择

承保选择是保险人在业务选择的基础上，对可承保的保险标的进一步分析、审核，确定接受承保的条件。保险人为了避免逆选择，保证保险业务的质量，必须进行相应的承保选择。

承保选择包括对人的选择和对物的选择两个方面。对人的选择是指对投保人或被保险人的选择。在人身保险业务中，投保人或被保险人的年龄、职业、体格、生活习惯、经济状况等都可能影响保险费率，保险人必须进行全面的了解。对物的选择是指对保险标的及保险利益的选择。人身保险标的是人的身体和生命，保险标的的风险状况、保险利益等都可能会影响承保选择。

3. 承保控制

保险人在承保选择的基础上，要加强承保控制。承保控制主要是指运用保险技术手段，控制保险人的责任和风险。在实际的承保业务中，情况非常复杂，保险合同的成立，可能诱发道德风险和心理风险。道德风险是指投保人或受益人故意制造保险事故，谋取赔款。心理风险是指投保人或被保险人在参加保险后产生麻痹、疏忽、松懈心理，不再小心防范所面临的风险，或发生保险事故时，不积极采取施救措施，导致损失扩大。

保险人控制道德风险的主要措施是控制保险金额、避免高额保险，规定按照实际损失赔偿、控制赔偿程度。控制心理风险的主要措施包括责任控制、规定免赔额、续保优惠等。此外，保险人还在保险条款中明确规定了投保人和被保险人的权利和义务，以加强承保控制。

4. 核保结论

保险核保人员通过收集有关信息资料，并对这些信息进行风险衡量和选择之后，做出核保结论。

核保结论包括正常承保、条件承保和拒绝承保三种。保险公司对风险状况符合标准的保险标的按正常保险费率加以承保，并出具保单；对风险状况不符合标准的，存在超额风险的保险标的，按照其超额风险的具体情况，分别采取限制责任、限制保额、加收保费等方式加以承保，并出具保单；对风险程度非常高、明显低于承保标准的，应拒绝承保。

5. 承保管理

承保管理是保险人对保险合同订立过程的管理。投保单是保险合同的重要组成部分，也是必不可少的原始单证，保险人必须对投保单进行审核，审核后，出具保单，再由复核人员进行复核、登记，并把投保单、保单、批单等装订成册，由专人保管，以备日后查找。

知识库

人身保险投保单的填写要求

投保单是保险人获取客户信息的主要资料，也是保险人进行风险选择的首要依据。营销员应向投保人和被保险人说明投保须知，解释保险条款，并提醒客户据实填写，以免发生错误。

在填写投保单时应注意以下事项：

(1) 投保单上的每一栏内容都必须填写，空项用斜线表示，字迹要工整、清晰，用钢笔或签字笔填写。

(2) 被保险人姓名应以身份证为准，出生年月日根据身份证填写，无身份证者据实按户口簿上的姓名和出生年月日填写，年龄按周岁计算。身份证号码应为15位或18位，不得多或少，应仔细核对。以军人证或其他身份证明投保者需在身份证件号码栏顶格填写，并注明证件名称。

(3) 如投保人和被保险人为不同人时，则需填明两者关系。

(4) 投保时应注明受益人及其顺序，每一受益人享受份额的百分比，同时注明其与被保险人的关系，若未指定受益人，则以其法定继承人为准。

(5) 投保人联系地址应是便于与保险人联络的常住地址，应写明详细地址及邮政编码；被保险人地址应以目前居住地点为准，如有工作单位，应同时注明单位地址，以便进行生存调查。

(6) 被保险人职业是指目前实际从事工作的行业、工种，类别应按《职业分类表》所列内容正确填写，并填写代码，以便确定费率、保额限值和体检标准。若被保险人从事两种或两种以上职业或同时持有机动车驾驶执照，则以类别较高者计费。

(7) 健康状况应如实告知，如为"是"，则必须说明，必要时将病历及有关证明原件或复印件随投保书一并上交。说明项目包括：疾病详细诊断名称、发病时间、治疗的内容、使用药物和就诊医院名称、是否已痊愈。

(8) 限制民事行为能力者（满 10 周岁、未满 18 周岁）和无民事行为能力者，所有投保文件均需其法定代理人签审同意。

(9) 投保单涂改不能过多，涂改处必须加盖投保人印章或签名（应和投保书签章处的印章或签名相符）。下列填写项不得涂改：投保人、被保险人、受益人栏，以及投保人和被保险人法定代理人签章处、被保险人工作性质、职业编码和身份证号码、投保的险种、缴费年期、保额、保费、缴费期限与缴费方式、被保险人告知。

(10) 如果首期保费为现金缴纳，则要注意该暂收收据是否已过期，如过期，则不接收此投保单。

第二节　寿险公司理赔

人身保险的保险责任是以人的生命与身体为保险标的的，如果被保险人在保险期限内死亡、伤残或在保险期满时仍生存，则可通过理赔领取保险金。保户购买保险的目的在于发生危险的时候能及时获得补偿，得到迅速理赔的服务，因此，保险理赔成为人们所关心的保险公司诚信服务的关键，对理赔环节进行得当的处理对保险公司继续保险经营过程有积极的意义。

一、人身保险理赔概述

（一）人身保险理赔的概念

理赔是指被保险人在保险合同有效期间内发生保险事故时，受益人依照保险合同的约定申请保险金给付，保险公司依照保险合同的约定，受理、调查、审核并给付保险金的活动。由于人的生命无法用货币衡量，所以人身保险是定额保险，保险金额是由保险合同当事人双方在订立合同时约定的。理赔是保险公司履行保险合同义务、承担保险责任的具体体现，也是被保险人获得实际的保险保障和实现其保险权益的途径。

在人身保险理赔过程中，由于保险标的是人的身体和生命，如果被保险人在保险有效期内发生保险事故而受到伤害，保险公司就要承担理赔责任。寿险主要是以被保险人的生存或死亡为给付条件的险种，该类险种的保险责任一般较为简单，只需被保险人或受益人提供相应的索赔单证，保险公司便可以将给付金给予受益人。在健康险的理赔过程中，该类险种的理赔与医院的合作最为关键。由于各保险公司的健康险有一定的差别，不同的医院对疾病或意外的认定不同，以及保险公司与投保人保险知识的不对称，因而容易导致责任认定纠纷，故健康险是理赔纠纷发生最频繁的一类险种。在人身意外伤害险的理赔过程中，意外是指外来的、偶然的、非本意发生的事件。因此，理赔的关键就在于被保险人遭受的损害是否为意外伤害，是否为保险合同中所规定的意外事故。尤其需要区分由意外伤害导致的医疗费用支出与因疾病治疗而产生的医疗费用支出的不同之处。

人身保险理赔充分体现了人身保险的作用，是人身保险补偿功能的具体体现。只有人身保险理赔工作做得好，人身保险的作用才能有效发挥。同时，理赔是上一个保险经营活动的终点，又是下一个保险经营活动的起点，是检验承保质量的重要环节，是寿险公司形象的具体体现，人身保险理赔质量的高低关系到人身保险公司的声誉和今后公司业务的发展。

小资料

理赔需要提供的单证

理赔时应提供的单证主要包括保单或保险凭证的正本、已缴纳保费的凭证、能证明保险标的或当事人身份的原始文本、索赔清单、出险检验证明、其他根据保险合同规定应当提供的文件。因被保险人的人身伤残、死亡而索赔的，应由医院出具伤残证明或死亡证明。若死亡，还须提供户籍所在地派出所出具的销户证明。如果被保险人依保险合同要求保险人给付医疗、医药费用，还须向保险人提供有关部门的事故证明，医院的治疗诊断证明及医疗、医药费用原始凭证。

（二）人身保险理赔的原则

理赔的原则贯穿于理赔工作的各个环节与过程，对理赔工作具有关键性的指导意义。

1. 从实原则

保险合同所规定的权利和义务关系受法律保护，因此，寿险公司必须重合同、守信用，正确维护保户的权益。理赔必须以事实为基础，这是理赔工作应该遵循的基本准则。理赔事故的事实，是指意外事故、因疾病住院等客观存在的事实。对理赔事故的认识和判断，必须基于已有的材料进行审核、判断，不能主观地臆想。

2. 公平原则

理赔必须在保户、保险人、社会利益等相关关系中，采取公平的处理方法。理赔审核是基于客观事实的，但是在事实的处理上面，不能教条地执行所有规则。尤其是针对规则中约定不明确的、规则明显损害某方利益的等情况，要具体情况具体分析，适时、适度赔付。

3. 效率原则

理赔必须重视时效性，要主动、迅速、准确、合法。保险公司必须在合理的期限内做出理赔的决定，并在合理的时间内对客户进行赔款支付。保险公司要通过适当的工作流程、处理规则、给付方式等，改善客户服务，提高客户的满意度。

（三）人身保险理赔的内容

人身保险理赔是保险公司赢得社会信赖的重要渠道，也是树立保险公司良好社会形象和卓越品牌的必要手段。理赔功能的切实发挥，体现了保险存在的使命与价值。目前，各保险公司非常注重理赔工作，理赔主要包括以下内容：

（1）通常意义上的身故、残疾、重大疾病、意外伤害医疗、住院医疗及防癌医疗的保险金给付。

（2）因发生保险事故而返还保费。

（3）因适用责任免除条款而退还保单现金价值。

（4）因解除保险合同而退还保费。

（5）豁免保费。

小资料

保险索赔的时效

保险索赔必须在索赔时效内提出，超过时效，被保险人或受益人未向保险人提出索赔，不提供必要单证和不领取保险金，视为放弃权利。保险险种不同，索赔时效也不同。寿险的索赔时效一般为5年；其他保险的索赔时效一般为2年。索赔时效应当从被保险人或受益人知道保险事故发生之日算起。保险事故发生后，投保人、被保险人或受益人首先要立即止险报案，然后提出索赔请求。

二、人身保险理赔流程

理赔是售后服务的重要内容，保险公司接到理赔申请后，一般要经过立案、调查、审核以及给付或拒付四个步骤，才能完成理赔案件的处理工作。

（一）立案

保险人在接到出险通知后，首先对通知事项予以登记，而后初步审查保险单证，确认无误后，进行立案。立案是一种形式审核，它要求理赔人员在受理案件的过程中对一些显而易见的事实即刻做出判断，如索赔单证是否齐全、有效，出险人是否为被保险人，保险事故是否发生在保单有效期内，保险事故是否属于不保责任或责任免除等。如不符合索赔要求，保险人不予立案并退回索赔单证。

（二）调查

理赔调查是保险公司控制理赔风险的重要手段，立案后，保险公司根据保险事故的性质和特点，酌情派公司的理赔人员或聘请具有法定资格的有关专家，对事故现场进行查勘，做好相应的查勘记录，并请被保险人在记录上签字。同时，收集有关资料，必要时对现场进行拍照、摄像。理赔调查就是要找到理赔的依据，排除理赔风险，保证保险公司业务经营的稳定。

（三）审核

理赔审核是保险公司对理赔案件进行核批的过程，对被保险人、受益人提出的索赔，理赔人员须及时审查其提供的索赔单证和资料，看是否符合合同约定的要求，对不完整或不充分，或不符合约定要求的单证和资料，应及时通知被保险人、受益人补充提供。然后，保险人经过对事实的调查与核实，依据保险合同审核确定案件是否属于承担责任的范围。

（四）给付或拒付

理赔给付或拒付是理赔工作的收尾阶段。给付是指被保险人的给付申请经审核构成保险责任，保险公司确认给付对象和给付比例，并依保险条款计算给付金额，把保险金安全、迅速地给付受益人。拒付是指由理赔人员向客户送达拒赔的决定，并耐心地向客户解释拒赔的理由。

三、人身保险的欺诈及防范

保险欺诈，是指投保人、被保险人或受益人以骗取保险金为目的，以虚构保险标的、编造保险事故或保险事故发生原因、夸大损失程度、故意制造保险事故等手段，致使保险人陷于错误认识而向其支付保险金的行为。保险欺诈不仅有悖于保险的经营原则——最大诚信原则，威胁保险事业的生存和发展，同时损害了保险企业和广大被保险人的利益，有的恶性欺诈犯罪行为直接威胁着人民群众生命的安全。

（一）人身保险欺诈的表现形式

目前，人身保险欺诈的主要表现形式有六种：一是违反告知义务，投保人没有如实告知被保险人投保前的身体状况，在已经患病的情况下购买保险，在合同生效后进行理赔，要求给付保险金。这是人身保险欺诈最常见的表现形式，多发于健康险中。二是未发生保险事故，谎称发生保险事故，骗取保险金。被保险人购买保险以后，没有生病住院，却跟医生合作办理住院手续，提供虚假材料。三是先出险后投保，出伪证故意骗取保险金，常见于人身意外伤害保险中。这种欺诈活动实际上是利用时间差，将投保前发生的伤害事故伪造成投保后发生的保险事故，达到骗取保险金的目的。四是冒名顶替骗取保险金，我国目前的医疗体系不够健全，医院方面的管理不够规范，有时还很难发现冒名者。因此，这类欺诈在医疗险中较常见。五是病故却冒充意外事故致死。因为意外险有高保额、低保费的特性，意外给付责任也相对较高，一些被保险人病故或者自杀后，受益人通过获得证明文件，将其伪造成意外死亡骗取意外保险金的赔偿。六是故意造成被保险人死亡、伤残或者疾病等保险事故，骗取保险金。

此外，人身保险欺诈的另一表现形式是针对保险公司工作人员（保险代理人、保险经纪人等保险中介人）而言的。这种欺诈行为表现为欺骗投保人、被保险人或者受益人，或者拒不履行保险合同约定的赔偿及给付保险金的义务，或者阻碍投保人履行如实告知义务、不履行自己的告知义务，或者承诺给予投保人、被保险人或受益人非法的保费回扣等。

参考案例

为骗保竟烧死亲生女

蔡某有两个女儿，2001 年底，其大女儿不幸意外死亡后，因生前购买了 30 元的学生意外险，蔡某从保险部门获赔 5 000 元。大女儿之死本是惨事，但蔡某想到的却是女儿之死有利可图，并产生了谋杀小女儿、骗取保费的恶念。2002 年 1 月，蔡某用1 370元钱给正在读小学的小女儿买了医疗、意外等 6 种保险。5 月，蔡某和妻子离婚，女儿由他抚养。10 月 14 日，他又用 150 元买了一份财产保险后，便开始将罪恶的双手伸向亲生女儿。

2002 年 10 月 27 日晚，蔡某花 5 元钱买回大半壶汽油，藏进小女儿的房间。次日晚，小女儿做完作业上床熟睡后，蔡某将事先准备好的汽油淋在床被上，又从床下拿出两瓶酒精，在被子和沙发上各倒了一瓶。随后，蔡某到客厅取来燃着的蜡烛，站在门口将蜡烛丢到沙发上，引发大火。大火虽被随后赶来的消防人员扑灭，但蔡某的小女儿已被烧死。29 日凌晨 6 时许，蔡某向保险公司报案。3 个小时后，蔡某来到保险公司。根据相关保险条款的规定，中国人寿和中国平安两家保险公司，应分别赔付保险金 64 198 元和 2 120 元。

蔡某正自以为得逞时，消防部门和公安机关及时查明了火灾原因并侦破此案，蔡某为骗保竟烧死亲生女儿的恶行为世人所唾骂。法院以故意杀人罪和保险诈骗（未遂）罪，一审判处蔡某死刑，剥夺政治权利终身，并处罚金 2 万元。

（二）人身保险欺诈的防范

针对人身保险欺诈的表现形式，保险监管部门以及相关的行政部门修改了一些政策法规，以防范保险欺诈。

首先，对保险人员加强管理。保监会及各地保监局要求各个公司业务人员在展业过程中要出示投保提示，把投保人事先要了解的事情写进投保单中并让投保人签字；同时要求保险公司对保险代理人的每一笔展业行为进行回访，并且录音，确认投保人是否了解了投保时应该了解的相关内容。保监会及各地保监局还依法加大了检查和处罚的力度，将处罚的情况定期对外进行信息披露，对检查出来的问题，第二年会继续追踪检查。此外，保监会还出台了相关的管理规定，着力在提高保险代理人业务水平上下工夫，加强对保险代理人员的诚信以及职业道德等方面的培训，要求他们必须持证展业。

其次，通过建立信息平台，防范投保人、被保险人以及保险合同受益人的欺诈行为。保监会要求各个保险机构建立信息平台，加大保险机构之间信息交流的力度，从中发现欺诈的蛛丝马迹，及时防范发生保险欺诈的风险。

最后，加强监管合作。公安部以及各地公安局内部已经设立了反保险欺诈部门，专职从事反保险欺诈工作。

在防范代理人销售误导方面，投保人要注意以下几方面问题：第一，要详细阅读保险产品说明书；第二，要注意阅读产品宣传材料中的注释说明部分；第三，要注意阅读投保提示；第四，要认真阅读保险合同。如果消费者有不明白的地方要及时询问营销员，或者拨打保险公司的客服电话。

第三节　寿险公司客户服务

一、寿险公司客户服务概述

保险属于特殊服务行业，它较一般的商品服务性更强。保险表面上买卖的是一纸合同，其交易的实质却是一种服务。人身保险产品的销售过程即对客户的服务过程，而且是一种全面的服务，保险人与被保险人之间的主要关系就是服务与被服务的关系，服务贯穿于整个保险活动中。其过程包括咨询、约访、面谈、缔约、收费等，如果保险标的发生了符合合同规定的保险事故，还要包括审核、理赔、契约变更、附加价值服务等过程，此外，有可能发生投保人和保险人之间的法律诉讼过程。可见，客户服务是保险的生命。服务质量的好坏、服务水平的高低决定着保险公司的兴衰存亡。

保险客户服务是指保险人在与现有客户及潜在客户接触的过程中，通过畅通、有效的服务渠道，为客户提供产品信息、品质保证、合同义务履行、客户保全、纠纷处理等项目的服务及基于客户的特殊要求和对客户的特别关注而提供的附加服务。这是一种现代服务观念，它与传统服务的最大区别在于其呈现出明显的外延扩张性。传统观念认为，寿险公司的服务集中体现为经济赔偿与给付，只要对客户履行了赔付的保险责任，也就意味着为其提供了良好的服务。而现代服务观念则认为，保险服务远不局限于此，围绕经济赔偿与给付这一核心所进行的扩散性服务，均在寿险公司的服务范畴之内。

寿险公司客户服务可归结为三类，即售前服务、售中服务和售后服务。售前服务包括为潜在的消费者提供各种有关保险行业、保险产品的信息、资讯及咨询服务，免费举办讲座，协助客户进行风险规划，为客户量身设计保险等服务。售中服务即在保险买卖过程中为客户提供的服务，包括协助投保人填投保单、准确解释保险条款、带客户体检、送达保单、为客户办理自动缴费手续等。售后服务即客户签单后为客户提供的一系列服务，包括免费咨询热线、客户回访、生存金给付、保险赔付、投诉处理、保全办理等。

二、契约保全服务

保户购买保险之后，身体情况的变化、经济状况的变化等许多因素都会导致客户投保意愿的改变，或客观上需要更改保单内容。寿险公司为了满足客户不断变化的需求，以维持保单的持续有效，就必须提供各种服务，即通常所说的售后服务。寿险公司的售后服务称为契约保全，简称保全。广义的保全是指保全服务、续期收费、理赔服务、咨询投诉及附加价值服务等寿险公司为已经生效保单提供的所有服务内容。狭义的保全专指保全服务，即围绕契约变更、年金或满期金给付等服务项目而开展的工作，即通常意义上的保全。

（一）保全服务产生的必然性

（1）人寿保险长期性的特点是契约保全存在的前提。由于人寿保险大部分期限很长，在保险有效期限内，投保人可能由于种种原因，需要变更或修改保单等方面的内容，因此必然需要保全服务的存在。

（2）人寿保险的储蓄性是保全存在的另一重要原因。寿险业的储蓄性，一方面是由险种本身的特征决定的，另一方面是由长期业务性质决定的。保户分期缴纳保费，保险人按复利计算，体现了储蓄性，分期缴费也是保全服务的重要内容。

（3）人寿保险的定额给付性导致保全的必然存在。人身保险是以人的身体和生命为保险标的的一种保险，其保障对象是不能用货币衡量的，属于定额给付。其中涉及的内容包括理赔给付、咨询、变更等多项保全服务。

（二）保全服务的途径

（1）客户直接到客户服务中心或其他服务机构办理。对于保险公司为保障客户利益，防范可能出现的风险而规定的必须由客户本人亲自办理的情况，客户应直接到客户服务中心或其他服务机构办理。

（2）委托营销人员、收费人员或其他人员到保险公司申请办理。这种情况需要出示受托人身份证明原件、投保人亲笔签字的授权委托书。

（3）通过客户服务电话或信函提出申请。此类申请目前限于通信地址变更、住所变更、电话变更等保险公司认可的保全项目。

（三）保全服务的内容

（1）客户资料变更。当投保人的联系地址、邮编、电话号码发生变化，或者被保险人、受益人的姓名、证件号码需要更正（不涉及年龄、性别变化）时，可以提出变更申请。一般应备材料包括保单、保全作业申请书、投保人及被变更人的身份证件、足以证明所更正事项的材料。若非投保人办理，则须提供投保人签名的授权委托书和代办人身份证原件。

（2）受益人变更。在合同有效期内，投保人可随时申请变更受益人，但此项变更需要被保险人签名同意，被保险人也可以单独提出变更申请。一般应备材料包括保全作业申请书、投保人的身份证件（被保险人提出申请的，只需被保险人的身份证件）、被保险人及受益人的身份证件复印件。

（3）保额变更。投保人可以根据自己的缴费能力和保障需求变化申请变更保额，目前开办的项目主要有主险减保、短期附加险减保、新增短期附加险、新增长期附加险。一般应备材料包括保单、保全作业申请书、投保人的身份证件。新增附加险还须由被保险人同时填写《健康及财务告知》并提供身份证件。

（4）被保险人职业变更。被保险人职业变更须经投保人与被保险人共同签字同意后，在合同有效期内提出申请。然后，由核保人员审核决定是否需要职业加费或取消加费等。一般应备材料包括保单、保全作业申请书、投保人的身份证件。若非投保人办理，则须提供投保人签名的授权委托书和代办人身份证原件。

（5）补发保单。在合同有效期内，若保险合同丢失或毁损，投保人可随时申请补发。一般应备材料包括保全作业申请书（投保人亲笔签名）、投保人身份证复印件。

（6）保单迁移。如果投保人搬迁到其他城市或地区，可以提出保单迁移申请。一般需要提供准确的联系地址、邮编和电话。保费应缴日后办理迁移的，需要先缴当期保费；有借款、垫缴保费的保单，迁移前应先办理还款。一般应备材料包括保单、保全作业申请书、投保人的身份证件。

（7）更换投保人。在合同有效期内，当投保人发生变动，不能继续履行缴纳续期保费或其他相关义务时，可以由原投保人申请变更。此项变更需要被保险人签名同意，变更后的新投保人应与被保险人具有可保利益，同时需要原投保人、被保险人及变更后的投保人共同签字确认。一般应备材料包括保单、保全作业申请书（原投保人、新投保人和被保险人须在申请书上亲笔签名）、原投保人的身份证件、新投保人和被保险人的身份证件。

（8）满期/生存保险金给付。在保险合同有效期内，被保险人生存至合同约定领取年龄周岁日后的保单周年日，生存保险金受益人可以提出满期/生存保险金给付要求。一般应备材料包括保单、保全作业申请书、被保险人户籍证明、生存保险金受益人身份证件。

（9）保单复效。在保险合同有效期内，因欠缴保费而导致保单效力中止时，投保人可自效力中止后两年内提出保单复效，但需要投保人及被保险人共同签名同意。一般应备材料包括保单、保全作业申请书、投保人的身份证件，投保人须填写《健康及财务告知》。投保人发生保险事故享受保费豁免的险种，投保人也须填写《健康及财务告知》。

（10）部分领取。在保险合同有效期内，投保人可以提出个人账户价值的部分领取申请，经保险公司核准后予以给付。一般应备材料包括保单、保全作业申请书、投保人的身份证件，部分领取可在保险合同有效期内（犹豫期除外）申请。

（11）续期缴费方式变更。在保险合同有效期内，投保人可以变更续期缴费方式。变更为银行转账方式的，须提供以投保人姓名为户名的银行个人结算账户。一般应备材料包括保单、保全作业申请书、投保人的身份证件。

（12）保单借款。在保险合同有效期内，条款有约定的，可以凭保单申请借款。借款金额不得超过保险合同现金价值扣除各项欠款后的余额，每次借款期限也有相应规定。一般应备材料包括保单、保单借款协议书、投保人及被保险人的身份证件。

（13）犹豫期退保。在犹豫期内，投保人可以书面要求撤销本保险合同，保险人将无息退还已缴全部保费。一般应备材料包括保单、解除合同申请表、投保人身份证件复印件、代收保费凭证（银行销售的一站式产品）。

（14）正常退保。投保人可在保险合同效力终止前随时申请退保，一般应备材料包括保单、投保人身份证复印件、投保人填写的退保申请表、投保人开立的银行个人结算账户的复印件。

相关链接

2015 中国保险年度服务创新项目之保全创新篇

1. 太保寿险：太平洋寿险“在你身边”移动服务

太平洋寿险“在你身边”移动服务主要包括面向销售人员的“神行太保”App和

面向客户的“中国太保”微信服务号两大企业级移动应用平台，涵盖保单服务全生命周期，包括保单销售、承保、出单、签收、回访、保全、贷款、领取、增值服务、客户活动等各环节，实现保单从销售到服务的全流程移动化和电子化。

2. 中邮保险：保险服务到“最后一公里”

中邮保险开业之初，创造性地搭建了“自营＋代管”的特色运营服务模式，以网点为主阵地的“基本线”、以邮政投递员和营销员为主力军的“流动线”、以“三农”服务站和村邮站为基点辐射农村的“延伸线”，实现服务端口前移，为广大农村地区提供了便捷的保险服务。随着保费规模和客户总量的迅速激增、产品及服务内容的日趋复杂，中邮保险针对地市、县市中邮保险局业务处理和服务压力迅速增加的情况，建立了一个“作业标准、管理智能、服务立体”的作业中心。2015 年 1—2 月，作业中心在服务压力激增，未增加人手的情况下，保全服务仍实现了全流程时效仅 1.64 天，未发生一笔保全服务业务的投诉，真正服务到“最后一公里”，服务时效优，客户体验好。

3. 华泰人寿：应对满期给付高峰，推出电话满期给付

华泰人寿电话满期给付主要有三大特色：一是方便。客户只需拨打华泰人寿全国统一客服热线 95509，或公司客服人员主动拨打客户电话，经过必要的身份验证确认，足不出户即可完成满期领取的全部手续。二是快捷。电话受理成功后 1～3 个工作日，满期金即自动转至客户预留公司的账户中。三是安全。保单预留信息核实，确保为满期金受益人本人申请，有效保障客户权益，办理完成后还会按照保单预留手机号码发送短信通知。

4. 富德生命人寿：首创 E 服务自助终端亮相

富德生命 E 服务体验中心以 E 服务自助终端机以及 E 服务互动展示终端作为载体，其中 E 服务自助终端机提供了三大模块、八大功能共计 30 余项的业务员和客户自助服务项目；E 服务互动展示终端提供了公司新闻资讯、热销产品、万能投连结算利率、分支机构查询、理赔定点医院查询。E 服务自助终端机三大模块包括“我是客户”“我是业务员”“在线投保”，业务员通过工号密码和指纹、客户通过二代身份证和手机动态码登录即可自助办理业务。E 服务自动终端机为客户及业务人员提供了包括预约投保、保单管理、保单查询、保单变更、在线交费、视频通话、保单试算、在线投保共计八项自助服务功能，实现了在线投保、在线续期交费、在线变更等全流程服务闭环，高效、便捷的服务突破了传统销售、服务模式下的人力、网点等瓶颈制约，提升了客户和业务队伍的满意度。

5. 民生人寿：客户变用户，线上线下客服有机并轨

作为传统线下活动的有力补充，“民生保险微管家 1.0”可为客户提供方便、快捷的服务，包括为客户提供电子贺卡推送、产品计算器、民生保险服务网点查询、保单查询、联系方式变更、投保进度查询、理赔报案、理赔电话查询、理赔进度查询等功能，近期又新增了新单签收、支付宝账号添加等功能。另外，民生人寿各机构还纷纷召开客户体验日活动，并通过各种活动场合向客户介绍微管家并现场体验，极大地方便了客户和业务员，提高了服务效率，改善了用户体验。

资料来源：http：//www.sinoinsurance.com，2016-03-16.

本章小结

在寿险公司的业务管理过程中，核保、理赔和保全是一个非常复杂的过程。核保一般经过销售人员核保、体检医师核保、生存调查核保、核保人员核保四个阶段。核保的要素包括年龄、性别、体格、现症和既往症、家族病史、职业、生活习惯、爱好、道德品质、现行收入等。保险公司在接到理赔申请后，一般要经过立案、调查、审核以及给付或拒付四个步骤。保险业属于特殊服务行业，寿险公司客户服务可归结为三类，即售前服务、售中服务和售后服务。

重点概念

核保	理赔	保全	承保	保险欺诈
承保选择	承保控制	拒保	客户服务	

复习思考题

1. 思考题

(1) 请阐述人身保险核保流程。

(2) 请分析主要的人身保险核保要素。

(3) 请分析人身保险承保的主要流程。

(4) 请阐述人身保险理赔的原则和内容。

(5) 请分析目前人身保险欺诈的主要表现形式及防范措施。

(6) 请分析主要的人身保险保全服务的内容。

2. 案例分析题

2011年10月，退休老人王某购买了一份具有分红性质的终身寿险，因与其儿子住在一起，相互关系比较融洽，于是指定其儿子作为受益人。后其儿子结婚生子，由于住房紧张，父子产生矛盾，关系不断恶化，最后父子反目，不能相容，王某不得已搬到女儿家居住，由其女儿照料。2012年12月，王某病危，遂召集家里的亲戚、朋友，决定让其女儿取代其儿子做受益人，但没有通知保险公司。不久，王某病逝，其女儿和儿子同时向保险公司提出索赔，要求取得所有保险金及分红，保险公司内部对于向谁给付的问题产生了分歧。

问题：(1) 王某变更受益人的行为是否有效？

(2) 王某病逝后，保险金及分红应如何处理？

3. 实训题

假如你是一家寿险公司的专业核保人员，一天从营销业务人员那里接到一份投保资料：被保险人孙小艺，男性，身高 1.68 米，体重 94 千克，年龄 34 岁，血压、血脂都处于正常范围内的偏高临界值。

医学知识表明，肥胖症可以通过测量身高和体重来诊断，或用体格指数（BMI）加以描述。肥胖症通常是指体重超过参考体重 20％或更多，BMI 的定义为体重（千克）/身高的平方（平方米）。假设一位男子身高 1.8 米，体重 75 千克，那么 BMI 就是 23.1（75 / 1.8^2）。

男性 BMI 的理想范围是 20.1 ～25.0，超过 30.0 则定义为肥胖。女性 BMI 的理想范围是 18.7～ 23.8，超过 28.6 则定义为肥胖。

肥胖容易引起多种并发症，加速衰老和死亡，是疾病的先兆、衰老的信号。据统计，肥胖者并发脑血栓与心衰的发病率比正常体重者约高 1 倍，冠心病发病率比正常体重者约高 2 倍，高血压发病率比正常体重者高 2～6 倍，糖尿病发病率较正常人约高 4 倍，胆石症发病率较正常人高 4～6 倍。更为严重的是，肥胖者的寿命将明显缩短。据报道，超重 10％的 45 岁男性，其寿命比正常体重者要短 4 年。

要求：对于这样的投保业务，身为核保人员的你应如何进行处理？

第十一章　人身保险资金运用

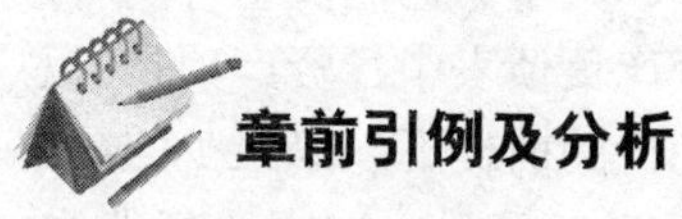

章前引例及分析

人身保险资金运用的历史发展

1762年，英国创立了世界上第一家科学经营的寿险公司——伦敦公平人寿保险社。随着生命表和均衡保费经营方式的采用，寿险公司积累了大量的责任准备金。1798年，公平人寿保险社抵押贷款投资总额就已超过40万英镑。不过，在这一时期，股票、债券等可转让证券投资与抵押贷款、短期贷款等构成了保险公司的早期投资结构，各保险公司几乎不考虑不动产投资。到了19世纪，保险资金运用的重要性进一步被英国各保险公司所认识，保险公司的投资规模随着人寿保险业务的增长而有所扩大，如1870年以后英国寿险公司用于投资的金额已逾1亿英镑。在投资种类上，寿险公司逐渐重视抵押贷款，同时开始了不动产投资。进入20世纪以后，各国寿险公司不仅大举进入国内资本市场并赢得了极高的地位，同时开拓了海外投资市场。

人们不禁要问，保险公司不是银行，其主要功能是为客户提供保险保障的，为什么如此重视保险资金运用？

专家分析

从最早设立的寿险公司开始，保险资金运用就已经成为保险公司经营的重要内容之一，成为保险公司核心竞争力的体现。美国摩根斯坦利公司的投资银行家保罗曾经说过："投资是保险的核心业务，没有投资等于没有保险业。"从国际上看，能够聚集大量资金的保险业的功能已经由专门提供保障服务转为既提供保障服务又提供资金管理服务。通过保险资金的运用来创造最大价值，同时保证保险资金的安全性以弥补单纯依靠保险业务偿付能力的不足，已经成为衡量保险公司经营能力和市场竞争力的核心标准。

本章学习目标

通过本章的学习，你应该能够：

1. 了解寿险公司的资金来源。
2. 理解人身保险投资的形式和组合。
3. 了解我国保险资金运用的历史沿革和保险资金运用现状。
4. 了解我国保险资金投资管理体制的演变。

第一节　人身保险资金运用概述

所谓人身保险资金运用，是指寿险公司对所有资产的类型、数量、比例及组合同时做出决策的一种综合性资金管理的方法。其实质是对寿险公司资产负债表中各资产项目的总量结构进行计划、安排和控制，在保证资金使用安全性和流动性的前提下，以最少的成本获取最高的收益。随着我国保险业的发展，资金运用的重要性日益凸显。在保险行业中，寿险公司由于自身的特点，对投资的要求更高。

一、寿险公司的资金来源

人身保险资金的来源主要包括资本金的绝大部分、各种责任准备金和其他投资资金。

（一）资本金

资本金是寿险公司的开业资金，也是备用资金，是公司成立之初由股东认缴的股金或政府拨款以及个人拥有的实际资本。各国政府一般都对寿险公司的开业资本金规定有一定的数额。在正常状况下，保险公司的资本金，除按规定上缴部分保证金外，绝大部分处于闲置状态，从而可以成为保险资金运用的重要来源。我国《保险法》规定：我国设立保险公司的注册资本的最低限额为2亿元人民币。保险公司注册资本必须为实缴货币资本。保险公司应当按照其注册资本总额的20%提取保证金，存入国务院保险监督管理机构指定的银行。

（二）各种责任准备金

各种责任准备金是保险公司为履行其理赔或给付责任而从收取的保费中提存的负债，因保险业务种类不同，责任准备金的期限及特点也各不相同，因此可以进行相应的投资业务。人身保险业务提存的责任准备金中占主体的是寿险责任准备金、长期健康险责任准备金、未到期责任准备金和未决赔款责任准备金四种。其中，短期人身保险业务提存的准备金包括未到期责任准备金和未决赔款责任准备金，长期人身保险业务提存的准备金包括寿险责任准备金和长期健康险责任准备金。各种责任准备金是保险公司资金运用的最主要来源。

（三）其他投资资金

在保险经营过程中，还存在着其他可用于投资的资金来源，主要包括：结算中形成的短期负债、应付税款、未分配利润、公益金、企业债券等。这些资金可根据其期限的不同进行相应的投资。

二、人身保险投资的形式和组合

（一）人身保险投资的形式

从理论上说，运用人身保险资金时可以选择资本市场上的任何投资工具，但综观世界各国寿险公司的投资发展情况，选择的往往是那些收益性、风险水平及流动性与寿险公司本身要求最符合的投资工具。其投资形式虽然多种多样，但主要包括银行存款、有价证券、贷款、不动产投资、项目投资等形式。

1. 银行存款

银行存款是最简单的投资方式，保险公司将保险资金存放在银行及可以办理存款业务的非银行金融机构并获取利息收入，一般以定期存款形式出现。这种资金运用形式以银行为保险资金的投资中介，其特点是安全性较高。现阶段，我国寿险资金运用的主要形式是银行存款，尤其是协议存款，收益相当不错。但根据国外保险公司资金运用的实践，银行存款往往不是保险资金运用的主要形式，各保险公司的银行存款只是留作必要的、临时性的机动资金，一般不会保留太多的数量。

2. 有价证券

有价证券是指具有一定券面金额、代表股东所有权或债权的凭证。它作为资本证券，属于金融资产，持有人具有收益的请求权。有价证券投资作为各国保险公司资金运用的主要形式，可以分为债券、股票、证券投资基金三大类。

（1）债券。债券这种具有返还性且有固定收益的投资工具具有较高的安全性，流动性也比较强，同时具有一定的收益性，是比较适合寿险资金投放的。因此，债券是保险公司投资有价证券的一条重要途径。依据债券发行主体不同，可以将债券划分为政府债券、金融债券和公司债券。其中：政府债券是国家和地方政府发行的公债，定期偿还本金和支付预定利息，其信用高，税收上有优惠，收益水平较高；金融债券是由金融机构发行的债券；公司债券是企业为筹集资金而发行的借债凭证，其利息一般固定。

（2）股票。股票与债券不同，是一种浮动收益的投资工具，股息的多少、有无是与发行公司的经营状况、股利政策密切相关的。股票有较好的流动性，只能转让，不能退股。虽然股票的预期收益率可能高于债券，但投资风险比较高。这主要是由股票的不返还、发行企业经营情况的不确定以及二级市场上影响因素多导致价格波动大决定的。由此可见，寿险资金投资股票要谨慎，应着眼长线，不宜短线追求暴利。一般国家对寿险公司股票投资的比例都有所限制。不过，对股票投资的重视程度一直在持续增强，股票投资占西方国家保险资金运用中的比重也在不断加大。随着寿险公司负债的变化，特别是利率敏感型产品的开发和金融机构间竞争的加剧，寿险公司对流动性强和收益性高的资产需求增加，所以寿险公司对股票的投资比例不断上升。

（3）证券投资基金。证券投资基金是指通过发行基金证券，集中投资者的资金，交由专家从事股票、债券等金融工具投资，投资者按投资比例分享收益并承担风险的一种投资方式，它属于有价证券投资范畴。与前述均由保险公司的投资子公司或内设投资部门直接投资相比，保险公司购买证券投资基金实际上是一种委托投资行为，即保险公司通过购买专门的投资管理公司的基金完成投资行为，由投资基金管理公司专门负责资金的营运，保险公司凭所购基金分享证券投资基金的投资收益，同时承担证券投资基金的投资风险。

3. 贷款

贷款是指保险公司作为信用机构以一定利率和必须归还等为条件，直接将保险资金提供给需要者的一种放款或信用活动。贷款作为保险公司资金运用的主要形式之一，按其形式又可以分为以下几种：

（1）抵押贷款。由于保险公司调查借款企业的资信比较困难，所以大多数贷款采用的是抵押贷款方式，即财产担保贷款，它分为动产或有价证券抵押、不动产抵押、银团担保、银行保付等，贷款利率高于银行存款，是期限较长而又比较稳定的投资业务。谨慎选择的抵押贷款通常有较高的安全性和收益率，特别适用于寿险公司保险资金的长期性运用。

（2）流动资金贷款。流动资金贷款是指以需要流动资金的企业为对象而发放的贷款。它属于短期性投资，要求申请贷款的企业必须具有法人资格并接受保险公司的调查，以确保资金按期回流。

（3）技术改造项目贷款。技术改造项目贷款是指保险公司为支持企业进行技术改造、技术引进并为此而获取收益的固定资产投资性贷款。它以申请者的科学立项和切实可行的计划为依据，由保险公司投资部门审慎把握，并保证贷款的专款专用。

（4）保单质押贷款。保单质押贷款是在寿险保单具有现金价值的基础上，根据保险合同的规定，寿险公司应保单持有人的申请而发放的贷款。其贷款以寿险保单为质押，到期归还本金并附带利息，它实际上是在保险给付金请求权上设立质押权，一般按保单现金价值的一定比例发放贷款。这种贷款十分安全，风险小，既可以作为一种竞争手段，加强保险人的竞争能力，又可以用活资金增加收益，从而是寿险公司资金运用的常见形式。在人身保险业较发达的国家，这种形式十分普遍。

我国保险业目前发放的贷款仅限于保单质押贷款，随着人身保险事业的发展，保单质押贷款在我国将有较大发展。

4. 不动产投资

不动产投资即房地产投资，是指保险公司投资购买土地、房产，并从中获取收益的投资形式。这种投资的特点是保值程度高，其价值一般都是看涨的，往往成为抵御通胀的手段之一。不动产投资的特点是投资期限一般较长，一旦投资项目选择准确，则可能获得长期的、稳定的较高收益回报，但流动性弱，单项投资占用资金也较大，而且因投资期限太长而存在难以预知的潜在风险。因此，各国保险法对保险人的不动产投资尤其是纯粹为收益而进行的不动产投资往往加以严格的限制。我国《保险法》已规定我国保险业可投资于不动产，但目前监管机关对此项投资有严格限制。

5. 项目投资

项目投资属于保险公司的直接投资，是保险公司将所拥有的保险资金直接投资到生产、经营中去，或建立独资的非保险企业，或与其他公司合伙建立企业，并通过其获取投资收益。不过，通过项目投资建立的独立的企业，具有独立于保险公司之外的法人资格，其经济效益要受到市场的检验。因此，项目投资作为保险公司的一种投资形式，在保险资金运用中占有一定的地位。

（二）人身保险投资的组合

由于保险业自身的特殊性，世界各国对保险业一般都实行严格的监管，其中对保险业投资的监管是国家对保险业管理的一个重要组成部分。受人身保险负债的特点、资本市场的发展程度和政府对人身保险资金运用等因素的制约，人身保险资金运用一贯以“稳健”著称。传统的人身保险资金运用形式以期限长、风险低的固定收益债券和抵押贷款为主。随着寿险产品的创新，利率敏感型寿险和年金产品的开发，来自其他寿险公司和金融机构竞争的加剧以及金融市场的发展，现代人身保险资金运用的形式越来越多样化。同时，保险资金运用的证券化趋势也日益明显，风险高、收益大的股权投资比重不断上升。

1. 人身保险投资组合与资金运用结构

投资风险和收益之间存在正向变动的，因此投资者在进行投资时必须考虑自身所能承受的风险水平，或者所要获得的收益水平，而这要取决于投资者的风险偏好。一般来说，由于人身保险的特点和国家监管当局对人身保险资金运用的限制，寿险公司在资本市场上应当属于风险厌恶程度相对较高的投资者。寿险公司一般都将安全性列为保险资金投资的首要要求。同时，由于人身保险资金运用直接关系到公司的偿付能力，关系到投保人的利益，因此各国保险监管当局对人身保险资金运用都进行了一定程度的干预，主要体现在对人身保险资金运用形式和投资数量的限制上。但对寿险公司而言，在保证保险金到期支付的同时还希望进一步提高投资收益从而提高公司利润，以便降低保费，提高市场竞争力。所以人身保险资金运用在安全第一的基础上，还要追逐高收益，从而寿险公司在选择投资形式时，除了选择风险较小、收益较稳定的固定收益投资工具外，还会适当选择一些风险较大、收益较高的投资工具。

在人身保险资金运用组合中，各种投资形式投资额所占比重的不同，形成了不同的保险资金运用结构。在实务中，往往通过计算各种运用形式的投资额占资产总额的比例来反映保险资金运用结构。阅读资产负债表中各项资产的比例，便可对该公司的资金运用结构有所了解，再加以分析就能够对当前该公司的经营业绩做出评价或提出建议。保险资金运用结构的确定和调整，除受国家保险管理机关和有关法令法规的制约外，还取决于社会经济发展、资金市场情况、保险基金结构等诸多因素的影响。

2. 人身保险投资组合的趋势

进入20世纪70年代，尤其是80年代以后，人身保险业的经营环境已发生了很大的变化，通货膨胀不断加剧，利率自由化使得利率不断上扬；金融自由化使得寿险公司和其他金融机构竞争激烈。为此，寿险公司为了提高竞争力，不断进行产品创新，推出了如万能寿险、变额寿险、分红保险等创新型产品，传统的、简单的“债券贡献策略”已不能再满足寿险公司资产和负债的匹配要求。寿险公司的投资组合也发生了较大的变化。

（1）各国寿险公司对保险资金运用收益的要求提高，投资组合战略也更为积极。为了提高人身保险产品与其他金融产品的竞争力和吸引力，寿险公司从灵活性和收益性出发，纷纷进行险种创新，为使这些新产品能提供和其他金融产品一样乃至更高的实质性收益，寿险公司必须采取更为积极的投资组合战略。与此同时，这些新险种的购买者大多追求的是短期投资收益，与此相关的本金和利息支付期限的缩短，都要求寿险公司在制定投资组合战略时更要注重资产的流动性和短期收益性。

(2) 寿险公司的投资组合出现了证券化趋势，一些高风险投资工具，如非投资级的证券和衍生金融产品，包括期货、期权、货币和利率交换等也经常出现在人身保险资金运用组合中。一方面，由于创新型险种对寿险公司投资组合的流动性和收益性要求提高，而各种形式的证券流动性强，收益也不错，因此高风险高收益的债券、各种抵押贷款支持的证券、股票等均已成为寿险公司的主要投资方式。人身保险资金运用组合中增加了收益高、流动性强的投资工具使得寿险公司的投资组合普遍出现了明显的证券化趋势。另一方面，一些垃圾股票和垃圾债券因其可能的高收益也开始成为一些寿险公司的投资组合；而衍生金融产品的风险虽大，但因其可以缓冲某些内在金融风险的作用也使得许多寿险公司将其作为人身保险资金运用的风险管理手段。

(3) 出现人身保险投资组合的国际化趋势，保险业的国际化、寿险公司资金来源的国际化要求人身保险投资组合要走向国际化。寿险公司的海外投资比重上升，从而既可以分享国际金融市场的收益，也可增加投资组合在地域上的分散程度。

三、寿险资金运用与非寿险资金运用的区别

由于寿险业务和非寿险业务的资金来源不同，因而它们对于流动性、盈利性和风险承受能力的要求不同，投资结构也不相同。显然，非寿险资金要求较高的流动性，而寿险资金的盈利性和安全性优于非寿险资金。寿险资金由于具有长期性的特点，因而一般可用于安全性和盈利性高但流动性较弱的投资品种，如把不动产、贷款和资本市场作为主要的投资领域；非寿险资金因其较高的流动性要求，则不宜过多投资于不动产，而应该以投资于货币市场和债券市场为主。

第二节　我国保险资金的运用

一、我国保险资金运用的历史沿革

在我国，各个时期对保险资金运用及管理认识上的差异，导致不同时期保险资金运用和管理的差异很大。根据不同发展时期的不同特征，我国保险资金运用的历史大致分为三个阶段。

(一) 初步探索阶段：20 世纪 80 年代中期

20 世纪 80 年代初，国家恢复办理国内保险业务时，明确了保险企业属于金融业，保险资金纳入国家统一信贷计划，存入银行，作为信贷资金使用，保险公司无权将资金用于其他项目。1984 年 11 月，国务院批准并转发中国人民保险公司的《关于加快发展我国保险事业的报告》，同意保险公司、分公司收入的保费，扣除赔款、赔款准备金、费用开支和各自缴纳的税金后，余下的资金由公司自己运用。至此，中国的保险企业才真正拥有自主运用保险资金的权利。1985 年 3 月，国务院颁布的《保险企业管理暂行条例》从法规的角度明确了保险企业可自主运用保险资金。当时保险企业自主运用资金的业务范围主要是企业投资和技术改造贷款。

（二）无序扩张阶段：20 世纪 80 年代末至 90 年代初

伴随着 1988 年和 1989 年我国出现的经济过热，保险资金运用也出现了一系列问题。据统计，截至 1989 年，全国保险系统累计运用保险资金 37 亿元（不含委托银行贷款），其中固定资产投资占 21%，流动资金贷款及其他贷款占 76%，购买债券及拆借资金仅占 3%。大量资金用于贷款（主要是信用放款和短期放款），风险很高，收益水平也相对较低。1989 年，中国人民银行开始整顿金融秩序，撤销了全国各省级保险资金运用公司，保险资金运用走入低谷。

伴随着三年治理整顿的完成和宏观金融形势的好转，从 1991 年起，中国保险资金运用又开始快速发展。同年，中国人民保险公司下发了关于各分公司设立资金运用部的通知，在经营范围有所调整的基础上，恢复了保险资金运用业务。除了中国人民保险公司，当时新成立的太平洋保险公司和平安保险公司也先后开展了保险资金运用业务。保险资金运用的范围进一步拓宽，运用的方式和手段趋于多样化，如银行贷款、信托贷款、同业拆借、项目投资、不动产及各种有价证券投资等。保险资金运用的规模也不断扩大，1992 年底，中国人民保险公司、太平洋保险公司和平安保险公司三家全国性保险公司的资金运用余额合计达到 100 多亿元。但由于受当时金融市场环境的影响，以及对保险资金管理的经验不足和监管缺位，保险资金运用出现了很多问题，保险公司资产质量出现了不同程度的恶化。据不完全统计，仅 1992 年和 1993 年两年形成的不良资产就达 200 多亿元，占当时保险公司总资产的 1/3。

（三）规范发展阶段：20 世纪 90 年代中期至今

1995 年，以《中华人民共和国保险法》的颁布实施为标志，保险资金运用进入规范发展阶段。该年颁布的《中华人民共和国保险法》，对保险资金运用的范围和形式等做了严格的规定，保险公司的资金运用限于银行存款、政府债券、金融债券和国务院规定的其他资金运用形式。在此阶段，保险公司购买企业债券的品种仅限于评级在 AA+以上的铁路、三峡工程和电力等领域的中央企业债券，并且购买债券的金额不得超过保险公司总资产的 10%。

自 2003 年开始，我国允许保险资金投资中央银行票据，保险资金运用进入了新的阶段。

2004 年是我国保险资金运用政策开始突破的一年。2004 年 3 月，允许保险公司投资银行次级定期债务；6 月，允许投资银行次级债券；7 月，允许投资可转换公司债券；8 月，允许保险外汇资金在境外使用；10 月，允许保险公司直接投资股市。

2006 年 3 月，我国保监会发布允许保险资金间接投资基础设施建设的有关规定，投资方式包括债权、股权和物权投资。2006 年 10 月，保监会又进一步放开和允许保险公司股权投资非上市银行业务，甚至投资资金不仅包括资本金，而且可以包括保险资金。保监会还发布了《保险资金间接投资基础设施项目试点管理办法》，规定具有投资资格的保险机构，通过受托人可以间接投资于交通、通信、能源、市政、环境保护等国家级重点基础设施项目。

2009 年 2 月 28 日，十一届全国人大常务委员会第七次会议表决通过了修订的《保险法》。修订后的《保险法》又进一步规定保险资金可直接投资不动产，但具体细则和监管条例尚未全部出台。修订后的《保险法》规定，保险公司的资金运用限于下列形式：银行存款；买卖债券、股票、证券投资基金份额等有价证券；投资不动产；国务院规定的其他资金运用形式。

2010 年 7—8 月，保监会出台了《保险资金运用管理暂行办法》和《关于调整保险资金投资政策有关问题的通知》，允许保险资金可投资于无担保债、不动产、未上市股权等新投资领域。

2012 年 5 月，保监会下发了《关于保险资金运用监管有关事项的通知》，对《保险资金运用管理暂行办法》相关问题做出解释，并表示将出台有待完善的业务规则；同年 6 月 4 日，保监会就保险资金运用市场化改革有关问题答记者问，拟推出涉及投资领域十个方面的“组合拳”，包括保险资金资产配置、委托投资、债权投资、股权及不动产、基础设施债权计划、境外投资、融资融券、衍生品、创新产品和托管产品。

2016 年，中国保监会印发的《中国保险业发展“十三五”规划纲要》指出，发挥保险资金期限长、规模大、供给稳的独特优势，扩大保险投资领域，创新资金运用方式，优化保险资金配置，提高保险资金服务实体经济效益。

1. 拓宽保险资金服务领域

积极支持保险资金服务实体经济发展和经济转型升级；鼓励保险资金以多种方式支持重大基础设施、棚户区改造、城镇化建设等国家重大项目和民生工程；支持保险资金以债权、股权、股债结合、创投基金、私募基金等方式，向高新技术产业、战略性新兴产业、现代制造业、现代农业等提供长期稳定资金，助力我国新技术、新业态和新产业发展；引导保险资金参与国有企业改革，服务政府投融资体制改革，通过公私合营模式、资产支持计划等方式满足实体经济融资需求；支持符合资质的保险机构开展境外投资业务，拓展保险资金境外投资范围，规范保险资金境外投资行为；推动全球化资产配置达到新水平。

2. 创新保险资金运用方式

不断深化保险资金运用市场化改革，发挥市场主体的自主决策机制，把更多投资选择权和风险责任赋予市场主体；进一步发挥保险公司机构投资者作用，为股票市场、债券市场长期稳定发展提供有力支持；鼓励设立不动产、基础设施、养老等专业保险资产管理机构，允许专业保险资产管理机构设立夹层基金、并购基金、不动产基金等；探索保险资金开展抵押贷款业务，支持保险资金参与资产证券化业务；积极推进保险资产管理产品发展和创新，深化注册制改革；提高保险资产管理产品化水平；建立保险资产交易机制，推动保险资产集中登记交易平台建设；积极培育保险资产交易市场。

3. 加强保险资金运用风险管控

进一步健全和完善保险资金运用政策法规和监管制度，积极构建现代化多层次的保险资金运用监管体系；加强保险资金运用现场和非现场监管，完善风险监测和预警机制；建立保险机构资产负债匹配监管的长效机制，完善承保业务和投资业务匹配管理，促进保险资产负债管理由软约束向硬约束转变，实现安全性、流动性和收益性的统一；强化保险资金运用事中及事后监管，加强信息披露、关联交易、内部控制和资产托管等方面的监管力度；不断完善保险资金运用监管信息系统建设，提升监管信息化水平；推进保险资金运用属地监管，加强保险资产管理业协会自律。

相关链接

中国人寿成立百亿级大健康产业股权投资基金

中国人寿集团与旗下寿险、财险公司以及国寿成达（上海）健康医疗股权投资管理有限公司组成豪华阵容，出资120.1亿元成立国寿成达（上海）健康产业股权投资中心（有限合伙），这是目前国内规模最大的旗舰型大健康产业股权投资基金（以下简称国寿大健康基金）。

国寿大健康基金是保监会相关政策颁布后，首支获批成立的保险资金私募股权投资基金，标志着中国人寿大健康产业投资平台正式启航。中国人寿计划在大健康产业投资不低于500亿元，助力我国大健康产业发展，进一步提升中国人寿核心竞争力。

国寿大健康基金由中国人寿集团旗下专业股权投资平台——国寿股权投资有限公司牵头成立，并作为基金管理人为国寿大健康基金提供专业化、市场化的投资管理服务。国寿股权投资公司是中国人寿专业另类投资平台——国寿投资控股有限公司（以下简称“国寿投资公司”）的全资子公司。在国寿大健康基金成立之前，国寿投资公司根据中国人寿大健康发展战略，已在大健康产业领域完成多宗境内外优质投资。

资料来源：http：//www. sohu. com，2016-10-30.

二、我国保险资金运用的现状分析

（一）保险业资产占金融资产的比例偏低

改革开放以来，我国保险业获得了长足发展，保费年均增长率超过30%，大大超过同期GDP的增长速度，保险资产迅速扩大，到2004年4月末，中国保险业总资产首次突破1万亿元的大关。中国保险监督管理委员会网站发布的《2016年保险统计数据报告》显示，我国保险业总资产达151 169.16亿元，其中财险公司总资产23 744.14亿元，寿险公司总资产124 369.88亿元，再保险公司总资产2 761.29亿元，资产管理公司总资产426.29亿元，但是，与同期银行等金融机构境内本外币资产相比水平较低，远远低于发达国家的水平。

（二）保险资金运用结构不尽合理

尽管我国保险公司的可运用资金不断增加，然而资金运用渠道仍主要为银行存款和债券投资。从20世纪以来，我国保险资金运用结构中有50%左右的保险资金为银行存款，意味着保险业从居民储蓄中分流出来的资金一半左右又重新回流到银行，需要通过银行进行“二次交易”后再融资出去，这增加了交易成本，降低了金融资源的配置效率，也增加了银行的风险。近年来，保险资金运用渠道逐步拓宽，在允许保险资金投资银行存款、国债、金融债券的基础上，经国务院批准，保险资金先后可以投资企业债券、证券投资基金、股票市场等。随着保险资金运用渠道的拓宽，保险资产结构出现了战略性转变，期限较长、收益稳定的债券投资在2005年首次超过银行存款，占比达到52.66%，成为第一大投资工具。目前，保险公司已成为债券市场上仅次于银行的第二大机构投资者。

小资料

我国现阶段保险资金主要投资方向

我国现阶段保险资金的主要投资方向有以下几个：

(1) 银行存款。保证保险公司资产的流动性，存款主要放在国有和股份制银行。

(2) 固定收益市场投资。主要是国债、金融债和企业债，国债和金融债都有国家信用保证，大部分企业债都有担保抵押，95%都是AAA信用级别，固定收益可以保证资产安全。

(3) 权益市场投资。主要是股票和基金。

(4) 另类市场投资。主要是以债权和股权形式投资基础设施项目，债权投资大都有国有大型银行担保，股权投资大都具有垄断性和成长性，效益不错，长期前景看好。

(5) 境外市场投资。主要是香港H股和红筹股，投资规模不大，风险相对较低。

从2003—2010年保险资金运用投资结构来看，保险资金投资于银行存款的比例正逐步下降，维持在27%左右的水平；而投资于债券类资产的比例大幅上升，近几年来均超过50%；投资于权益类资产的比例有所增长，但受限于监管要求及股票市场走势的影响，近几年平均配置比例为16%。此外，保险资金以债权、股权及其他可行方式间接投资基础设施项目的规模正逐步扩大，这主要是因为：一是以债权、股权及其他可行方式间接投资基础设施项目的资产久期较长，这与保险公司负债久期匹配；二是这类投资项目大都具有垄断性和成长性，收益率较高。

（三）保险资金运用收益率偏低

我国保险资产总量不断增长，保险资金投资收益率因各方面影响，起伏较大。21世纪以来，保险资金年收益率从2001年的4.3%降至2002年的3.14%，2003年进一步下降为2.68%，2004年保险资金投资收益率为2.87%。其主要原因是投资渠道的限制，使进入保险公司的保费难以实现增值，银行资金充裕令保险公司协议存款利率持续走低，基金被股市大势拖累，导致保险资金的投资收益下降。总之，资本市场投资环境的恶化，使保险资金的投资难有可为。

随着2006—2007年证券市场行情的火爆，保险资金投资收益率水涨船高，2006年、2007年收益率分别达到5.8%、12.17%。然而，从2007年10月开始，市场行情见顶回落，对保险资金投资收益率造成了负面影响，2008年保险资金投资收益率仅为1.89%。2009年以后，保险资金投资收益率有所回升，至2013年分别为6.41%、4.84%、3.49%、3.39%和5.04%

随着我国经济的持续、快速发展，居民收入水平的逐渐提高，以及资本市场的不断完善，我们相信寿险业的发展和保险资金运用将面临广阔的空间和难得的机遇。

三、我国保险资金投资管理体制的演变

（一）分散化投资管理模式

1984年，中国人民保险公司保险资金自主运用试运行之后，全国各一级分公司相继

成立了投资处或投资公司。其后，各地（市）中心分公司分别设立了投资代理处，这些部门都具有一定的投资权限。1988 年成立的平安保险公司和 1991 年成立的太平洋保险公司也采取了类似的投资管理模式。1995 年《保险法》颁布实施前，我国保险资金运用权限都非常分散。这种分散化投资管理模式的弊端非常明显：一是管理混乱，缺乏科学的决策机制和监督机制；二是没有专业的投资队伍。投资权限分散导致当时的保险资金运用产生了很大的风险，不良资产大量增加。

（二）保险公司内设投资部的自营管理模式

1995 年《保险法》颁布实施后，我国保险资金开始进入规范发展阶段。各保险公司开始对保险资金运用业务进行清理整顿，根据“集中管理，统一运用”的原则，逐渐上收资金运用权，逐步确立了由保险公司总部投资部门实施专业运作的管理模式。这种模式的优点在于：保险公司可以直接掌握并控制投资活动，投资效率相对较高。但是，随着保险资金运用渠道的逐步放宽和金融市场的日益专业化和复杂化，自营投资方式已难以适应管理专业化和服务多样化的要求。

（三）委托管理模式

所谓保险资产委托管理模式，是指保险公司（委托人）将保险资金委托给专业投资管理机构（管理人）实施投资运作，并对保险资产实行独立第三方（托管人）托管的保险资金运用管理模式。自 2003 年以来，保监会开始在业内大力推广保险资产委托管理模式。到目前为止，经保监会批准，我国已经设立了 23 家保险资产管理公司。

小资料

目前我国 23 家保险资产管理公司

中国人保资产管理有限公司
中国人寿资产管理有限公司
华泰资产管理有限公司
平安资产管理有限责任公司
中再资产管理股份有限公司
泰康资产管理有限责任公司
太平洋资产管理有限责任公司
太平资产管理有限公司
新华资产管理股份有限公司
安邦资产管理有限责任公司
华夏久盈资产管理有限责任公司
百年保险资产管理有限责任公司
生命保险资产管理有限公司
光大永明资产管理股份有限公司
合众资产管理股份有限公司
民生通惠资产管理有限公司
阳光资产管理股份有限公司
中英益利资产管理股份有限公司
中意资产管理有限责任公司
华安财保资产管理有限责任公司
长城财富资产管理股份有限公司
英大保险资产管理有限公司
建信保险资产管理有限公司

资料来源：http：//www.circ.gov.cn，2017-05-15.

本章小结

保险资金运用是保险经营的重要内容之一，是保险公司维持其偿付能力、提高其市场竞争力的重要保障。现代保险业的发展，使保险服务的内容不再局限于可保风险的咨询与管理领域，而是与资产管理的咨询、运作紧密地结合在一起，保险市场与资本市场的结合日益紧密。

随着我国保险业的发展，如何管理好迅速积累壮大起来的保险资产的问题日益凸显。但各个时期对保险投资及其管理认识上的差异，导致了不同时期保险资金运用和管理上存在很大差异。近年来，随着投融资体制改革的不断深入，保险公司面临的政策环境越来越好，逐步拓宽我国保险资金运用的渠道十分重要。自2003年以来，保监会开始在业内大力推广保险资产委托管理模式。

重点概念

人身保险资金运用　　　　委托管理模式

复习思考题

1. 思考题

（1）人身保险资金的来源有哪些？

（2）人身保险投资的形式有几种？

2. 实训题

保监会发布的2016年保险统计数据报告显示，截至2016年末，我国保险行业资金运用余额133 910.67亿元，较年初增长19.78%。其中，银行存款24 844.21亿元，占比18.55%；债券43 050.33亿元，占比32.15%；股票和证券投资基金17 788.05亿元，占比13.28%；其他投资48 228.08亿元，占比36.02%。

截至2016年末，我国保险行业总资产151 169.16亿元，较年初增长22.31%。其中，产险公司总资产23 744.14亿元，较年初增长28.48%；寿险公司总资产124 369.88亿元，较年初增长25.22%；再保险公司总资产2 761.29亿元，较年初减少46.77%；资产管理公司总资产426.29亿元，较年初增长20.97%。

要求：（1）进行市场调研，了解目前寿险市场人身保险的投资方向。

（2）阐述近三年平安、中国人寿等主要公司寿险投资情况。

参考文献

[1] 许谨良. 人身保险原理和实务. 上海：上海财经大学出版社，2002.

[2] 魏巧琴. 新编人身保险学. 上海：同济大学出版社，2005.

[3] 杜树楷，周宇梅. 人身保险. 北京：高等教育出版社，2002.

[4] 杜鹃. 保险学基础. 上海：上海财经大学出版社，2007.

[5] 赵猛. 人寿保险：个人理财新工具. 北京：中国金融出版社，2006.

[6] 肯尼思·布莱克，哈罗德·斯基博. 人寿与健康保险. 北京：经济科学出版社，2003.

[7] 吴定富. 保险原理与实务. 北京：中国财政经济出版社，2006.

[8] 池小萍，郑祎华. 人身保险. 北京：中国金融出版社，2006.

[9] 郑祎华. 保险业务. 沈阳：辽宁大学出版社，2007.

[10] 郑祎华. 保险理论与实务. 大连：大连出版社，2008.

[11] 魏迎宁. 人身意外伤害保险. 北京：中国金融出版社，1990.

[12] 郑祎华. 保险学基础. 上海：上海财经大学出版社，2008.

[13] 曾鸣. 人身保险及案例分析. 北京：清华大学出版社，2005.

[14] 本书编委会. 保险公司投资资产委托管理模式研究. 北京：首都经济贸易大学出版社，2007.

[15] 张昊，魏俊国. 保险指南：保险产品速查手册. 北京：中国经济出版社，2005.

[16] 刘经纶. 重大疾病保险. 北京：中国金融出版社，2001.

[17] 李冰清. 保险投资. 天津：南开大学出版社，2007.

[18] 卢仿先，曾庆五. 寿险精算数学. 天津：南开大学出版社，2001.

[19] 孟昭亿. 保险资金运用国际比较. 北京：中国金融出版社，2005.

[20] 王静龙，汤鸣，韩天雄. 非寿险精算. 北京：中国人民大学出版社，2004.

[21] 张洪涛，王国良. 保险资金管理. 北京：中国人民大学出版社，2005.

[22] 张洪涛. 人身保险. 北京：中国人民大学出版社，2002.

[23] 保险监督管理委员会网站.

[24] 中国保险网.

图书在版编目（CIP）数据

人身保险／杜鹏，郑祎华主编．—3 版．—北京：中国人民大学出版社，2017.7
21 世纪高职高专规划教材．金融保险系列
ISBN 978-7-300-24038-1

Ⅰ．①人…　Ⅱ．①杜…　②郑…　Ⅲ．①人身保险-高等职业教育-教材　Ⅳ．①F840.62

中国版本图书馆 CIP 数据核字（2017）第 021900 号

“十二五”职业教育国家规划教材
经全国职业教育教材审定委员会审定
21 世纪高职高专规划教材·金融保险系列
人身保险（第三版）
主　编　杜　鹏　郑祎华
Renshen Baoxian

出版发行	中国人民大学出版社		
社　址	北京中关村大街 31 号	邮政编码	100080
电　话	010－62511242（总编室）		010－62511770（质管部）
	010－82501766（邮购部）		010－62514148（门市部）
	010－62515195（发行公司）		010－62515275（盗版举报）
网　址	http：//www.crup.com.cn		
	http：//www.ttrnet.com（人大教研网）		
经　销	新华书店		
印　刷	北京汉德鼎印刷有限公司	版　次	2009 年 3 月第 1 版
规　格	185 mm×260 mm　16 开本		2017 年 7 月第 3 版
印　张	14.5	印　次	2017 年 7 月第 1 次印刷
字　数	343 000	定　价	35.00 元